우생학, 유전자 정치의 역사

우생학, 유전자 정치의 역사

—영국, 미국, 독일을 중심으로

첫판 1쇄 펴낸날 │ 2009년 5월 25일

지은이 │ 김호연
펴낸이 │ 박성규

펴낸곳 │ 도서출판 아침이슬
등  록 │ 1999년 1월 9일(제10-1699호)
주  소 │ 서울시 마포구 합정동 411-2(121-886)
전  화 │ 02)332-6106
팩  스 │ 02)322-1740
이메일 │ 21cmdew@hanmail.net

ISBN  978-89-88996-97-3 93900

이 도서의 국립중앙도서관 출판시도서목록(CIP)은
e-CIP 홈페이지(http:www.nl.go.kr/cip.php)에서 이용하실 수 있습니다.
(CIP제어번호:CIP2009001581)

# 우생학, 유전자 정치의 역사

—영국, 미국, 독일을 중심으로

김호연 지음

아침이슬

16, 17세기 과학혁명 이래 눈부신 성공을 거둔 과학은 19세기 말, 20세기 초에 이르러 과학주의의 전성기를 가져왔다. 노벨은 물리과학의 발전이 산업 개발뿐만 아니라 전쟁에도 이용되는 것을 개탄했거니와 같은 시기에 생명과학도 사회다윈주의를 통해 같은 길을 갔던 것이다.

우생학은 '좋은 탄생'이라는 그 어원에도 불구하고 더러운 말이 되었다. 우생학 운동의 전개는 과학의 대표적인 악용 사례들을 기록했다. 미국의 국적별 이민 할당법은 비앵글로색슨에 대한 명백한 차별이었다. 1930년대 유럽과 미국의 거세법은 무서운 인권 유린이었다. 나치 독일은 1934~39년에 사회부적자와 정신박약자들 40만을 거세했다. 같은 때 나치와 일본 관동군 731부대의 잔인한 인간 생체실험 만행도 이와 무관하지 않다. 20세기 후반의 생명공학 붐도 그 연장선상에 있다. 한동안 자취를 감추었던 우생학이 새 우생학으로 다시 주목을 끌고 있다.

한국도 서양사, 여성학, 과학사 분야에서 우생학에 대한 관심이 높아가는 것은 반가운 일이다. 김호연 박사는 화학과 서양사를 배경으로 10여 년 동안 우생학사에 전력투구해 온 야심찬 과학사학자다. 박사학위논문 이후 발표한 논문들을 묶어 단행본을 내는 것은 중간결산의 뜻이 있다. 2009년은 다윈의 해로 온 세계가 들떠 있다. 우생학이 다윈주의의 한 부산물이라는 점에서 이 책의 출간에서 또 다른 의의를 본다. 학계에 큰 자극이 될 것을 믿으며, 그의 연구가 라틴 나라들을 포함한 유럽 전역으로 확대되기를 기대한다.


2009년 5월
이탈리아 피자에서
송 상 용
(한국과학기술한림원 원로회원)

**책머리에**

생물학적 지식이 인간을 이해하는 데 도움을 주고, 또 인간에게 적용될 수 있다는 사실은 익히 알려진 바다. 실제로 19세기 후반 다윈 Charles Darwin(1809~1882)의 진화론을 인간과 사회에 적용하여 인간의 형질과 사회현상을 과학적으로 분석하려는 시도였던 사회다윈주의social Darwinism로부터 최근의 사회생물학sociobiology에 이르기까지 인간과 사회를 생물학적으로 설명하려는 수많은 시도들이 있었다. 물론 이러한 시도들은 당대의 사회적 가치나 시대정신과 모종의 연관성을 갖고 있었다. 이 책에서 다루고 있는 우생학eugenics은 이를 잘 보여주고 있으며, 이는 오늘날 인간의 육체적 형질은 물론이고 심리나 정서까지도 생물학적으로 환원하여 생물학적 과정에 의해 결정론적으로 인간을 해석하려는 모든 시도들에 좋은 교훈이 될 것이다.

그간 필자는 과학이 사회 속에서 투영되는 다양한 모습과 영향, 특히 생물학주의라 말할 수 있는 다양한 시도들이 보여준 역사 속의 다양한 모습들, 나아가 그것이 어떤 현재적 의미가 있는가라는 문제에 관심을 가져왔다. 이 책은 그러한 고민의 결과물이다. 인간 형질의 질적 개선을 목적으로 19세기 말 태동하여 20세기 전반까지 서구 30여 나라에서 수용되고 전개되었던 우생학은 과학과 사회의 상호작용을 올곧게 가늠해볼 수 있는 좋은 역사적 사례였다. 즉, 우생학은 특정 과학 이론이 특수한 역사적 상황이나 이념과 조응할 경우, 과학 이론 자체의 이론적 정당성 차원을 넘어서 그 자체로 매우 심각한 사회적 실천을 야기할 수 있다는 점을 극명하게 보여주었다. 따라서 생물학의 응용과학으로서, 또 이념으로서 우생학이 보여준 역사적 폐해는 인간의 건강한 육체나 정신은 물론이고 인간과 관련한 모든 것을 생물학적으로 설명하려는 분위기가 팽배한 지금, 여기에서 우리에게 중요한 시사점을 던진다.

과거 많은 우생학자들은 이념이나 실천적 방법론에 관계없이 생물학이라는 과학을 근거로 '적자the fit'와 '부적자the unfit'라는 새로운 사회적 범주를 만들어냄으로써 역사에 지우기 힘든 흔적을 남겼다. 우생학은 폭력과 강제를 동원해야만 가능한 논리였음에도 불구하고 우생학이 전개될 시절에는 과학에 대한 믿음이 컸던 만큼 그 폐해에 대해서는 관심이 없었다. 그런데 최근 과거 우생학에 내재했던 생물학적 결정론 또는 유전 결정론적 인식이 우리의 일상과 관념을 다시금 지배하고 있는 듯이 보인다. 청소년들은 물론이고, 많은 이들이 인간의 성격이나 체질, 또는 행동을 혈액형을 이용하여 가늠해보려 하고 있고, 부모나 조상의 직업 때문에 타고난 끼를 갖고 있을 거라는 확인되지 않은 믿음 덕분에 이익을 얻는 연예인이나 운동선수도 많다. 인간의 심리나 정서도 유전자나 생물학적 요인에 의해 설명되고 있다. 또 얼마 전 세상을 떠들썩하게 만들었던 강모 씨는 완전범죄를 꿈꾸었으나, 과학수사에 의해 덜미를 잡히고 말았다. 여기서 과학수사란 다름 아닌 침, 머리카락, 혈흔 등 누군가의 신체적 정보, 즉 유전자 정보를 통해 범죄자를 검거하는 수사방식이었다. 유전자 검사는 범죄수사뿐만 아니라 인간의 모든 능력이나 성격을 판별하는 수단으로도 활용됨으로써 사회의 새로운 게이트 키퍼gate keeper를 만들어내고 있다. 얼마 전에는 과거 폐경기에 있는 할머니의 난세포를 이용해 출산을 시도했던 희대의 괴짜, 이탈리아의 산부인과 의사 세베리노 안티노리Severino Antinori는 자신이 몇 년 전 이미 복제인간 3명을 만들었고, 그들이 건강하게 잘 살고 있다는 언론 발표를 했다. 이제 더 이상 꿈이 아니라 현실이 되어가고 있는 복제인간의 출현, 또 만병통치의 상징으로까지 인식되고 있는 줄기세포는 우리 시대의 불로초가 되었으며, 유전학 또는 생명공학기술은 국가적 효율과 경제적 수익 창출의 도구로 각광을 받고 있다. 이 모든 최근의 현상들의 이면에는 기본적으로 '유전자가 모든 것을 결정한다'는, 즉 우생학적 논지를 깔고 있다.

이처럼 최근 우생학과 관련한 담론들이 세상을 뒤덮고 있고, 그 역사적 폐해의 중요성에도 불구하고 우생학 관련 연구는 아직 국내에서 본격적인 연구가 이루어지지 않고 있고, 연구자도 극히 드문 상황이다. 이에 필자는 학문적 소양이 일천하고, 연구 내용도 빈약하지만, 부족한 대로 필자의 박사학위논문을 비롯한 그간의 연구 성과들을 토대로 일부 내용을 수정하고, 보완하여 이 책을 구성하였다. 우생학은 이민, 인종, 성, 국가 등과 관련한 이데올로기와도 긴밀히 연계되어 있고, 인간의 건강과 관련된 공중보건, 인구 조절, 복지정책 등 다양한 사회정책과도 관련이 깊다. 뿐만 아니라 우생학은 철학, 역사학, 정치학, 사회학, 생물학, 의학 등 다양한 학문들과도 중첩 결정over-determinant되어 있다. 또한 극우 보수주의자에서 좌파 사회주의자들에게까지 수용되었던 과학적 담론이자 사회적 실천운동이기도 했다. 그야말로 우생학은 융합적 연구multi-disciplinarity가 절실히 요구되는 학문 연구 분야이다. 부족하고 미진한 이 책이 한국 사회에서 우생학 관련 분야의 학제간 연구나 융합적 접근을 증폭시키는 데 도움이 되길 바라며, 더 폭넓은 학문적 논의들이 풍성하게 제기되어 이른바 '유전자 정치genetic politics' 또는 '생명정치biopolitics'의 시대를 살아가는 우리들에게 좋은 시사점을 제시하길 바란다.

작업을 마치고 나니 저명한 학자들의 생각을 나름대로 정리하고 편집한 수준에 불과하다는 생각을 지울 수 없다. 필자의 지적 역량의 한계를 탓할 수밖에 없다. 그럼에도 어차피 빈손으로 시작한 몸이고, 부끄러움보다는 과감하게 도전하는 필자의 성격에 기대어 출판을 주저하지 않는다. 더구나 현재 국내에는 이렇다 할 우생학 관련 개설서도 하나 없는 빈곤한 연구 현실이기에 용기를 내어 세상에 내놓기로 결심했다. 부족하고 잘못된 점은 다음 기회에 수정할 것이라는 얄팍한 변명을 해본다. 눈 밝은 독자들로부터 쏟아질 비판과 질책은 필자에게 값진 지적 자극이 될 것이니 고마운 마음으로 감사히 받아들이리라.

서양사와 과학사에 대한 통찰력뿐만 아니라 인간 존재로서 제구실을 할 수 있도록 평생의 후견인 역할을 해주고 계신 권오신 선생님과 송상용 선생님께 이 자리를 빌려 깊은 감사의 말씀을 드리고, 학문연구자로서 좀 더 성숙할 수 있도록 여러 측면에서 도움을 주고 계신 김기윤 선생님과 분에 넘치는 경험을 쌓을 수 있도록 배려해주신 이상욱 선생님께도 고마운 마음을 전한다. 그 밖에도 지금까지 살아오면서 이름을 일일이 열거할 수 없는 많은 분들께 입은 은혜는 평생 잊지 못할 것이며, 영원한 내 편이라 믿는 윤일구, 이기동 선생님, 그리고 나의 가족들에게는 미안함과 고마움과 존경스러움을 전한다. 이 책이 세상에 나올 즈음, 언제나 내 편인 나의 그림자를 창공에 담을 수 있기를 바라며……

향긋한 봄내에서
김호연 적음.

# 차 례

# 들어가며

통상 많은 이들이 과학을 객관적이고, 확실하며, 가치중립적인 것이라 여긴다. 그렇기에 과학적 언어는 그 자체로 객관성의 언어로 인식되고, 그 과학적 언어는 곧 사실, 즉 실재가 된다. 하지만 과학에 대한 우리의 상식적인 생각과는 달리, 과학은 사회문화적 가치나 이념으로부터 자유로울 수 없고, 또 이는 지극히 당연한 일이다. 왜냐하면 과학 역시 다른 모든 인간의 활동처럼 인간의 역사 속에서 이루어지는 인간 활동의 산물이기 때문이다. 따라서 만일 과학적 언어에 특정한 사회적 이념이나 가치가 반영된다면, 그 과학적 언어는 지적 정당성을 넘어 사회적·도덕적 정당성까지도 담보할 수 있는 가능성을 갖게 된다. 더구나 만일 과학이 그릇된 사회적 편견을 반영하여 사회적 약자를 강제하는 수단으로 활용된다면, 이는 간단히 넘길 수 있는 문제가 아니며, 이 때문에 과학 또는 과학자들은 그 책임으로부터 자유로울 수 없을 것이다. 바로 이런 점 때문에 우리는 과학에 내재된 이념이나 가치를 비판적으로 검토해야 하며, 과학이 특정 이념의 근거로서 사용되어 사회적 편견을 정당화할 가능성에 대해 경계의 눈빛을 보내야 하는 것이다. 과학은 이미 색이 입혀진 안경을 통해 세계를 바라볼 수 있다는 사실을 눈 밝은 독자들이라면 잘 알고 있을 것이다.

실제로 역사 속에서 펼쳐진 과학의 모습을 들여다보면, 과학이 사회적 대중화나 사회적 응용을 통해 이론 자체의 인식론적 정당성과 이미지를 구성해내는 측면이 있음을 알 수 있다. 과학은 사회 개혁의 도구가 되기도 하고, 다양한 이데올로기에 순응하면서 그 이데올로기를 강화하거나 수정하기도 하면서 과학 자체의 인식론적 정당성을 확보하기도 한다. 이렇게 확보된 과학의 정당성은 다시 사회로 투영되고, 이 과정에서 과학은 본래 의도와는 다르게 변형되거나 강화될 수도 있다. 즉, 과학은 자체의 내적 논리를 통해 정의되기도 하고, 사회를 통해 정의되기도 하면서 정당성을 확보해가는 측면이 있는 것이다. 물론 과학의 내적 조건이 엄정하고 논리적일수록 과학 자체의 강력한 규정을 지니게 되어 사회를 통해 재구성되는 이미지의 필요성이 감소될 것이다. 반면 과학적 근거의 확실성이 부족할수록 과학은 이론 자체의 정당성 확보를 위해 사회와 관련된 다양한 이미지를 재구성할 필요성이 커지게 된다. 왜냐하면 견고한 내적 구조에 결함이 있는 과학은 명백한 과학으로 인정받기 위해 필연적으로 과학 이외의 또 다른 이미지를 필요로 하기 때문이다. 따라서 우리는 과학과 사회 또는 과학과 이념의 문제를 극단적인 대립의 틀로 파악하여 긍정이나 부정으로 귀결되는 피상적인 접근을 벗어날 필요가 있을 것이다. 과학과 사회 또는 과학과 이념 사이에는 상호작용이 존재하고 있으며, 따라서 과학도 당대의 사회문화적 컨텍스트와 교감을 나누며 반응한다는 것을 잊지 말아야 할 것이다. 이런 점에서 이 책이 담고 있는 우생학eugenics[1]은 과학과 사회의 접점 또는 과학과 이념의 관련성을 살펴볼 수 있는 좋은 역사적 사례를 제공해줄 것이다.

우생학은 선택과 배제의 원리를 토대로 영국에서 탄생한 생물학의 응용과학이자 이념이었다. 우생학의 등장은 19세기 중엽 영국의 시대적 상황과 밀접한 관련이 있다. 우생학은 당시 영국 사회에서 새롭게 부상하고 있던 중산계층의 이해를 대변한 측면이 많았다. 다윈은 『종의 기원』(1859)에서 생존경쟁을 통한 자연선택이 생물 종의 진화를 결정한다고 주장했다. 당시 다윈의 진화론은 자유방임주의적 시대 분위기와 잘 맞아 떨어졌고, 이는 다윈의 진화론이 생물학의 영역을 넘어 사회에도 영향을 미치는 중요한 이유가 되었다. 19세기 중반 영국의 자유주의자들은 토지귀족 등 유한계층의 나태함을 비난하고, 노동자나 극빈층은 사회에 짐만 부과하는 쓸모없는 존재라며, 전문직 종사자, 즉 새롭게 부상한 중산계층이 사회를 주도해야 함을 역설했다. 당시 스펜서Herbert Spencer(1820~1903)는 게으르고 나약한 존재들의 소멸은 자연의 법칙이며, 사회적 약자를 도와주는 복지 정책은 최적자생존survival of the fittest의 법칙에 위배된다는 주장을 내세우고 있었다. 중산계급의 논리와 스펜서의 주장은 상호 보완적인 측면이 있었고, 이는 이른바 사회다윈주의social Darwinism[2]의 형성으로 이어졌다. 사회다윈주의는 생존경쟁과 최적자생존이라는 이름 아래 인간을 서열화하고, 인간 사이의 차별성을 강조했다. 우생학은 생물학을 근거로 사회적으로 제거되어야 할 운명에 있는 다양한 부적자의 군상들, 즉 빈곤자들이나 신체적 불구자들의 운명은 유전에 의한 결과라며, 이들의 출산을 제한해야 한다는 주장을 펼쳤다.[3] 나아가 우생학은 문명화에 방해가 되는 사회의 생물학적 해로움을 제거함으로써, 과학의 이름으로 효율적이고 능률적인 사회를 건설할 수 있을 것이라 역설했다. 이런 점에서 우생학은 사회다윈주의의 또 다른 기획이었고, 우생학은 생물학, 즉 과학의 이름으로 사회에서 적자the fit를 키워내고 부적자the unfit를 제거함으로써, 당면한 사회문제들을 생물학적으로 해결하려는 시대적 산물이었던 것이다.

당시 우생학의 탄생은 생존경쟁에 의한 자연선택을 인위선택으로 전환시키는 것을 의미하는 것이었고, 이는 사회다윈주의가 단순히 개개인의 생존경쟁을 최고의 가치로 삼으며 자유방임을 주장하던 차원을 넘어 정부와 사회의 간섭을 허용하는 이데올로기로 전환되었음을 의미하는 것이기도 했다. 이런 측면에서 우생학의 탄생과 발전은 자유방임적 정치경제학이 대세를 이루던 사회에서 생물학에 근거한 사회유기체론적 집단주의가 지배하는 사회로의 이전을 의미하는 것이기도 했다.[4] 이제 우생학은 새로운 시대의 가치관에 조응하기 시작했고, 이는 적자에 의한 새로운 사회적 질서의 추구로 발전해갔다.

탄생 당시 우생학이 함축하고 있었던 기본적인 신념은 모든 인간에게 삶의 평등한 조건을 부여하는 민주주의적 사회를 건설하기 위해서가 아니라 사회적 부적자들을 제거함으로써 사회적 진보를 통한 문명화를 달성하려는 것이었다. 스펜서가 상정했던 완전사회로의 진화와 동일한 맥락을 설파한 것이다. 다만 차이가 있다면 개인적 차원을 넘어 집단적 차원의 생존경쟁에 의한 최적자생존을 주장했다는 점이었다. 우생학은 객관적 과학을 표방하며, 인간의 본능마저도 과학적 조작과 사회적 조치를 통해 개선할 수 있고, 이를 통해 효율적인 사회를 건설할 수 있다고 믿었다.

우생학은 구체적으로 유전적 요인의 통제를 통해 인간의 타고난 질을 개선하는 것을 목적으로 삼았다. 물론 인간 개선 또는 우생 인간의 창조라는 욕망은 서구 사회에서 오래된 전통이었다. 그러나 초역사적인 멘탈리티로서의 건강한 자손에 대한 갈망은 골턴Francis Galton(1822~1911)에 의해 더 체계적이고 과학적인 모습으로 탈바꿈하게 된다. 당시 골턴은 우생학을 "미래 세대 인종의 질을 개선 또는 저해하는 사회적으로 통제 가능한 모든 수단에 관한 연구"[5]이며, "인종의 타고난 질을 개선하는 모든 영향을 다루는 과학이자, 인종의 타고난 질을 최대한으로 이롭게 발전시키는 모든 요인을 연구하는 과학"[6]으로 정의했다. 따라서 골턴 우생학의 목적은 생존에 유리한 개인들과 불리한 개인들의 비율을 유전 이론을 활용하여 인위적으로 조절하는 데 있었다. 이런 점에서 골턴의 우생학은 인간을 포함한 유기체의 변이와 유전을 설명하는 과학적 이론으로서의 성격을 가지고 있었고, 사회적 실천을 수반한 연구 분야였다고 할 수 있다.

골턴의 포괄적이고, 실천적인 우생학에 대한 정의는 우생학이 과학적 담론으로서만이 아니라 사회적 실천의 이념으로 기능할 수 있는 여지를 남겼다. 실제로 우생학은 유전론에 기초하여 열성 형질 또는 부적자의 제거를 강조하며 계급적·인종적 차별을 정당화하는 이데올로기로 기능하기도 했고,[7] 이와는 반대로 환경적 개선을 통해 인간 삶의 질을 개선하려는 세력들의 이론적 근거가 되기도 했으며,[8] 우생학을 수용한 국가의 정치적·사회적·문화적 특성과 주도 세력의 이해관계에 따라 다양한 의미로 해석되고, 활용된 측면이 많았다.[9] 이런 점에서 우생학은 정치적으로 매우 유연한 생물학의 응용과학이

자 이념이었다고 볼 수 있다. 모든 우생론자들은 생물학적 결정론에 기초하여 유전이 인간 퇴화의 원인이며,[10] 퇴화된 인간종人間種을 과학적 방식으로 관리, 통제함으로써 인간의 질적 진보와 그것을 통한 사회 진보를 달성하려는 의식을 공유하고 있었다. 그러나 이는 개체의 사적인 생식 권리를 부정하고, 퇴화자로 규정된 이들을 선택적으로 제거하는 결과를 낳음으로써[11] 역사에 지우기 힘든 흔적을 남겼다.

과거 우생학에 내재했던 생물학적 결정론에 대한 믿음은 지금도 우리의 일상과 관념을 여전히 지배하고 있는 것 같다. 최근 유행하고 있는 혈액형에 따른 성격 유형은 과학적 근거가 의심스러움에도 대중적으로 각광을 받고 있다. 복제인간을 만들거나 줄기세포를 얻어 유전자의 결함을 제거하면 인간 질병을 극복할 수 있다는 논리 역시 기본적으로 우성 인간만으로 구성된 더 나은 세계가 펼쳐지리라는 생물학적 결정론에 기초한 우생학적 논지를 깔고 있는 것이다.[12] 이런 최근의 대중적 경향과 더불어 한국 학계에서도 우생학에 대한 연구가 점점 확대되어가고 있다. 주로 영국과 미국의 우생학을 분석하는 상황이지만, 우생학의 이념적 성격에 대한 비판적 연구로부터 그것의 다양한 실천 양상과 함의에 대한 분석, 그리고 우생학과 여성주의 및 성담론 사이의 관계에 이르기까지 최근 몇 년 동안 다양한 층위에서 우생학 연구가 진행되어왔다.[13] 이처럼 국내 학계의 우생학에 대한 다양한 문제의식은 만족할 만한 상황은 아니지만, 향후 우생학 연구의 지평을 한층 높여갈 것이라 본다.

서구 역사 속에서 과학과 이념 그리고 담론과 실천이 혼재되며 선택과 배제의 원리로 작용했던 우생학은 20세기 역사에 지우기 힘든 흔적을 남겼다. 그렇다면 선택과 배제의 원리로서의 우생학의 본질적 성격은 무엇이고, 구체적으로 어떤 역사적 실천을 보여주었으며, 그것이 갖는 21세기적 함의는 과연 무엇일까? 이 책에서는 주로 우생학의 형성, 이론적 근거, 다양한 실천, 그리고 사회적 영향을 영국, 미국, 그리고 독일을 중심으로 고찰함으로써 인간과 사회를 생물학적으로 파악하려는 일련의 모두 시도들에 대해 비판적으로 접근할 수 있는 단초를 마련할 것이다.

# 1 우생학 연구의 쟁점

과연 인간의 능력은 타고나는 것일까, 아니면 길러지는 것일까. 인간의 형질을 둘러싼 이른바 천성nature과 양육nurture의 문제는 동서고금을 막론하고 초미의 관심사였다. 서양에서 인종의 질을 개선하여 우생 인간을 창조하려는 인간의 욕망은 저 멀리 플라톤Platon으로부터 캄파넬라Tomasso Campanella(1568~1639)의 서구적 이상향, 노이에스J. H. Noyes(1811~1886)에 의해 주도된 미국 오네이다 사회주의 집단의 우생주의에 이르기까지 아주 오래된 역사를 갖고 있다.[14] 물론 이들의 꿈은 당시 그저 가엾은 허상에 불과했지만, 이제는 그 꿈이 현실로 지금, 여기, 우리 눈앞에 다가서 있다. 오래지 않은 과거에 아무도 예상하지 못했던 우생 인간으로 구성된 새로운 문명사회가 현실적 가능성이 된 것은 순전히 과학기술, 특히 유전학 분야의 괄목할 만한 성장 덕분이다. 현재 유전학 관련 분야의 성장은 우생학적으로 개량된 새로운 우생 인간의 창조를 더 이상 무모한 이상이 아니라 오히려 우리 삶의 일부분으로 만들어가고 있다. 1950년대 이후 눈부시게 발전한 분자생물학과 그 성과에 힘입은 새로운 생명공학의 등장은 인간의 형질을 판별할 수 있는 기초 자료인 유전자 지도의 완성을 가져왔고, 이는 유전자 검사 및 치료, 유전 상담 등이 대중적으로 각광을 받는 계기가 되었다. 더욱이 인류는 생명 복제마저 성공함으로써 동물은 물론이고, 스스로의 유전자 구성까지 조작하고, 생식 문제를 인위적으로 통제하며, 생물학적 진화 과정을 직접 제어할 수 있는 기회를 맞이하게 되었다.[15]

하지만 새로운 생명공학의 등장은 인간 능력의 확대와 새로운 문명사회 건설이라는 긍정적 기대에도 불구하고, 이전에는 없었던 새로운 문제들을 야기하는 현대판 판도라의 상자를 인류에게 가져다주었다. 이른바 생물학의 '맨해튼 프로젝트Manhattan Project'로 불리는 '인간 유전체 계획Human Genome Project'은 인간의 염기서열을 분석하여 유전자 지도를 완성함으로써 인류에게 자신의 유전적 구성을 인위적으로 통제할 수 있다는 희망을 제공하였지만, 이는 이전과는 다른 형태와 내용을 갖는 수많은 윤리적 · 법적 · 사회적 차원의 문제를 양산하는 계기가 되었다. 유전자 지도가 만들어져 누구든지 마음만 먹으면 타인의 유전자 정보를 활용할 수 있는 길이 열렸지만, 역으로 유전자 정보의 활용은 정치적 · 사회적 차별을 낳는 출발점이 될 수 있다는 점에서 많은 우려를 낳고 있다.[16] 이는 오늘날 '새로운 유전학new genetics'을 둘러싼 여러 논쟁의 중심 문제에 속한다. 오늘날 제기되는 생명 윤리를 둘러싼 핵심적 논쟁의 한가운데에 우생학이 자리 잡고 있는 것이다.

오늘날 많은 사람들이 새로운 유전학의 발달에 대해 느끼는 심리적 우려와 정서적 공포의 이면에는 19세기 말 영국에서 발원하여 미국에서 가장 대중적으로 성공했으며, 나치의 잔혹한 대량 학살에 이르러 그 추악성을 여실히 보여준 우생학에 대한 부정적인 인식이 짙게 깔려 있다. 물론 20세기 전반에 세계 30여 나라에서 정치적·사회적 운동으로 발전했던 과거의 우생학은 나치로 인해 역사적 단죄를 받아 이미 추악한 용어로 전락했다. 하지만 그 후로도 나치의 대량 학살은 유전적 개입에 대한 대중의 정서적 거부감을 유발시키는 원천이 되어왔으며, 오늘날은 새롭게 발전하고 있는 유전학에 가장 원색적인 비판의 계기로 작용하고 있다.[17] 사실상 인종 개선이라는 미명 아래 전개된 살육의 잔혹한 역사는 그 재현의 위험이 매우 강하기 때문에, 이른바 '유전학의 세기'를 맞이하여 우리 역시 위험한 비탈길을 따라 과거 우생학의 악몽 속으로 빠져들고 있는 것은 아닌지 돌아볼 필요가 있다.[18] 우리는 지금, 여기에서 과거의 잘못을 그대로 답습할 것인지 아니면 새로운 대안을 제시할 수 있을 것인지를 물어야 할 순간에 직면해 있는 것이다.

이 책에서 다루고 있는 선택과 배제의 원리로서의 우생학, 그것의 역사는 고대로까지 소급될 수 있다. 시공간을 가리지 않고, 인간의 근원적 욕망으로 자리 잡고 있던 우성 인간의 창조는 다윈의 진화론이 등장하면서 새로운 전기를 맞이하게 된다.[19] 다윈의 사촌이었던 골턴은 다윈의 진화론을 근거로 삼아 인간의 육체적·정신적·도덕적 특질이 유전된다고 확신했고, 이는 우생 담론이 근대적 형태의 체계를 갖춘 우생학으로 발전하는 기본 이념이 되었다. 골턴은 인류는 스스로 진화에 대한 책임이 있으며, 이 책임을 다하기 위해서는 단순한 유전 원리에 대한 이해뿐만 아니라 인간 진화의 방향을 인위적으로 통제할 수 있는 정책적 수단을 강구해야만 한다고 역설했다.[20] 이러한 골턴의 야심찬 우생학 프로젝트는 당시 과학자 사회에서 신뢰할 만한 연구 분야로 수용되었고, 나아가 유전을 기초로 삼는 강력한 정치사회적 운동으로까지 확장해갔다. 다윈의 진화론에서 모티브를 얻었던 골턴은 부정적인 인간 형질을 제거하고, 인종의 질을 개선하기 위해서는 선택적인 생식 프로그램이 필요함을 역설하며, 자신의 가설과 이론을 증명하려 노력했다. 이 과정에서 골턴은 우생학을 단순한 과학적 담론으로서만이 아니라 구체적인 사회적 실천의 방법론으로 상정했고, 이는 후일 다양한 형태의 우생학 프로그램과 방법론, 그리고 실천을 낳는 이유가 되었다.

생물과학이라는 학문적 분야에서 과학적 담론의 하나로 논의되던 골턴의 우생학은 사회적 영역으로 확대되면서 거듭된 진화의 과정을 거치게 된다. 사회적 영역으로 확장된 골턴의 우생학은 서로 다른 정치적·사회적·문화적 경험을 갖고 있던 많은 나라에 수용되어 다양한 형태의 대중운동 및 국가정책으로 발전했다. 20세기 전반 서구에서 정치적·사회적·문화적 운동으로 확장된 우생학은 당시 인종, 국가, 그리고 성 등을 둘러싼 이데올로기와 밀접하게 연관되어 있었고, 인구 조절이나 공중보건 및 위생 등 다양한 정부의 복지 정책과도 긴밀한 관련을 맺게 되었다.[21]

과학적 담론의 영역에서 사회적 실천의 영역으로 확장된 우생학은 다양한 함의로 윤색되었고, 이는 우생학을 둘러싼 다양한 논쟁의 이유가 되었다. 실제로 우생학은 다양하고 복잡한 개념을 가지고 혼용되어왔고, 이 때문에 우생학에 대한 연구 성과도 매우 다면적이고 다층적이다. 이처럼 우생학의 개념적 다양성에도 불구하고, 우생학의 성격을 규명하려는 우생학에 대한 학계의 본격적인 논의가 시작된 것은 얼마 되지 않았다. 이는 나치의 대량 학살이 가져온 충격 때문이었다. 우생학이란 용어는 모든 공식적인 매체에서 사라져 있었고, 우생학은 그저 나치와 연관된 사이비 과학 또는 가짜 과학으로서만 간주되었으며, 나치의 잔혹한 행위도 권력을 잡은 일부 광적인 정치가들의 잘못된 행위로만 여겨졌다. 그러다가 1970년대를 지나면서 독일의 과거사 문제에 대한 논의가 조심스레 터져나오기 시작하면서 우생학 논의도 조금씩 고개를 들기 시작했다.[22] 독일에서 시작된 우생학 연구는 우생학이 독일뿐만 아니라 많은 나라에서 활발한 정치 사회적 대중운동으로 발전했었다는 사실을 알려주었고, 이는 우생학 연구의 대상과 범위를 넓힘으로써 많은 나라에서 우생학의 연구 지평을 확장하는 결과를 낳았다. 최근 들어서는 급속히 성장한 생명공학기술과 연관하여 다양한 쟁점을 갖는 수많은 논의들이 개진되고 있는 상황이다. 우생학과 관련된 최근의 연구들은 다양한 문제의식에서 출발하여 다양한 방법론적 시도를 보이며 새로운 유전학이 현대사회에서 어느 정도의 과학적 정당성을 가질 수 있는지에 대한 통찰을 제공함과 동시에, 더 넓게는 생물학과 이념 사이 또는 과학과 이념 사이의 관계에 대한 논의의 지평을 확장하는 데도 도움을 주고 있다.[23] 여기서는 다양한 논의와 대상, 그리고 범위를 설정하여 진행되어온 기존의 연구 성과를 크게 다섯 가지 쟁점으로 나누어 간략하게 정리해보겠다.

## (1) 우생학적 실천의 다양성

먼저 우생학이 역사 속에서 보여준 다양한 실천적 모습과 관련된 쟁점이다. 즉, 대개의 우생학 연구는 영·미의 우생학을 원형으로 간주하고, 그것을 독일의 우생학과 직접적으로 연결시키는 해석을 하고 있다. 이는 다소 결과론적인 역사 해석으로 볼 수 있는 측면이 있다. 물론 우생학이 영국과 미국, 그리고 독일에서 가장 대중적인 성공을 했었다는 사실만큼은 부인하기 어렵다.[24] 하지만 이러한 단선론적 해석은 다양한 층위에서 해석될 수 있는 우생학에 대한 폭넓은 논의의 여지를 제한시켜버릴 가능성이 매우 크다. 즉, 연구대상을 세 나라로만 제한할 경우, 단순한 해석에 그칠 여지가 그만큼 커지는 것이다.[25] 이런 점에서 애덤스Mark B. Adams의 주장은 주목할 만하다. 그는 우생학 운동에 덧씌워진 신화와 오해들을 세밀하게 비판적으로 검토하여 우생학이 단일하고 통일된 목적과 신념을 가진 영미 중심의 운동이었다는 종래의 해석은 재검토되어야 할 필요성이 있다고 주장한다.[26] 실제로 우생학은 30여 나라에서 대중운동으로 확장되었던 세계 운동이었다는 점에서 이러한 주장은 상당한 설득력을 갖는다.[27] 따라서 우생학 연구에서 중요한 것은 우생학이 각 나라의 특수한 사회적·역사적 지형에 의해 서로 다른 가치와 방향성을 담고 있었고, 이에 따라 다양한 함의와 형태, 그리고 목적을 가졌다는 사실을 인식하는 것이다.

## (2) 유전인가, 환경인가

　다음으로 우생학의 본질적 성격, 즉 이론적 전제가 무엇이었는가를 둘러싼 논쟁이 있다. 이는 쉽게 말해 우생학의 실천적 방법이나 정치사회적 함의가 무엇이었는가라는 문제와 관련하여 대단히 중요한 문제이다. 전 세계적 차원에서 대중운동으로 발전했던 우생학은 이론적 전제의 측면에서 사뭇 다른 모습을 보여주었다. 대개의 연구들은 우생학이 본질적으로 골턴에서 바이스만August Weismann (1834~1914)의 생식질 연속설Germ Plasm Theory로, 그리고 멘델주의Mendelism로 이어지는 일련의 유전학의 발전과 관련이 깊은 유전론적 성격을 가졌다고 파악한다.[28]

　그런데 이러한 분석은 기본적으로 우생학을 유전학과 밀접한 연관 아래 유전론의 테두리 속에서 협소하게 파악함으로써 단순한 논리적 귀결을 도출한 위험성을 야기했다. 우생학이 유전학과 밀접한 관련을 맺으며 발전한 것은 부인할 수 없는 사실이지만, 각 나라의 사례를 분석해보면 우생학은 유전론적 입장뿐만 아니라 환경론적 입장, 즉 라마르크주의에 천착한 경우도 많았다는 것을 알 수 있다.[29] 프랑스의 경우는 라마르크주의 우생학, 즉 환경론적 우생학의 대표적인 사례라고 할 수 있다. 프랑스 우생학에 대한 연구는 아직 소수이지만, 대체로 라마르크주의적이고 의료적 차원의 성격을 가졌던 것으로 파악한다.[30] 라틴아메리카의 우생학은 프랑스의 영향을 많이 받았고, 여기서도 라마르크주의적 경향의 우생학이 전개되었다.[31] 러시아의 우생학도 라마르크주의적 입장에서 환경 개선을 도모했고, 그것을 통해 사회주의적 인간을 형성하려 했었다.[32]

## (3) 네거티브와 포지티브

세 번째로는 앞선 우생학의 이론적 전제가 무엇이었는가라는 문제와 연관된 논쟁으로, 이는 우생학의 실천적 프로그램이나 방법론, 그리고 목적과 연관된 문제이다. 미국이나 독일에서는 '불임법Sterilizations Law,' '혼인법Marriages Law,' 그리고 '이민제한법Immigration Restriction Act' 등 일련의 강제적인 우생학 입법이 제정되었다. 이러한 우생학적 입법의 목적은 부적자의 제거를 통해 인종적 질을 보존하고, 국가적 효율을 확보하려는 것이었다. 이들 나라에서는 이른바 '네거티브 우생학negative eugenics'[33]이 전개되었던 것이다.[34] 스칸디나비아 우생학의 경우, 우생학적 불임법은 미국이나 독일과 달리 정치권력의 강압적이고 일방적인 결정이 아니라 사회적 합의와 동의에 의해 제정되었지만, 그것의 목적 역시 퇴화된 인종을 제거함으로써 사회적 효율을 달성하는 것이었다.[35]

그런데 문제는 이와 같은 네거티브 우생학 못지않게 '포지티브 우생학positive eugenics'도 상당 부분 전개되었다는 사실이다. 이를테면 유전론적 우생학이 강했던 영국, 미국 그리고 독일의 우생학만 보더라도 이와 같은 상황을 살펴볼 수 있다. 영국 우생학의 경우, 우생학의 본고장으로서 유전론적 우생학에 기댄 네거티브 방식의 우생학적 실천이 강했을 것 같지만, 오히려 영국에서는 특수한 역사적 환경과 정치제도 등으로 인해 공중보건이나 위생 등 환경 개선이라는 포지티브 우생학을 도모한 측면도 많았다.[36] 미국 역시 환경론적 우생학에 천착한 포지티브 우생학에 대한 관심이 20세기 초반까지 상당한 설득력을 발휘했었다.[37] 독일의 경우도 가장 극단적인 네거티브 우생학이라고 할 수 있는 나치의 대학살이 있었지만, 공동체 전체의 질을 담보하기 위해 시행된 공중보건 우생학 등 매우 다양하고 복잡한 사회운동이 공존하기도 했다. 이는 독일 인종위생의 탄생이 기본적으로 의학의 발전과 불가분의 관계에 있었기 때문이다. 따라서 독일의 우생학은 의학적 차원의 목적이 강했던 측면도 많았다.[38]

## (4) 과학인가, 이념인가

네 번째로는 우생학의 정치적·윤리적 함의와 관련된 논쟁이 있다. 사실 우생학은 다양한 이념적 스펙트럼을 갖는 다양한 성향의 그룹들에 의해 수용되고 윤색되었다. 물론 많은 우생학 연구는 접근 방법에 있어서 정치적·윤리적 문제점들을 부각시키는 경향을 보이고 있고, 이러한 연구 시각은 우생학이 정치적으로 보수적인 우파의 이데올로기로 사용됨으로써 과학성이 결여된 사이비 과학 혹은 가짜 과학으로 기능했다는 해석으로 귀결된다.[39] 우생학에 내재된 결정론적 시각은 역사 속에서 정치사회적 차원의 이념을 뒷받침하는 논리로 사용되었고, 따라서 우생학에 이념적 측면이 있다는 점은 그 어느 누구도 부인하기 힘든 것이 사실이다. 실제로 우생학은 결정론적 시각에 근거하여 우생학을 설파했던 이들에게 인간의 유전적 구성 개선과 더 나은 양육 조건을 형성한다는 명분 아래 퇴화의 국면을 강조했고, 결과적으로 우생학은 보수주의자와 인종주의자에게 과학적 은신처를 제공하였던 성격이 많았다. 이런 점에서 우생학이 사이비 과학 또는 가짜 과학이었다는 주장은 간과할 수 없는 문제이다.[40]

하지만 우생학의 결정론적 시각은 현대 유전학의 최초 형태로서 1900년을 전후한 초창기 유전학과 뗄 수 없는 밀접한 연관 속에서 배태된 것이었다. 뿐만 아니라 우생학은 의학이나 생물과학 분야 일반의 지적 발전과도 불가분의 관계에 놓여 있었다.[41] 따라서 단정적으로 우생학의 비과학성을 주장하며 이를 정치 이데올로기로만 파악하는 것은 지나치게 협소한 해석일 수 있다. 유전학이 과학으로서 채 정립되지 않았던 당시 상황에서 이념으로서의 우생학과 과학으로서의 유전학을 구별하기란 근본적으로 어려운 일이었다. 더군다나 우생학을 정치적 도구로 삼았던 이들은 우파뿐만 아니라 다양한 형태의 좌파 그룹도 우생학을 사회적 실천의 도구로 이용했다. 심지어는 정통 마르크스주의를 자처하는 구소련the Soviet에서도 우생학은 환영을 받았다.[42] 우생학은 정치적 입장에 관계없이 아주 매력 있는 도구였던 것이다. 이런 점에서 우생학 연구는 여러 나라의 사례와 인접 과학이나 다양한 사상에 대한 세부적인 관련성 문제를 바탕으로 더 세밀한 해석을 도모할 필요가 있다.

## (5) 우생학과 새로운 유전학

마지막으로 위에서 살펴본 바와 같이 우생학은 다양한 함의와 형태로 역사 속에서 발현되었다. 따라서 최근의 우생학 연구는 다양한 층위에서 해석될 수 있는 우생학의 다양한 함의에 관심을 보이며 연구가 진행되고 있다. 최근의 우생학 논의들은 그동안 우생학 연구에서 간과했던 주제들, 이를테면 우생학적 부적자를 넓은 의미의 장애자로 규정하고, 이를 통해 정상과 병리의 문제를 다루는 연구, 종교와 우생학의 관련성이나 우생학적 문화에 대한 연구, 그리고 다양한 성담론과 연관하여 여성주의적 시각에서 우생학을 다룬 연구 등 주제와 대상 면에서 다양한 논의들이 개진되고 있다.[43]

그럼에도 최근 우생학 논의는 과거 우생학과 새로운 유전학 사이의 연관성이나 차별성과 관련된 문제에 집중되어 있다. 이는 과거 우생학의 역사적 경험이 오늘날 상당한 현실적 유의미성이 있기 때문이다. 이 때문에 많은 우생학 연구는 과연 인간에 대한 인위적 조작 문제를 어떻게 볼 것인가를 두고 진행되고 있는 형국이다. 먼저 인간에 대한 인위적 조작 문제에 대해 거부감을 표현하는 연구들이 많다. 이는 과거 우생학이 보여주었던 역사적 폐해에 기인한다. 그래서 많은 연구들은 과거의 우생학이 의료 유전학medicine genetics의 외양으로 가장한 채 회귀할 가능성에 대해 경고한다. 이는 새로운 유전학에서 추구하는 목표와 우생학이 제기했던 주장이 본질적으로 다르지 않다는 입장이다. 즉, 많은 연구들은 새로운 유전학이 과거의 우생학을 그대로 답습할 소지가 있다는 전제 아래 산전 유전자 검사, 인간 유전체 계획, 그리고 유전자 치료 등 일련의 새로운 유전학이 야기할 수 있는 정치적·사회적 함의에 관심을 집중시키고 있다. 새로운 유전학의 발전은 유전적 차이를 정치사회적 차별로 환원시킴으로써 장래에 과거의 우생학이 보여주었던 이념적 성향을 정당화하는 과학적 메커니즘에 불과하다는 비판적 문제 제기를 보이고 있는 것이다.[44]

반면 실용주의적 입장에서 공중보건이나 건강의 차원에서 인간 생식과 관련한 문제에 유전적 개입을 긍정하는 연구도 개진되고 있다. 이들은 기본적으로 과거 우생학의 실패는 우생학적 목적이나 함의

자체에 있는 것이 아니라 나치에게서나 볼 수 있는 야만성이나 전체주의 때문이고, 따라서 만일 정치적·범죄적 오용으로부터 자유로울 수 있다면 인간 개선이라는 이상은 수용 가능한 것이라는 입장이다.[45]

이처럼 과연 인간에 대한 조작 문제를 어떻게 볼 것인가라는 문제를 둘러싸고 학자들 사이에선 팽팽한 긴장감이 감돌고 있는 형국이다. 그러나 과거 네거티브 우생학이 전개했던 자의적 판단에 의거한 부적자에 대한 제거는 여전히 현실에서 반복 가능한 것이라는 점을 생각할 때, 새로운 유전학의 정치적·사회적·윤리적 함의에 대해서는 더 세부적인 분석이 필요할 것이라고 본다. 특히 과거 우생학의 최대 흠결이 생물학적 전제를 기초로 인간에 대한 차별을 전개했다는 점에서 더욱 그렇다. 따라서 새로운 유전학과 관련된 일종의 우생학적 조치를 실천하는 행위는 더 신중하고 명확한 윤리적인 가이드라인이 필요할 것이다.[46] 더불어 단순한 윤리적 차원의 문제를 넘어서 보편적인 인권의 차원에서 우생학을 비롯한 인간 복제, 유전자 정보, 그리고 유전자의 질적 개선 등 새롭게 제기되는 오늘날의 생명공학의 문제에 대해 폭넓은 논의를 수행하여 평등의 관점에서 이 문제를 바라볼 필요도 있다.[47] 뿐만 아니라 새로운 유전학이 전개하고 있는 인간에 대한 조작이 이루어질 경우, 과연 인간이란 존재는 무엇인가라는 문제를 야기할 수 있기 때문에 더 세밀한 인식론적 분석도 필요할 것이다.[48]

이렇듯 우생학은 여러 나라에서 다양하고 복잡한 개념으로 수용되었고, 우생학 프로그램의 내용도 매우 다양했다. 우생학자들은 퇴화의 원인이나 치유책에 대해 서로 다른 의견을 개진했다. 그들은 실천적 계획이나 우생학 입법의 목적, 그리고 정치적 성향 역시 달랐다. 하지만 우생학자들은 인간 인종이 퇴화하고 있으며, 퇴화는 유전에 의한 것이라는 사고만큼은 공유하고 있었다.[49] 또한 우생학자들은 과학 지식과 그것에 부여된 대중적 권위를 이용해 정치적 목적을 달성하고자 했다. 우생학자들은 과학의 권위를 이용하여 자연의 법칙에 근거해 객관적 진술을 하는 것처럼 대중을 기만했고, 개체의 사적인 생식 권리를 부정하고, 생식질의 보존에 대한 개인의 도덕적 책임성을 강조했다.[50]

지금까지 살펴본 대로, 우생학을 둘러싼 논쟁은 다양한 측면에서 전개되고 있다. 그렇다면 이와 같은 논쟁이 발생하고 있는 이유는 무엇이며, 이를 해결하기 위해서 우리는 무엇을 해야 할 것인가? 무엇보다 골턴의 우생학 자체에 대한 연구가 필요할 것이고, 이 과정에서 문제의식의 전환이 요구된다고 생각한다. 우생학 연구에서 기존의 연구가 보여준 해석은 우생학을 둘러싼 다양한 담론을 양극화함으로써 피상적인 수준의 우생학에 대한 이해를 도모하거나 긍정 아니면 부정이라는 극단적 대립을 유발해왔다. 따라서 우생학 연구에서 중요한 것은 우생학에 드리워져 있던 이분법적 논리를 해체하는 것이고, 이를 해결하기 위한 선결 조건은 바로 골턴의 우생학 자체에 대한 세밀한 연구가 필수적이라고 본다.

19세기 후반 생물과학이라는 학문적 분야에서 논의되던 골턴의 우생학이 사회적 영역으로 확대되는 과정에서 그것은 일종의 생물학적·정치사회적 독트린으로 기능했다. 골턴의 우생학은 인간을 포함한 유기체의 변이와 유전에 대하여 설명하는 과학적 이론으로서의 성격을 갖고 있었으며, 그것은 항상 사회적 실천을 수반하는 것이기도 했다. 20세기 전반과 그 이후의 모든 우생학 운동의 토대로 작용했던 골턴의 우생학은 유전, 환경, 그리고 이념을 중층적으로 포함하고 있는 매우 포괄적인 성격을 갖고 있었던 것이다. 이처럼 골턴 우생학이 갖는 다층적 성격에도 불구하고 많은 기존의 우생학 연구는 사회적 실천으로서의 우생학에 주목하여 우생학의 사회적 영향에 주로 관심을 보임으로써 많은 논쟁의 불씨를 남겼다.

　이러한 기존의 우생학 연구가 갖는 한계를 다소나마 해소하고, 새로운 의제를 발굴하기 위해서는 문제의식을 전환하는 것이 필요하다. 특정 과학 이론의 형성에는 그 시대의 시대정신Zeitgeist이나 과학적인 패러다임Paradigm이 동시에 영향을 미친다는 사실을 눈 밝은 독자들이라면 잘 알고 있을 것이다. 과학 이론의 형성은 사회경제적 배경과 불가분의 관계를 맺으면서 그 시대의 어떤 사회적 요인이 그런 과학 연구를 촉진시켰는가, 또는 어떤 경제적인 요구가 그런 과학 연구를 출현시켰는가 하는 것, 즉 현실의 사회적 관계에서 과학의 문제가 선택되기도 한다. 다른 한편 과학 이론의 형성을 이해하기 위해서는 당시의 지적 배경도 간과할 수 없는 문제다. 즉, 특정 과학 영역에서 문제의 선택, 결정, 해결 방법, 그리고 방향은 특정한 과학적 패러다임에서 이루어지는 것이다. 따라서 우생학이 진정한 과학이었는가 아니면 사회적 이념의 표출이었는가라는 식의 이분법적 논의는 더 이상 우생학 연구에서 핵심적 문제가 될 수 없을 것이다. 오히려 골턴의 우생학이 얼마나 과학적이며, 얼마나 이념적인가 또는 골턴의 우생학이 얼마나 유전론적이며, 얼마나 환경론적인지와 같은 중층적인 분석이 필요하다고 본다.

　요컨대 골턴의 우생학 자체에 대한 세밀한 연구와 문제의식의 전환은 기존의 우생학 연구가 안고 있던 많은 문제점을 해결해줄 것이라 본다. 특히 정치사나 사회사 전공자가 간과하기 쉬운 과학 이론의 형성 과정에 대한 이해, 즉 특정 과학 이론의 형성에는 과학적인 패러다임이 중요한 영향을 미친다는 사실을 더 구체적으로 인지할 수 있는 계기를 만들어줄 것이다. 이는 그동안 우생학의 사회적 영향에만 주목한 연구의 경향을 과학 내용 자체에 대한 관심으로 유도함으로써 더 균형 잡힌 우생학에 대한 시각을 갖도록 도움을 줄 것이고, 폭넓은 견지에서 우생학을 해석할 수 있는 지름길이 될 것이다. 나아가 골턴의 우생학 연구는 새로운 유전학 관련 분야의 수많은 후속 담론들을 생산함으로써 최근 중요한 사회적 이슈로 등장한 유전자 조작, 유전 상담, 그리고 인간 복제 등과 관련한 담론들을 더 구체적이고 체계적으로 분석, 비판할 수 있는 열린 논의의 마당을 확장해가는 데 도움을 줄 것이고, 최근 관심이 증폭되고 있는 이민이나 인종, 성, 건강 등 일련의 복지 정책 등과 관련한 다양한 이데올로기를 올곧게 해석하고 수용할 수 있는 비판적인 준거틀을 만드는 데도 기여할 것이다. 아울러 골턴의 우생학 연구는 과학과 이념 사이 또는 담론과 실천 사이의 관련성을 제고하는 계기가 됨으로써 과학 지식의 가치 중립성 문제를 다시 생각해볼 수 있는 사례연구로서도 중요한 함의를 가질 수 있다고 본다.

# 2 유전자에 구속된 인간

일면 우생학은 인간의 몸을 과학적 방식으로 통제하고, 인간의 사회체제를 유전의 측면에서 이해하려는 근대적 담론의 또 다른 기획이었다고 볼 수 있다. 즉, 우생학은 생물학적 결정론의 근대적 형태로서 환원 불가능한 복잡한 현상을 최소 구성 부분의 결정론적 움직임으로 설명하려는 환원주의적 시각을 견지했다. 또한 우생학은 정량화할 수 없는 인간 지능이나 정신성의 문제를 물질적 차원에서 분석하려 했다. 따라서 환원주의reductionism와 물화Verdinglichung에 기초를 둔 우생학은 천재와 바보, 정상과 정신박약, 우성과 열성, 백과 흑과 같은 이분법적 사유 양식을 창출함으로써[51] 모든 것들을 선형적으로 서열화하고자 했는데, 이는 근대적 형태의 불평등 과학이자 이념이라고 할 수 있다. 여기서는 우생학이 내포하고 있었던 생물학적 결정론을 중심으로 우생학의 선구자들에 대해 간략히 살펴보도록 하겠다.

사실 서구에서 우생학적 인간을 창조하려는 욕망은 아주 오래된 신념이었다. 플라톤의 설화를 잠시 들여다보자. 소크라테스는 공화국의 시민은 교육을 받고, 제각기의 장점에 따라 통치자, 보조자, 그리고 직공의 세 계급으로 배정되어야 한다고 주장했다. 이러한 서열이 지켜지고 시민들이 자기에게 부여된 지위를 받아들일 때, 비로소 안정된 사회가 이루어진다. 그러나 이것이 가능한 일일까? 소크라테스는 제자인 글라우콘Glaucon에게 꾸며낸 설화 한 가지를 이야기해 준다.

소크라테스 : 너를 마주보고 어떻게 이런 이야기를 해야 할지, 그리고 이 대담한 허구를 표현하기 위해 어떤 말을 골라야 할지 모르겠지만, 네게 이야기하겠다. 〔……〕 그들(시민)은 그들의 젊음이 꿈이며, 그들이 우리에게서 받는 교육과 훈련이란 한낱 외양에 불과하며, 실제 그들은 대지의 자궁 속에서 형성되고 키워지고 있다.

글라우콘 : 방금 선생님이 하신 거짓말을 그토록 부끄러워하신 데에는 충분한 이유가 있군요.

소크라테스 : 그렇다 그러나 좀 더 들어보아라. 나는 아직 절반밖에 이야기하지 않았다. 우리는 시민들에게 너희는 모두 형제이지만 신은 너희를 서로 다르게 만들었다는 것을 말할 것이다. 너희들 중 일부는 통치할 능력을 가지고 있고, 그러한 능력을 부여받은 과정에서 금을 섞어주었다. 그러므로 이들은 가장 존경받아야 할 사람들이다. 또한 이들을 돕는 보조자가 될 사람들에게는 은이 섞였고, 농사꾼과 장인들에게는 철과 구리를 섞어주었다. 이렇게 해서 너희들 모두는 동족의 관계이며, 너희들은 계속 자신과 흡사한 종의 아이를 낳을 것이다.

〔……〕 신탁은 철이나 구리의 인간이 나라의 수호자가 되면 그 나라가 망한다고 말한다. 이는 하나의 이야기이다. 이런 이야기를 시민들이 믿게 할 수 있는가?

글라우콘 : 지금 세대에는 불가능합니다. 그러나 그 아들, 아들의 아들, 그리고 그들의 후손들에게는 이 이야기를 할 수 있을 것입니다.[52]

글라우콘의 이 말은 골턴에 이르러 현실이 되었다. 타고난 가치가 개개인 또는 집단의 서열화를 결정한다는 신념이 우생학의 원리에서 그대로 발견되는 것이다. 다만 그것은 설화와 과학의 차이일 뿐, 플라톤의 설화와 골턴의 우생학은 생물학적 결정론이라는 이념을 공유하고 있었다. 즉 인종, 계급, 성별 등 인간 집단들 사이에서 나타나는 각각의 행동규범이나 사회적·경제적 차이 등이 타고난 유전적 구성에 의해 결정된다는 것이다.

골턴은 생물학적 결정론을 기초로 사회적 해악이 되는 계급의 유전은 유전 원리를 활용하여 막아야만 한다는 실천적인 주장을 내세웠다.[53] 이는 다윈의 영향으로 볼 수 있는데, 다윈의 이론을 살펴보면 진화는 집단 내의 변이를 집단 간의 차이로 변환시킴으로써 발생한다. 다시 말해 개체 사이에는 차이가 있고, 이 개체 변이 중에서 몇 가지는 유전적 기초를 갖는다. 자연선택은 지역적인 환경 변화에 더 잘 적응할 수 있는 변이를 차별적으로 보존하는 방식으로 작동한다. 따라서 골턴의 우생학은 다윈의 자연선택을 인위선택artifical selection으로 전환시킴으로써 인간 개선과 사회적 진보를 이루려는 기획이었다. 이런 점에서 우생학은 이른바 '몸의 정치학politics of the body' 또는 '생명정치biopolitics'를 과학적 방식으로 실현하기에 더 없이 좋은 기제가 될 가능성이 있었다고 볼 수 있다. 서구 사회에서는 18세기 이후 사회를 효율적으로 관리하고 운용하기 위해 개인의 몸을 사회적·경제적 체제로 통합시키며, 출산과 사망, 건강상태, 수명 등 집단적 인구 관리를 위한 새로운 형태의 권력 장치를 만들어내기 시작했고,[54] 골턴의 우생학은 이러한 생체 담론의 흐름에 부합했던 측면이 있다.

인위선택을 통해 인간 진화의 방향을 인위적으로 통제함으로써 인간의 몸을 과학적 기초 위에서 관리하려던 골턴의 기본적 전제는 인간의 육체적·정신적·도덕적 특질은 유전되고, 인간의 사회적 성공 능력은 동일하지 않으며, 이 불평등은 유전에 기인하고, 유전적 불평등은 세대를 이어 지속된다는 것이었다. 나아가 골턴은 알코올중독, 성적 방종, 빈곤, 폭력성 범죄, 사기 등과 같은 인간의 사회적 특질도 모두 유전에서 비롯되었다는 점을 명확히 했다.[55]

이러한 골턴의 유전 결정론적 시각은 다분히 환원주의적이다. 이를 당시의 사회 상황과 관련하여 살펴보자. 19세기 중후반 서구 사회는 산업자본주의 발전으로 인해 사회조직이 변화하면서 전체적으로 새로운 사회에 대한 관점이 등장했다. 이 사회에서는 개인이 우선시되고, 개인은 독립적이고 장소와 역할을 바꿀 수 있는 사회의 자율적 원자이다. 오늘날 사회는 개인적 특성의 원인이 아니라 결과로 생각된다. 사회를 만드는 것은 개인들이다. 이렇듯 원자화된 사회는 자연에 대한 새로운 관점, 즉 환원주의와 부합한다. 오늘날 전체는 그것을 부분으로 나눔으로써만 이해될 수 있으며, 개별적인 조각, 원자, 분자, 세포, 그리고 유전자는 전체가 갖는 특성의 원인이라고 믿어진다. 복잡한 자연을 이해하려면 그 각각의 부분들을 분리해서 연구해야 한다는 것이다. 다윈의 진화론은 개체들의 차별적인 생식률에 대한 이론이며, 진화와 연관된 모든 현상은 개별적인 원인 수준에서 이해되어야 한다는 것을 여실히 보여주었다. 이런 논리의 필연적 귀결은 다음과 같다. 유전자는 개인을 만들고, 개인은 사회를 만든다. 따라서 유전자가 사회를 만드는 셈이다. 한 사회가 어떤 사회와 다르다면, 그 차이는 두 사회에 속한 개인들의 유전자가 서로 다르기 때문에 나타난다.[56]

이런 관점에서 보면 인간의 건강과 질병 문제들과 연관된 책임이 결국에는 개인에게 돌려지고 만다. 그리고 이것이 과학의 이름으로 설파됨으로써 그 개인의 책임은 자연의 사실로 받아들여지고, 바꿀 수 없는 운명이 되어버린다. 따라서 이는 인위선택을 통한 인간 진화의 방향 조절과 인간의 몸에 대한 강제가 과학의 이름으로 정당화될 수 있는 근거가 된다.

골턴은 이러한 유전 결정론에 기초하여 자신이 꿈꾸던 능력주의 사회를 건설하려고 했다. 그러나 골턴이 꿈꾼 능력주의 사회는 허울 좋은 사회적 불평등의 재생산과 고착화를 위한 언어적 유희에 불과했다. 즉, 만일 모든 사람들이 자신이 타고난 능력에 맞는 사회적 지위를 갖게 된다면, 이는 부모에서 자식으로 사회적 지위가 그대로 이동하는 것을 정당화하는 근거가 된다. 유전은 일종의 상속재산과도 같은 것이기 때문이다. 골턴은 우리가 타고난 능력에서만 차이가 있는 것이 아니라 천성적인 능력 자체가 생물학적으로 세대에서 세대로 전달된다고 주장했는데, 이는 사회경제적 개념이었던 상속 개념이 생물학적 유전 개념으로 전환된 것에 불과하다. 이제 우리는 인간이 천성의 차이로 인해 서로 근본적인 능력이 다르며, 이러한 천성적인 차이는 생물학적으로 유전되며, 위계적인 사회의 형성은 인간 본성의 발로라는 이른바 생물학적 결정론과 만나게 된다.[57] 골턴의 우생학은 이와 같은 생물학적 결정론을 정당화하고, 그것을 통해 사회적 불평등을 고착화하고, 재생산하는 과학적 언어에 다름 아니었다. 인간 불평등의 기원을 생물학적 결정론으로 설명하려 했던 우생학은 이미 서구 사회에서 배태되어온 유전적 불평등성에 관한 여러 이론들과의 연관 속에서 탄생한 것이었다. 간략히 살펴보자.

맬서스T. R. Malthus(1766~1834)는 속성상 식물과 동물은 생존할 수 있는 수보다 많은 자손을 남기고 인간, 특히 하층계급의 경우는 과잉 재생산을 한다고 주장하였다. 맬서스는 국민의 전체 부의 증가가 국민의 대다수를 차지하는 노동자들의 행복과 반드시 일치하지는 않는다는 점을 지적하면서 이 모순을 제거하기 위한 대안을 제시했다. 이는 당시 고드윈William Godwin(1756~1836)의 낙관적 사고, 즉 공상적인 사회 개혁론에 대한 고전학파의 자본주의적 입장을 관철하려는 시도와 대치된다. 고드윈은 인간 사회의 완성 가능성을 주장하며, 개인 재산의 폐지와 결혼제도의 폐지가 정열과 도벽에서 오는 범죄를 사라지게 할 것이고, 이로써 인간은 순수하게 이성에 의해 지배되는 행복한 상태가 될 것임을 강조했다. 그러나 맬서스는 인구 담론을 중심으로 인류가 결혼의 구속력 없이 마음대로 아이를 낳고 사유재산까지 없어진다면 그로부터 인구 증가와 토지 생산력의 부조화가 발생할 것이라고 강조하며 고드윈의 주장에 반대하고 나섰다. 맬서스는 생명의 증식력과 식량 증가력 사이의 불균등의 결과는 동식물에 있어서는 종자의 낭비, 질병, 요절로 나타나고 인간에 있어서는 빈곤과 죄악으로 나타난다는 비관적 견해를 역설했다. 인간은 자연이 명하는 바에 따라 증식하면 빈곤을 면할 수 없고, 그렇다고 그 결과를 고려하여 스스로를 억제하면 죄악에 빠지지 않을 수 없기 때문에, 결혼과 사유재산의 폐지를 통한 인간의 완성은 불가능하다고 주장한 것이다. 맬서스의 주장에서 놓치지 말아야 할 문제는 자연이 조화로운 존재라기보다는 수요와 공급의 불균형을 초래하는 부정적 존재로 인식되고 있다는 사실이다. 자연은 이제 더 이상 조화로운 인간 삶의 조건을 제공해주는 존재가 아니라, 오히려 불행이 상존할 수밖에 없는 조건을 창출하는 존재가 되어버렸다. 즉, 자연의 조건에 의해 규정당할 수밖에 없는 인간 존재의 삶은 결국 생존을 위한 경쟁으로 내몰릴 수밖에 없는 것이 되었다. 이제 사회는 자연의 법칙이 투영되는 공간이 되어버렸고, 자연과 사회에 대한 인식론적 장벽이 무너지기 시작했다.[58]

맬서스의 주장은 다윈에 이르러 과학성을 담보 받으며 더욱 확고하게 정착하게 된다. 다윈은『종의 기원』에서 유기체의 변이와 적응의 문제를 거론하며 생존경쟁과 최적자생존 원리를 내세웠는데, 이것이 바로 자연선택설이다. 다윈은 모든 생물은 생존경쟁을 벌이고 있고, 그 과정에서 좀 더 많은 후손을 남기기에 적합한 생물들이 살아남아서 결과적으로 그러한 종류의 생물이 지구를 장악하게 된다고 보았다.[59] 이는 거역할 수 없는 진화의 결과였다. 중요한 것은 다윈은 자신의 이론을 설명하면서 최적자생존이라는 스펜서의 용어를 차용했다는 점이다. 다윈은『종의 기원』제5판(1869)부터 '자연선택 또는 최적자생존'을 동일한 의미로 사용하기 시작했는데, 이는 생물학적 진화와 사회 진보를 동일한 관념으로 인식시키는 계기가 되었고, 나아가 사회도 자연과 마찬가지로 우리의 선호와는 관계없이 진화의 방식대로 움직이는 공간임을 분명히 하였다. 이제 사회와 자연 사이의 인식론적 장벽은 완전히 무너졌고, 많은 사람들은 자연의 법칙을 빌어 인간 사회를 유기체적 자연의 모습으로 그리려고 시도했다.

다윈이 스펜서의 최적자생존이라는 용어를 차용한 것과 관련하여 잠시 스펜서의 논리를 살펴보자. 스펜서는 1852년 최적자생존이라는 용어를 처음으로 사용했는데,[60] 그는 진화에 있어서 적응을 강조하며 생존경쟁과 부적자의 제거를 통해 진화가 달성된다고 주장했다. 이는 사회도 마찬가지다. 이는 맬서스의 영향이었지만, 스펜서에게 중요한 문제는 인구 압력에 대한 비관론적 견해가 아니라 진보 그 자체였기 때문에 인구과잉은 생존경쟁을 야기하며, 생존경쟁에서의 최적자생존은 장기적으로 자연선택에 대비되는 개념으로서의 '사회선택 social selection', 즉 사회적 진보를 가져올 것이라 주장했다. 스펜서의 논리는 많은 이들에게 생존경쟁에서 승리한 적자의 생존을 자연의 섭리이자 사회적 필연으로 인식시켰고, 다윈도 이를 수용하여 최적자생존이란 용어를 사용한 것으로 볼 수 있다.

다윈은 적자의 생존을 자연의 법칙으로 상정함과 동시에 부적자의 제거에 대해서도 "야만족에서는 심신이 나약한 사람들은 신속히 사라졌고, 생존자들은 일반적으로 강인한 건강 상태를 통해 식별되었다. 우리 문명화된 인간들의 경우에는 그와 반대로 약자가 제거되는 경로를 막기 위해 최선의 노력을 기울인다. 바보나 장애자, 환자 들을 위해 병원을 세우고, 빈민 구호를 위한 법률을 제정하며, 의사들은 개개인의 수명 연장을 위해 모든 과학을 동원한다. 〔……〕 따라서 문명사회에서는 나약한 사람들이 무한정 증식될 수 있다. 사육동물의 생식에 관심을 갖는 사람이라면 누구라도 약자의 보존이 인간종에 얼마나 해가 되는지를 의심하지 않을 것이다"[61]라며 그의 견해를 피력했는데, 다윈의 주장은 사실상 우생학의 논리와 별반 다르지 않았다.

우생학과 관련하여 롬브로소Cesare Lombroso(1835~1909)도 빼놓을 수 없다. 그는 다윈의 진화 사상을 적용시켜 범죄행위를 설명하였다. 그는 범죄행위가 초기 선조들이 가졌던 유전적 특질이 재현된 것이라고 생각했다. 즉, 인간의 행동은 진화적인 격세유전atavism의 결과라는 것이다. 그에 따르면, 선조의 과거를 품은 배아embryo가 우리들의 유전형질 속에 들어 있고 그 과거는 불행한 개인들에게 다시 나타나기 때문에, 이러한 사람들은 천성적으로 보통의 원숭이나 미개인들이 할 만한 행동을 하도록 유도된다는 것이다. 그러나 그 행동은 우리 문명사회에서는 범죄로 간주된다. 다행스럽게도 우리는 선천적 범죄자를 식별할 수 있다. 그들에게는 원숭이와 흡사한 해부학적 특징이 나타나기 때문이다. 그들의 귀선유전은 육체적·정신적 측면 모두에서 나타나지만, 롬브로소가 낙인stigma이라고 부른 육체적 징후는 명확하다. 범죄적 행동은 정상인에게도 일어날 수 있지만, 해부학적 특징을 통해 '선천적 범죄자'를 알 수 있기 때문에,[62] "범죄자는 타고나는 것born criminal"이라는 정의가 성공적으로 내려질 수 있었다.

이와 같은 롬브로소의 범죄인류학은 범죄자와 그를 둘러싼 환경의 역할에 관한 생물학적 결정론의 기본적인 주장을 강화하는 데 크게 기여했다. 그는 범죄자는 타고난 천성에서 비롯된다는 것으로 범죄를 이해하려면 범죄자를 연구해야지 그 사람이 자라난 환경이나 교육, 절도나 약탈을 하게 만든 곤궁한 상황 따위에는 관심을 기울일 필요가 없다고 주장했다.

이러한 논의를 바탕으로 우생학은 생물학적 논의를 사회적 차원으로 이전시켜 그들의 입장을 옹호하기 시작했다. 이제 사회는 필연적으로 적자와 부적자 사이에 생존경쟁이 야기될 수밖에 없는 공간으로 인식되었고, 인간의 모든 특질은 타고난 것으로 고정되었다고 믿어졌으며, 생물학(우생학)은 과학의 이름으로 이를 정당화했다.

# 3 영국의 우생학

기존의 영국 우생학 연구에서는 일반적으로 우생학의 사회적 실천 과정에서 드러난 이념적 성격이 부각되어 우생학이 사이비 과학의 성격이 짙었으며, 본질적으로는 계급 차별적이며 인종주의적인 보수적 이데올로기였다는 시각을 견지해왔다.[63] 그러나 이러한 시각은 다양한 층위에서 해석될 수 있는 우생학 담론을 너무 단순화시킬 수 있다. 우생학 연구가 지나치게 우생학의 이념적 성격에 주목하게 된 이유는 나치가 보여준 극단적 형태의 우생학에 대한 거부감 때문이었고, 그로 인해 과학으로서의 의미가 상대적으로 간과되었기 때문이다. 하지만 우생학은 20세기 초 유전학이 태동하기 전에 탄생했고, 유전학이 탄생한 이후에도 상당 기간 두 학문은 밀접한 연관을 맺고 있었기 때문에 과학으로서의 유전학과 이념으로서의 우생학을 명확하게 구분하기란 매우 어렵다. 이런 점에서 우생학은 현대 유전학의 최초 형태라고 볼 수 있는 것이다. 따라서 우생학의 비과학성을 지나치게 강조하여 이념적 차원에서만 우생학을 파악하려는 시도는 경계해야 할 필요가 있다. 물론 과학의 측면에서만 우생학을 다루는 연구[64]도 문제의 여지가 있다. 이는 과학적 담론과 사회적 실천이라는 문제를 양극화하여 과학 또는 이념의 어느 한 면을 극단적으로 부각시키게 되어 우생학에 대한 피상적인 수준의 긍정이나 부정으로 귀결될 가능성이 많기 때문이다.

당시의 우생학을 이념적으로 우익에 서 있는 사람들하고만 연결시키는 것도 문제가 있다. 물론 대부분의 나라에서 살펴볼 수 있는 배제 또는 제거를 목표로 삼는 우생학적 조치들과 나치의 잔학 행위를 고려해본다면 이는 분명 타당한 주장일 수 있다. 그러나 영국에서 우생학은 매우 다양한 형태와 방법론을 가지면서 일부 개혁세력과 정치적 좌파에게도 매력적인 담론이었다는 점을 상기해본다면, 이런 시각은 설득력이 약하다.[65] 우생학 연구의 역사가 그리 길지 않은 한국 학계의 연구도 이와 같은 분석을 뒷받침하고 있다. 국내의 연구들은 영국의 우생학이 개혁주의적 세력에게 수용되어 공중보건운동이나 산아제한운동, 모성주의, 이혼법, 불임, 매춘 등 일련의 페미니즘적 운동과도 친숙할 수 있는 과학 이론이었다는 사실을 밝혀줌으로써 우생학 논의의 지평을 한층 넓혀가고 있다.[66] 따라서 우생학은 정치적으로 대단히 유연한 성격을 갖고 있었다고 볼 수 있다. 이처럼 우생학은 우생학의 본고장이라고 할 수 있는 영국에서도 다양한 세력에 의해 다양한 함의를 지닌 것으로 해석되고, 변용된 측면이 많았다. 이는 본질적으로 골턴의 우생학적 함의가 포괄적인 성격을 띠는 것이었기 때문이었다. 따라서 영국 우생학의 본질적 성격을 규명하기 위해서는 일차적으로 골턴의 우생학 자체에 대한 더 세밀한 연구

가 필요할 것이다.[67]

우생학은 다양한 세력들이 정치적 이해에 관계없이 수용하여 사회적 실천을 도모했던 포괄적 함의를 갖는 다면적 차원의 생물학의 응용과학이자 이념으로 파악해야 할 필요가 있는 것이다. 물론 이들은 사회에 대한 생물학적 통제를 통해 사회적 안정을 추구한다는 공유된 의식을 갖고 있었다. 따라서 영국 우생학을 둘러싼 논의에서 정작 중요한 문제는 우생학이 과학의 이름으로 적자와 부적자라는 새로운 사회적 범주를 만들어냈고, 이에 기초하여 다양한 세력들이 인간종 사이에는 생물학적인 적자와 부적자가 존재한다고 선전하며, 자의적 판단에 의거해 정책적 차원에서 부적자를 제거하려 했다는 사실이다. 즉, 영국 우생학은 인간의 몸, 특히 사회적 약자에 대한 과학적 관리와 통제를 정당화하고, 사회적 불평등을 고착화하는 이데올로기적 기능을 수행함으로써 과학 이론이 이론적 정당성 차원을 넘어서 그 자체로 매우 심각한 사회적 실천의 문제를 함축하고 있음을 명백하게 보여준 역사적 사례였다.

19세기 말 20세기 초 영국의 우생론자들이 품었던 인간종 사이에는 우성과 열성이 있으며, 우성 인간만으로 세상을 구성한다면 더 나은 세계가 다가오리라는 발상은 오늘날에도 여전히 우리의 일상과 관념에 지대한 영향력을 행사하고 있다. 이 때문에 우생학이 새롭게 부활하고 있는 것 아니냐는 우려의 목소리가 높다.[68] 더구나 유전학 또는 생명공학은 최근 우리 사회에서 가장 중요한 국가적 효율 또는 경제적 수익 창출의 도구로 각광을 받고 있다. 이런 상황에서 그리 오래지 않은 과거에 국가적 효율을 위한 도구로서 과학(우생학)을 상정하며, 과학의 이름으로 인간의 몸을 통제하고 관리하려 했던 영국의 우생학을 살펴보는 것은 현실적으로 매우 의미 있는 노력이 될 것이다.

여기서는 19세기 말 국가적 효율에 대한 사회적 열망과 과학에 대한 신뢰 속에서 우생학이 과학 이론으로 탄생하여 사회적 실천의 이념으로 확장해가는 모습을 그려볼 것이다. 이는 과학과 사회가 조응하는 모습을 이해하는 가운데 우리의 현재를 비판적으로 성찰해볼 수 있는 단초를 마련해줄 것이고, 인간의 몸이 과학과 이념에 의해 통제되고 관리되는 또 다른 방식을 보여줌으로써 우생학 연구의 지평을 넓혀가는 계기가 될 것이다.


## (1) 19세기 말 영국의 사회적 상황

19세기 후반 영국 사회는 물질적 번영의 영광을 뒤로 하고, 쇠퇴와 위기의 시대를 맞이하게 된다. 산업혁명 이후 하나의 도그마가 된 물질적 번영과 자유, 그에 기초한 사회적 진보라는 이상은 비관적인 전망 속에 갇혀버리기 시작했다. 물론 당시 영국은 여전히 부동의 세계 제1의 산업화 국가였고, 이 때문에 영국인들은 자부심과 제국 건설을 가능하게 했던 군사력을 토대로 낙관론적 전망을 피력하고 있었다. 하지만 위기의 징후는 곳곳에서 감지되고 있었다.[69]

경제적인 측면에서 영국은 1870년대 이후 세계무대에서의 독점적인 지위를 상실해가기 시작했다. 대외적으로 새롭게 등장한 후발 자본주의 국가들의 도전은 영국의 위상을 여지없이 흔들어버렸다. 특히 1871년 독일의 통일은 세계경제 무대에서의 세력 균형을 무너뜨리고, 그동안 세계시장에서 영국이 누리던 독점적인 지위를 위협하기에 충분했다. 독일을 비롯한 후발 산업국가들의 참여는 새로운 형태의 세력 균형을 가져왔고, 이에 따라 세계경제의 구조는 영국이 독주하던 독점적 세계경제체제에서 다양한 국가들의 분화된 세계경제체제로 이동해가기 시작했다. 세계는 경제적 이해관계를 둘러싼 무한경쟁의 시대로 접어들었고, 영국도 새로운 시대의 출발에 발맞춰 뭔가 새로운 것을 모색해야 할 입장에 처한 것이다.[70] 따라서 영국은 세계경제체제에서의 독점적 지위를 유지하기 위한 대안을 제시해야 할 상황에 직면하게 되었다.

대내적으로도 영국은 산업자본주의의 발전에 따라 필연적으로 발생할 수밖에 없는 과잉생산과 과잉자본의 지속적인 형성 때문에 이른바 대불황Great Depression(1873~1896)이라는 사상 초유의 경제적 침체를 경험하기 시작했다. 더욱이 영국의 산업자본주의가 점차 독점적 단계로 이행하면서 노동의 일반적 조건은 최악의 상황으로 변해가기 시작했다.[71] 이와 같은 경제적 차원의 위기 상황은 다양한 정치사회적 문제를 노정시켰다. 특히 경제적 침체와 노동조건의 악화는 대규모 실업과 빈곤을 야기했고, 노동계급의 현실정치 참여를 부추기기도 했다. 산업 문제의 심화와 노동계급의 현실정치 참여에 따른 이른바 계급정치는 영국의 자유주의체제에 대한 우려를 넘어 도전으로 발전해갔다. 그러나 정작 기존의 자유주의는 변모하는 시대적 상황에 능동적으로 대처할 수 없는 이념적·현실적 한계를 드러냈다.

사회적으로 볼 때, 당시 가장 중요한 문제 가운데 하나는 빈곤 문제였다. 이미 19세기 전반부터 영국 사회에서는 대중적 빈곤의 문제가 폭로되기 시작했었다. 그러나 빈곤 문제는 19세기 중반 영국 자본주의의 지속적인 성장 속에서 팽배해진 사회적 진보에 대한 낙관론적 전망 때문에 큰 반향을 일으키지는 못했다. 하지만 1870년대 초반 대불황이 전개되면서 영국의 무한한 경제적 성장이라는 신화가 깨지기 시작했고, 이와 더불어 촉발된 대규모의 실업과 빈곤은 가장 심각한 사회적 문제의 하나로 영국인들의 이목을 집중시켰다.[72] 대불황 기간 동안 영국 사회는 저임금과 높은 실업률에 시달리면서 지속적으로 빈곤이 악화되었다. 1882년 옥스퍼드 사전에 처음으로 실업이란 용어가 등장했는데, 이는 광범위하게 대두된 빈곤이 실업 문제와 연관하여 사회적 안정을 위협하는 중요한 요인으로 인식하기에 이르렀다는 사실을 극명하게 보여주는 것이었다.[73]

그동안 영국의 물질적 번영과 진보를 약속하였던 자유주의에 대한 회의가 싹트면서 많은 사람들은 자유주의에 근거한 낙관론적 전망과 실제적 상황과는 큰 간격이 있음을 인식하기 시작했다. 특히 1880년 대에 집중적으로 발표된 통계자료들은 대중의 빈곤에 대한 관심을 증폭시키는 계기가 되었고, 이후 빈곤 문제는 종교적이고 인도적인 차원의 관심과 연관되어 세간의 이목을 집중시키기도 했다. 경제적 번영이 오히려 빈곤을 심화시킨다는 주장들이 나왔고, 빈곤자들의 생활환경에 대한 관심이 고조되기도 했다. 특히 구세군 창설자인 부스William Booth(1829~1912)가 1886년에서 1902년에 걸쳐 런던 대중이 처한 빈곤의 실상과 원인에 관한 체계적이고 실증적인 조사를 수행해 빈곤의 참상을 고발함으로써 빈곤을 둘러싼 문제는 더욱 중요한 사회문제로 대두했다. 부스는 실증적인 조사를 통해 『런던 시민의 생활과 노동Life and Labour of the People in London』(1889~1903)을 출간하였다. 여기서 부스는 빈곤의 상황보다는 빈곤의 원인 문제에 더욱 관심을 기울였고, 빈곤의 원인을 노동조건의 악화, 즉 실업에서 찾았다. 빈곤은 도덕적 타락보다는 경제적 침체가 가져온 대규모의 실업 때문이라는 것이었다. 부스의 결론은 빈곤이 개인적인 차원의 문제가 아니라 사회적인 문제라는 인식을 증폭시켰고, 결국 이는 영국 산업자본주의의 구조적 한계에 의한 것이라는 비판으로까지 발전했다.[74]

풍요 속의 빈곤이라는 실상이 부스를 비롯한 많은 지식인들에 의해 파헤쳐지면서, 산업 발전을 토대로 물질적 번영과 사회적 진보를 낙관하고 있던 자유주의적 태도는 비판의 도마 위에 오르게 되었다. 기존의 자유주의적 낙관론은 이제 근본적 수정이 불가피하다는 인식으로 발전했고, 빈곤에 대한 대중의 자각은 지속적인 경기침체, 그에 따른 실업률의 증가, 그리고 국가적 효율 저하가 야기한 대중적 우려 등과 맞물려 새로운 처방책이 필요하다는 인식을 확산시켰다. 다양한 이해관계를 가진 모든 세력들은 기존의 자유주의를 수정하거나 대체하려는 목적을 가지고, 나름대로의 이론과 실천적 방법론을 제시하기 시작했다.

풍요 속의 빈곤에 대한 폭로와 반성은 정치적 차원의 갈등으로까지 번져나갔다. 영국 사회는 산업화의 결과, 이전보다 명확한 계급구조가 안착된 사회가 되었다. 산업화를 통해 부를 축적한 자본가 및 중산계급 등과 새롭게 역사의 무대에 등장한 노동자라는 자본주의적 계급질서가 명확하게 자리를 잡은 것이다. 번영과 성장을 구가하던 영국 사회에는 19세기 중반 이후 부의 분배와 정치적 불평등의 문제가 심각하게 제기되기 시작하였다. 당시 장시간의 노동을 강요당한 노동자들과 값싼 노동력의 주요 제공자였던 미성년자와 여성들은 산업자본가의 무자비한 착취에 의해 물질적·정신적·육체적으로 절박한 상태에 놓여 있었다.[75] 노동자들의 열악한 사회적 여건은 그들을 계급의식으로 무장하게끔 만들었다. 점차 성숙되어가는 계급의식은 그들의 이해와 권리를 위한 정치적·사회적 요구를 강요하였고, 노동자들은 투쟁의식을 고양하기에 이르렀다. 투쟁의식이 고양된 노동운동의 전개와 계급구조의 고착화는 이후 사회주의와 결합함으로서 이전과는 질적으로 다른 노동조합운동의 폭발로 이어졌고, 궁극적으로는 노동조합의 정치세력화로 이어졌다.[76]

당시 영국의 산업자본가들은 장기 침체와 대외무역에서의 첨예한 경쟁으로 곤란을 겪고 있었고, 그들은 새로운 기계와 기술의 도입, 그리고 과학적 경영관리 기법의 수용 등을 통해 돌파구를 마련하고자 했다.[77] 이러한 산업자본가들의 경제적 위기에 대한 대응은 노동계급의 불안과 불만을 증폭시켰고, 이는 기존의 숙련공과 미숙련공 사이의 대립과 갈등을 봉합시키는 메커니즘으로 작용하기도 했다. 이와 같은 노동계급의 성장과 노동계급 의식의 성장은 19세기 말 발생한 '신조합주의New Unionism' 운동에서 찾아볼 수 있다.[78] 즉, 노동자의 계급의식이 1870년대 이후 확산된 실업과 빈곤, 그리고 경영측의 대응에 의해 더욱 명확하게 된 것이다.

빈곤과 실업 등 사회적 문제와 결부된 노동계급 의식의 변화는 영국 자유주의의 변모를 불가피한 것으로 만드는 또 하나의 중대한 요인으로 작용하였다. 노동계급 의식의 변화와 신조합주의 운동의 탄생 등 일련의 노동계급 내부에서 일어난 새로운 상황 변화는 영국의 자유주의적 시스템이 노동계급 내부에서도 더 이상 효력을 발휘하기 어려워졌다는 것을 의미한다. 더불어 이는 노동계급의 정치의식을 고양시키는 주요한 기폭제로 작용하기도 했다. 특히 1880년대 후반부터 경제 환경의 급격한 변화와 더불어 선거권이 노동계급으로 확대되고 선거구제가 바뀌면서 노동계급의 투표 성향이 변화하기 시작하였다. 1884년 제3차 선거법 개정은 노동계급의 참정권을 보장해 주었고, 이는 노동계급의 정치적 역량이 강화되는 계기를 만들어주었다.[79]

사실 1880년대 후반까지 노동계급의 이해는 중산계급의 그것과 대립적인 것만은 아니었다. 당시 노동계급은 대체로 중산계급의 경제관과 정치관을 따르고 있었고, 1860~1870년대 노동자들은 대다수가 아직은 완전한 산업노동자라고 할 수 없었으며, 전형적인 노동자들이란 역시 숙련 노동자나 독립 소생산자였기 때문이다. 따라서 이들 집단들은 여전히 중산계급의 생활신조라 할 수 있는 근검과 자조를 통한 자수성가라는 꿈을 갖고 있었다. 즉, 소생산자로서 그들은 중산계급의 개인주의적 이상을 공유했고, 그들은 자본가를 적대적인 계급으로 인식하지도 않았다. 그러므로 당시 노동 지도자들은 오직 산업 활동만이 노동자의 경제적 목표를 달성할 수 있다고 믿었고, 따라서 그들은 1880년대 말에 이르기까지는 중산계급의 경제적 자유주의에 동조했다. 아직까지 그들에게 정치는 경제적 목적의 도구로서 인식되지 않은 상황이었던 것이다.[80]

하지만 1880년대 후반으로 들어오면서 노동계급의 성분이 바뀌고, 이제 본격적인 대규모 공장의 근로자들이 산업노동자의 다수를 차지하게 되었다. 그들은 과거 소규모 생산체제 아래에서 노동자들과는 달리 계급의식을 가진 노동자들로 변모하여 이제는 과거와 같이 중산계급의 이상과 가치관을 더 이상 추종할 수 없었으며 자신의 계급에 알맞은 독자노선을 추구하기 시작했다. 점점 첨예화되는 노동과 자본 사이의 대립은 두 진영 사이의 타협 분위기를 약화시킴과 동시에 기득권 손실을 우려하는 중산계급에 위협적인 요소로 다가왔다. 이러한 현상은 물질적 번영과 성장으로 끊임없는 진보를 낙관했던 영국 사회를 점점 비관적으로 몰아갔다. 번영과 자유, 그리고 진보로 상징되던 영국의 '빅토리아 시대'는 이제 후기로 접어들면서 비관주의와 회의감이 감도는 시대로 변모하게 된 것이다.[81]

영국 사회의 사회·경제적 환경 변화에 의해 야기된 비관적 시대 분위기는 지금까지 번영과 자유의 모티브를 제공하고 산업사회 발전의 주요한 이데올로기였던 자유주의에 대한 회의를 낳을 수밖에 없었다. 빈민 구호, 공중보건과 공장 환경 개선 등을 위한 빅토리아 시대의 법률들은 바로 이와 같은 시대적 여망의 반영이었다. 이런 점에서 중산계급적 자유주의 역시 사회 개혁을 지향하는 급진주의적 요소를 그 속에 포함한 이념이었다는 점만큼은 부정할 수 없다. 그러나 급진주의의 내용도 사실은 귀족계급과 특권층의 이익을 대변하는 정부에 대한 중간계급의 공격을 뒷받침하는 논리였다. 벤담Jeremy Bentham(1748~1832)의 공리주의와 밀John S. Mill(1806~1873)의 자유주의적 이상론도 19세기 말에 이르러서는 그 한계가 여실히 드러나고 있었다. 헨리 조지Henry George(1839~1897)나 그린T. H. Green(1836~1882), 그리고 토인비Arnold Toynbee(1852~1883) 등 당시의 많은 사람들은 기존의 자유주의에 대한 다양한 해결책을 제시하려고 했다. 그러나 당시 빈곤과 사회적 문제의식을 제기한 토인비 등 당대의 이론가들은 사회문제에 관한 지식인들과 일반의 관심을

촉발시키는 데는 크게 기여했지만, 여전히 한계가 남아 있었다.[82]

이처럼 19세기 말 영국에서 발생한 일련의 위기는 물질적 번영과 성장으로 끊임없는 진보를 낙관했던 영국 사회를 점차 비관적 분위기로 몰아갔고, 이는 오랫동안 번영과 자유의 모티브를 제공하였던 자유주의에 대한 회의를 낳는 계기가 되었다. 이미 1860년대부터 표명되어왔던 영국의 국가적 효율에 대한 논의가 설득력을 더 커질 수 있는 상황이 도래한 것이다. 여러 위기를 초래한 기존 체제에 대한 비판과 사회적 능률, 그리고 국가적 효율에 대한 관심은 19세기 말 보어전쟁Boer War(1899~1902)에서의 패배로 인해 더욱 증폭되었고, 이는 열등한 인종적 질에 대한 개선 또는 제거의 필요성을 더욱 강화시켜주는 계기가 되었다.[83]

당시 영국에서 국가 효율론을 주창했던 이들은 기본적으로 과학을 신뢰하며, 국가를 창조적이며 도덕적 기능자라고 규정했고, 정치 관행 및 기구의 효율 제고를 목적으로 삼았으며, 국민의 삶의 효율을 높이기 위해 제국적 인종을 육성한다는 목표를 세우고 있었다.[84] 이런 목소리는 정치적인 이념에 관계없이 수용된 측면이 있었는데, 페이비언fabian이었던 웹Sydney Webb(1859~1947)도 열정적으로 국가적 능률과 영국 제국의 유지를 주창하며 영국인들의 생활수준 개선을 주문했다.[85] 웹은 영국이 제국주의적 경쟁에서 승리하고, 제국을 보전하기 위해서는 국가적 효율을 높여야 한다고 보았다. 이를 위해서 웹은 생활수준의 보장과 함께 우수한 인종을 육성하기 위한 위생 개선, 교육 부문의 개혁, 빈민법 제정 및 주택의 개선 등이 필요함을 주장했다. 웹의 국가적 효율 달성을 위한 개혁적 방안은 모두가 건강하고 효율적인 군대의 육성을 통해 영 제국을 유지하기 위한 것이었

다.[86)]

당시 영국 사회에서 촉발된 국가적 효율 담론은 이념적 지향을 떠나 영 제국의 보전을 원하던 많은 세력들이 공유하던 시대적 화두 가운데 하나였던 측면이 있다. 국가적 효율을 달성하려는 다양한 세력들은 저마다 대안을 내놓기 시작했고, 가장 근거가 있는 현실적 대안으로 떠오른 것 가운데 하나가 과학이었다. 19세기 영국 사회에서 과학은 일상화되며, 이미 지배적인 담론으로 자리를 잡고 있었다. 즉, 산업혁명의 여파로 급격하게 팽창되기 시작한 독서 대중과 이들에게 읽을거리를 제공하는 다양한 인쇄매체의 등장은 과학이 19세기 영국의 지적 분위기 형성에 중요한 영향력을 행사하는 국면을 만들어주었고, 이는 과학이 일상화되는 계기가 되었다.[87)] 이제 많은 사람들은 과학 지식의 진보가 낙관주의적 미래를 가져다줄 것이라 확신하며, 모든 지적 활동을 과학과 연관하여 설명하려 했고, 자연과 사회의 그 어떠한 현상도 보편적인 과학의 법칙에서 벗어나는 일은 없으며, 자연과학의 방법만이 인간과 사회에 효용이 있다는 것을 의심하지 않았다. 과학은 사회적·경제적 상황에 의해 변화된 사회상을 반영하는 가장 중요한 지식이자 사회를 변화시키는 추동력으로까지 평가받게 된 것이다.

이런 상황에서 영국인들에게 가장 설득력 있는 과학 이론으로 다가선 것이 바로 다윈의 진화론이었다. 다윈의 진화론은 이념적 지향에 관계없이 사회경제적 위기 상황에 돌파구를 마련하려는 많은 세력들에게 수용되었고, 이들은 다윈의 진화론을 근거로 사회유기체론적 전망에서 다양한 대안과 방법론을 제시했다.[88)] 다윈의 진화론이 역사적·사회적 현상을 자연적이고 유기적인 성격을 갖는 문제로 해석하는 도구로 활용되고, 사회유기체론적 전망의 핵심 이론으로 기능하게 된 이유는 이미 오래 전부터 진화에 대한 논의가 영국의 지배 담론들 가운데 하나로 활발하게 논의되고 있었기 때문이다.

19세기에 들어서면서부터 영국의 많은 사상가들은 야만적이고 위협적인 도시 노동자들의 빈곤, 폭력, 범죄 성향 등을 생물학적 과정을 통해 설명함으로써 사회적 특질을 생물학적 차원의 논의로 환원시키려는 시도를 벌이고 있었다. 그 선구는 맬서스였다. 맬서스에 따르면 자연은 우리가 생각하고 있는 만큼 풍요롭지도 못할 뿐만 아니라 악, 불행, 전쟁, 기아, 그리고 죽음 같은 것들은 자연의 피할 수 없는 결과이다. 다시 말하면, 자연의 조화는 완전하지 않다고 주장함으로써 인간에 대한 신의 자비심에 의문을 제기한 것이다. 신은 모든 생명체를 위한 음식을 제공하지 않고, 사용 가능한 음식보다 더 많은 생명체를 창조했다. 이는 결국 개인의 경우이든 국가의 경우이든 가난한 사람의 운명을 더욱 비참하게 한다는 것이다. 따라서 자연의 이미지는 맬서스에 의해 조화로운 존재가 아니라 수요와 공급의 불균형을 초래하는 냉혈한으로 바뀐다. 인간과 자연은 조화를 이루고 있지 않기 때문에 불행이 상존할 수밖에 없다는 맬서스의 주장은 19세기에 이르러 진보의 필연성을 내세우기 시작하여 진화론의 촉매가 된다. 자연이 인간에게 호의적이지 않다는 사실이 제시됨으로써 본격적인 진화론에 대한 의견이 개진될 가능성이 열린 이후, 라이엘 Charles Lyell(1797~1875)의 『지질학 원론 *Principles of Geology*』(1830), 익명으로 발표된 체임버스Robert Chambers(1802~1871)의 『창조의 자연사적 흔적 *The Vestiges of the Natural History of Creation*』(1844), 그리고 월리스A. R. Wallace(1823~1913)의 『자연선택에 관한 기고

*Contributions to the Theory of Natural Selection*』(1858) 등의 출간은 진화 담론이 영국의 지식 사회에서 수용되고 정착하는 데 중요한 영향을 끼쳤고,[89] 이러한 지적 분위기는 많은 세력들이 다윈의 진화론을 근거로 사회유기체론적 전망을 내세우는 자연스런 분위기를 만들어주었다.

요컨대, 19세기 말 영국이 처한 일련의 위기 상황 속에서 심화된 국가적 효율 담론, 과학에 대한 대중적 신뢰, 그리고 다윈의 진화론에 기초한 사회유기체론적 전망의 대두는 우생학이 과학적 담론으로서 또 사회적 실천의 이념으로서 안착할 수 있는 좋은 토양을 마련해주었다.


## (2) 맬서스, 다윈, 그리고 스펜서의 영향

골턴의 우생학은 19세기 말 영국이 산업화의 위기에 처한 역사적 상황에서 다윈의 진화론을 근거로 탄생하였다. 이후 골턴의 우생학은 자유주의의 위기 상황에 처한 영국 사회에서 매우 효용적인 과학적 담론으로 인식되기 시작했고, 다윈, 맬서스, 그리고 스펜서의 지적 논리와 결부되어 다양한 세력에 의해 변용되었다.[90] 여기서는 다윈 진화론의 성립과 맬서스 및 스펜서의 연관을 살펴봄으로써 우생학이 탄생할 수 있었던 이론적 근거가 무엇이었는지를 살펴보도록 하자.

## 1) 다윈의 『종의 기원』 출간

다윈은 1859년 출간된 『종의 기원』에서 현존하는 생물의 종은 영원불변한 것이 아니라 환경의 변화에 적응하는 과정을 통하여 진화해왔다는 자연선택설을 제시했다. 물론 다윈은 자연선택론을 인간에게 적용하는 데는 주저하고 있었다. 그렇기에 다윈은 『종의 기원』 마지막 장에서 자연선택론의 발견으로 "인간의 기원과 그 역사에 빛이 비추어질 것"[91]라고만 언급했을 뿐이었다. 그러나 결과적으로 다윈의 『종의 기원』 출간은 자연에서의 인간의 위치 문제와 인간 사회에 진화론을 적용하는 문제에 대한 광범위한 관심을 촉발시키는 출발점이 되었고, 이로써 다윈의 진화론은 19세기 말 등장한 다양한 사회 이론의 이론적 근거로 활용되었다. 특히 사회다윈주의는 다윈 진화론의 근거로 선택과 제거의 논리를 사회적 약자에게 적용함으로써 우생학, 인종주의, 제국주의 등을 정당화하는 이데올로기로 기능했다.

오늘날 다윈산업으로까지 불리며 다윈을 둘러싼 논쟁이 오래도록 지속된 이유는 다윈의 진화론이 당시까지 서구 사회에 전통적으로 이어져 내려오던 가장 기본적인 신념들에 도전했기 때문으로 볼 수 있다. 다윈의 진화론은 과학을 자연신학natural theology으로부터 분리하는 데 결정적 역할을 수행했고, 이로써 인간은 진화법칙에서 독특하고, 독립적인 존재로서의 지위를 상실하게 되었다. 당시 다윈도 첫째, 세계는 변하지 않고 고정되어 있다는 믿음, 둘째, 세계는 전지전능한 신에 의해 창조되었다는 믿음, 셋째, 우주는 신에 의해 설계되었다는 믿음, 넷째, 신이 창조하고 설계한 세계에서 인간은 독특한 위치를 점하고 있다는 믿음 등에 직면하여 상당한 고민을 하고 있었다.[92]

이런 점에서 1859년 다윈의『종의 기원』출간은 당시까지 신의 창조라는 유형적 사고를 신봉하고 있던 서구 세계 사람들에게 크나큰 충격이었다.『종의 기원』이전의 서구 세계의 자연관은 본질적으로 기독교적 교리에 중심을 두고 있었다. 즉, 그들의 자연관은 신의 섭리에 의해 창조된 완전한 우주의 중심에 지구가 위치하고 있으며, 지구는 인간의 창조, 멸망, 구원의 신적 구현이 전개되는 무대로 인식되고 있었다. 나아가, 인간은 위계적인 자연의 질서 속에서 살아있는 모든 생명체를 통합하는 존재의 사다리scale of being에서 최고의 지위를 누리며, 창조주인 신을 경배하도록 신에 의해 설계된 지배자로 군림한다고 인식되고 있었다.

이러한 자연관은 서양의 세계는 반드시 하나의 목적을 지니고 있으며, 세계 속에서 나타나는 변화는 특정한 사물이나 현상이 궁극적인 목표를 향해 움직인다고 인식하는 목적론적인 전통과 관계되어 있다.『종의 기원』출간 이전 서구 세계의 거의 모든 사람들은 자연계에 존재하는 모든 것은 미리 결정되어 있는 목표를 향해 변화해가고 있다고 믿어왔던 것이다.

물론 다윈도 처음부터 신의 창조를 거부하고 종의 변화를 생각했던 것은 아니었다. 다윈도 처음에는 그 당시 생물학자들처럼 종이 보이지 않는 신의 섭리에 의해 의도적으로 창조되었다고 믿었다. 즉, 모든 생명현상에서의 암묵적인 목적론을 받아들이고 있었다.

이러한 다윈의 태도는 19세기 초 영국의 지배적인 자연관을 형성하였던 자연신학적 관념들에 기인한 것이었다. 당시의 자연신학적 관념은 자연을 구성하는 무생물계inorganic world와 생물계organic world 사이에는 조화가 존재하며 생물계는 무생물계에 완전하게 적응한다고 보았다.[93] 다윈은 이러한 사고에 기초하여 조화와 완전 적응을 전제로 삼고 진화에 대한 자신의 사고를 발전시켰다. 그러나 다윈에게 종의 변이현상이 주어진 환경에 대한 적응으로 이해되면서 점차 목적론을 거부하게 되었다. 특히 다윈이 전제로 삼았던 조화의 개념은 1838년 맬서스의 『인구론An Essay on the Principle of Population』(1798)을 읽은 뒤 거부되고, 『종의 기원』에서 완전 적응은 상대적 적응으로 대체되었다.[94]

다윈이 점차로 이전의 목적론적인 사고를 거부하고 자연선택이라는 자신의 진화 사상을 개진한 이면에는 다윈의 집안 분위기 및 지적 내력도 어느 정도 영향을 미쳤다고 볼 수 있다. 그의 조부인 에라스무스 다윈Erasmus Darwin(1731~1802)은 독자적인 연구를 통해 진화의 과정에 대해서는 설명하지 못했으나, 진화를 자연선택 혹은 성선택sexual selection으로 인식하였다. 그러나 그는 이러한 선택을 획득형질의 유전으로 설명함으로써, 라마르크Jean Baptiste Lamarck(1744~1829)와 비슷한 결론에 도달하였다. 물론 일부 학자들은 라마르크의 가설은 다윈에게 변이의 원천으로서뿐만 아니라 종의 변이에 직접적인 영향으로서 작용하였다고 주장하기도 한다. 즉, 다윈이 자연선택의 환경적 영향을 무시하는 대중들에게 호소할 수 있었던 이유는 바로 라마르크의 가설 때문이라는 것이다.[95]

그러나 훗날 그의 이론이 탄생되는 데 더욱 중요했던 것은 아마도 피츠로이Robert Fits-Roy 함장과 함께 박물학자naturalist로서 비글호 H.M.S. Beagle를 타고 남아메리카를 여행한 기간(1831~1836)을 전후로 한 경험들이었을 것이다. 비글호 항해를 통해 다윈은 화석으로만 보던 동물들을 직접 관찰하였고, 인접한 지역에서도 각각 다른 종류의 동·식물들이 서식하는 것을 목격하였다.[96] 이러한 관찰을 통해 다윈은 종의 진화에 대해 확신을 갖게 되었고, 지역에 따른 종 간의 차이가 주위 환경에의 적응을 통해서 일어나는 것으로 파악하였다. 왜냐하면 종 간의 차이는 각각의 종들이 다른 환경에 적응하는 과정에서 다른 형태의 진화가 일어날 것이기 때문이었다.

환경에 대한 직접적인 반응이라는 사실을 진화의 원인으로 파악하기 시작한 다윈은 "사육breed과 변화된 환경들에 의해 생산된 무수한 변이들은 환경에 적응함에 따라서 계속해서 생산된다. 그러므로 종들의 사멸은 환경에 대한 비적응의 결과"[97]라고 확신하게 되었다. 유기체는 환경에 대한 직접적인 반응을 통해서 진화적 변화를 달성한다는 다윈의 믿음은 『종의 기원』에 잘 나타나 있다. "가축의 경우 사용하는 부분은 강하고 커진다는 것, 사용하지 않는 부분은 작아진다는 것, 그리고 이러한 변화가 유전한다는 것은 거의 틀림없는 사실이라고 나는 생각한다. 자유로운 자연 상태에서는 우리는 조상의 형태를 모르기 때문에, 오래 계속된 사용 또는 불사용의 작용을 판단할 수 있는 비교 기준을 세울 수가 없다. 〔……〕 땅 위에서 먹이를 구하는 큰 새는 위험을 피할 때를 제외하고는 거의 날지 않기 때문에 맹수가 살지 않는 대양의 많은 섬에 살고 있거나, 최근까지 살았던 몇 종의 조류는 거의 날개가 없는 상태나 마찬가지라고 할 수 있는데, 이는 날개를 사용하지 않았기 때문이라는 것은 사실인 것 같다."[98]

한편, 이즈음 우연하게(?) 접한 맬서스의 『인구론』은 다윈이 이전에 가졌던 목적론적인 사고를 뛰어넘어, 자연세계의 현상은 신의 섭리가 아니라 자연선택이라는 자연의 법칙에 의해 작동된다고 생각하게 하는 계기가 되었다. 이후 다윈은 1842년 「스케치Sketch」에서 처음으로 자연선택론의 대강을 기술하고, 이후 이를 보완하고 확장하여 1844년 「개요Essay」를 완성하였다.[99] 다윈은 이 「개요」의 결론이 확실하다고 믿었으나, 거의 20년에 가까운 기간 동안 진화에 관한 자신의 이론을 출판하지 않았다. 이 기간 동안 다윈은 지질학과 박물학에 관한 연구와 실험에 몰두해 있었다.

그러던 1858년 6월 다윈은 동인도제도에 있는 월리스로부터 한 통의 편지를 받았는데, 그 속에는 월리스가 다윈에게 보낸 원고가 들어 있었고, 월리스는 다윈이 이 원고를 읽고 원고를 출판할 수 있는 잡지에 투고해줄 것을 요청하였다. 월리스의 이 원고를 받아본 다윈은 놀라지 않을 수 없었다. 월리스가 독자적으로 연구해서 제시한 진화 이론이 자신의 자연선택론과 거의 유사했기 때문이었다. 이에 다윈은 자신이 오랫동안 준비해오던 저술을 포기하려고 하였다. 당시 월리스가 쓴 「변종이 원래의 형태에서 무한히 멀어지는 경향에 대하여On the Tendency of Varieties To Depart Indefinitely From the Original Type」라는 논문은 그 내용을 비롯한 여러 면에서 다윈의 학설과 일치하고 있다. 하지만 다윈이 귀납적 방법을 사용한 반면 월리스는 연역적 방법을 사용하고 있다. 그리고 동식물에 대한 고찰도 결여되어 있다. 또 월리스는 자연선택에 대해서만 논의하고 있는데, 이는 다윈의 주장보다 범위가 넓은 편이다.

다윈의 포기를 설득한 이는 친구였던 후커Joseph D. Hooker(1817~1911)와 후일 다윈의 불독으로 불리는 헉슬리Thomas Henry Huxley(1825~1895)였다. 그들의 도움으로 다윈은 자신의 이론을 1858년 7월 1일 린네학회Linnean Society에서 월리스와 공동으로 논문을 발표하게 되었다. 여기서 발표된 것은 다윈의 1844년 「개요」의

일부, 1857년 다윈이 그레이Asa Gray에게 보낸 편지, 그리고 월리스의 논문 등이었다.[100]

이제 다윈의 진화론은 세상에 알려지게 되었고, 다윈은 종에 관한 기념비적 업적을 종결하겠다는 생각을 버리고, 요약본을 정리하기에 이르렀다. 바로 이 요약본이 1859년 출간된 『종의 기원』이다.

### 2) 다윈과 맬서스: 생존경쟁

후일 사회다윈주의자들의 주요한 슬로건이 되었던 생존경쟁이라는 문구는 다윈이 우연히(?, 예정된 독서일 수도 있다) 접하게 된 맬서스의 『인구론』에서 차용한 것이었다. 이는 다윈과 맬서스의 지적 연관에 대한 논쟁의 출발점이 되었고, 이후 수많은 논쟁이 있어왔다. 이는 다윈과 맬서스의 지적 연관 문제가 내적으로는 자연선택론의 개념적 출처를 밝히는 데 있어서 매우 중요한 부분이며, 외적으로는 과학 이론에 대한 사회 이론의 영향이라는 측면에서도 중요한 부분이기 때문이다.[101]

먼저 드 비어Sir Gavin de Beer는 다윈이 자연선택론을 형성할 수 있었던 것은 당시의 과학적인 압력만으로도 충분했으며, 맬서스는 그러한 압력에 단지 적은 자극 혹은 촉매로서만 기능했다고 주장하며, 맬서스의 다윈에 대한 영향을 과소평가하였다.[102] 반면 마르크스주의적 접근법을 보이는 영Robert M. Young은 다윈의 자연을 바라보는 시각은 맬서스의 사회에 대한 인식과 별반 다르지 않음을 주장하였다. 그에 의하면 이른바 다윈주의는 과학은 물론이고, 심리학이나 사회 이론들과의 연관 속에서 파악하는 것이 필요하다. 더욱이 그는 다윈의 연구 성과가 당시 영국의 정치경제학, 특히 맬서스적 레토릭이 침윤되어 있는 것이기 때문에 과학과 당대의 이데올로기를 무관한 것으로 볼 수는 없다고 주장하였다.[103] 그래서 그는 "다윈주의는 사회적이다Darwinism is Social"라고 말한다. 이는 다윈에 대한 맬서스의 영향을 결정적으로 파악하는 입장이라고 할 수 있다. 하지만, 영의 주장은 다윈의 생존경쟁에 대한 중요성을 다소 과장되게 해석한 측면이 있다는 점은 부인할 수 없다. 즉, 다윈이 『종의 기원』에서 "나는 생존경쟁을 통한 자연선택이 변이의 주요한 원인이라고 확신하지만, 그것이 절대적인 것은 아니다"라고 분명히 밝히고 있듯이, 생존경쟁이란 관념이 『종의 기원』에서 중요한 것은 사실이지만, 그것이 다윈의 진화론을 모두 설명해줄 수 있는 가장 절대적인 기제는 아닐 수 있다.

이런 극단적인 대립이 존재하면서도, 최근 대부분의 연구자들은 맬서스의 다윈에 대한 영향의 정도에 관계없이 다윈이 맬서스의 생존경쟁 논리를 차용함으로써 자연선택설을 창안하게 된 것에 대해서는 모두 동의하고 있다. 즉, 맬서스의 영향이 결정적이었든 제한적이었든 다윈은 맬서스의 『인구론』으로부터 동물과 식물 세계에서의 생존경쟁의 원리를 이해하게 되었다고 볼 수 있는 것이다. 만일 자연상태의 거의 모든 인간이 제한된 식량 공급 때문에 서로 간의 생존경쟁이 유발된다면, 나약한 것들은 그것에 대한 급부로써 사멸하게 될 것이라는 맬서스의 주장은 자연 상태의 동물들 속에서 생존에 유리한 개체favorable individual와 불리한 개체unfavorable individual 간의 차이를 유발하는 영향을 탐구하고 있던 다윈에게 직접적으로 영향을 주었던 것이다. 즉, 인구원리를 기반으로 한 생존경쟁 관념의 강조가 다윈이 자연선택론을 정식화하는 데 제공된 맬서스의 주요한 역할이 었다고 볼 수 있다.

생존경쟁 관념의 강조라는 다윈과 맬서스의 지적 관련을 입증하는 사례는 적지 않다. 먼저 이러한 연관성은 다윈이 1859년 4월 월리스에게 보낸 편지에 잘 드러나 있다. 다윈은 "사육된 생물들, 즉 가축 연구로부터 나는 선택이 변화의 원리라는 결론에 이르렀다. 그리고 그때 맬서스를 읽었고, 나는 즉시 어떻게 이 원리가 적용되는지를 인식하였다"[104]고 언급하면서 월리스에게 어떻게 자신이 생존경쟁을 통한 자연선택을 기반으로 진화론을 발견했는가를 설명하고 있다.

이후 다윈은 『종의 기원』 서문에서도 "세계의 모든 생물이 높은 기하급수적 비율로 증식하는 결과 일어나는 '생존경쟁'을 다루려 한다. 이는 맬서스의 원리를 모든 동식물계에 적용한 것이다. 아마 모든 종에서 생존할 수 있는 것보다 훨씬 많은 개체가 태어나고, 따라서 자주 생존경쟁이 일어나기 때문에, 어떤 점에서 조금이라도 유리하게 변이하는 생물은 복잡하고, 때로는 변화하는 생활조건 속에서 생존 기회가 더 많은 것이고, 그리하여 '자연적으로 선택'된다"[105]며 재차 자신이 맬서스의 원리를 인용하고 있음을 명백히 표출하였다.

또한 말년에 쓴 자서전에서도 "연구를 시작한 지 15개월 후인 1838년 10월 우연히 접한 맬서스의 『인구론』으로부터 계속된 장기간의 동물과 식물의 습성에 관한 연구로부터 모든 곳에서 생존경쟁이 일어난다는 생각을 하게 되었고, 그러자 나에게는 이러한 환경에서 유리한 변이들favourable variations은 보존되는 경향이 있고, 불리한 변이들은 파멸되는 경향이 있다는 생각이 떠올랐다. 이러한 결과로 새로운 종이 형성된다는 것이다. 여기서 마침내 나는 연구를 통한 나의 이론을 형성했다"며 자신의 자연선택론 성립 과정을 술회하고 있다. 이런 점에서 볼 때, 맬서스의 원리는 다윈에게 영향을 주어 유기적 종의 진화 이론에 대한 오랜 고민을 다윈이 해결하는 데 중요한 실마리를 제공하였던 것은 틀림이 없다.

중요한 것은 맬서스의 원리가 다윈에게 영향을 주었던 구체적인 실마리는 무엇이었는가라는 문제일 것이다. 이는 아마도 인구에 대한 식량의 압력이라는 맬서스주의적인 수량적 묘사였을 것이다. 이미 맬서스를 읽기 전에 다윈은 종들이 환경에 유리한 적응을 통해 번식하고, 새로운 종의 형태가 발생한다는 사실을 인식하고 있었다. 그 상황에서 맬서스를 우연히(?) 접하게 된 다윈은 수량적 비율에 근거한 맬서스의 생존경쟁 개념을 수용하여 자신의 이론을 확립했던 것이다. 그래서 다윈은 생존경쟁의 근본적인 발생 이유를 모든 유기체가 높은 증가율로 번식한다는 사실로 설명하고 있다. 다윈의 『종의 기원』에서 이를 확인할 수 있다. "생존경쟁은 모든 생물이 높은 비율로 증식하는 경향에 따라 불가피하게 일어나는 결과이다. 모든 생물은 생애를 통해 다수의 알이나 종자를 생산하는데 그 생명의 어떤 시기 또는 어떤 계절, 어떤 해에 죽음을 맞이하지 않으면 안 된다. 그렇지 않으면 기하급수적인 증가의 원리에 따라 이들의 개체수는 급속히 증가하여 어떤 지역에서도 그 많은 수를 수용할 수 없게 될 것이다. 생존할 수 있는 수보다 더 많은 개체가 생산되기 때문에, 같은 종 내부의 서로 다른 개체들, 혹은 다른 종들의 개체들, 혹은 서로 다른 물리적 환경 등 모든 경우에 있어서 생존경쟁이 발생하기 마련이다. 이는 모든 동물계와 식물계에 적용되는 맬서스의 원리이다."[106] 물론 다윈은 생존경쟁을 모든 고난과 악의 원인으로 지목했던 맬서스와의 달리 동식물계에서 생물학적으로 부적응된 존재들을 제거하는 원리로 파악하였다.

요컨대 다윈의 진술이나 많은 다윈과 맬서스 사이의 지적 연관에 대한 연구들로 보았을 때, 어떤 형태나 방식으로든 다윈은 맬서스의 원리로부터 생존경쟁이란 개념을 인지하고, 이를 활용하여 자연선택 개념을 유추한 것이라 할 수 있다.

다른 한편, 다윈이 주장했던 생존경쟁 개념의 다층적 성격에 대한 논쟁도 있다. 먼저 보울러Peter J. Bowler는 맬서스의 생존경쟁 개념은 맬서스의 저작 속에서는 보조적인 위치를 점하지만 다윈의 이론에서는 매우 중요한 위치를 점하고 있다고 말하면서, 각각의 생존경쟁 개념에 대해 비교 분석하였다. 그는 경쟁struggle이란 단어는 문맥에 따라서 여러 가지 의미로 사용되는 것을 허용하기 때문에 다윈 이론에서 생존경쟁의 역할을 한마디로 규정하기는 어렵다고 주장하였다. 그는 생존경쟁의 본질적인 핵심이 생존과 재생산을 함께하는 같은 종the same species 내부의 서로 다른 개체들 간의 생존경쟁이라고 주장하며, 이것이 바로 다윈이 의도한 생존경쟁의 개념이라고 분석하였다.[107] 반면 맬서스의 『인구론』에서 나타나는 생존경쟁의 함의는 과잉재생산의 경향성 때문에 모든 종들이 식량과 공간의 부족에 직면하게 된다는 것으로, 논리적으로 이것이 반드시 종 내부의 생존경쟁을 뒷받침할 수는 없다고 주장하였다. 그러므로 맬서스가 의도했던 생존경쟁은 종 내부의 생존경쟁이라기보다는 종들 간에 벌어지는 생존경쟁inter-species struggle이라고 파악하였다. 그러나 이러한 상이한 개념에도 불구하고 다윈은 생존경쟁 관념이 강조된 『인구론』의 함의 속에서 종 내부의 개체들이 제한된 공급물이 충분한가를 결

정하기 위해서 그들 사이에 틀림없이 생존을 위해 경쟁한다고 확신했다는 것이다.[108]

반면 히멜파브Gertrude Himmelfarb는 다윈이 『종의 기원』에서 설파한 종들 사이의 생존경쟁이란 개념은 종 내부의 개체적 생존경쟁뿐만 아니라 종들 간의 집단적 생존경쟁도 함의하고 있었다고 주장하였다. 그는 다윈의 책 제목을 분석하여 두 가지 종류의 생존경쟁 개념에 대한 예증을 들었다. 그는 『종의 기원』의 주제목인 '자연선택에 의한 종의 기원The Origin of Species by Natural Selection'은 같은 종 내부에서의 생존경쟁을 함의하고 있는 것이며, 부제인 '생존경쟁에서의 유리한 종족의 보존The Preservation of Favoured Races in the Struggle for Life'은 다양한 종 사이의 생존경쟁을 함의하고 있다는 것이다. 이러한 분석으로부터 전자는 자유방임 이데올로기를 정당화하는 것으로 해석되어진 반면, 후자는 민족주의, 제국주의, 군국주의 등 집단주의적 이데올로기를 정당화하는 기제로 작용되었다고 주장하였다.[109]

누구의 주장을 따를 것인가라는 문제와는 관계없이, 이들의 논쟁을 통해 알 수 있는 사실은 생존경쟁이라는 문구와 개념은 사용자의 시각에 따라 혹은 그 의도에 따라 다양하게 해석될 가능성이 많다는 사실일 것이다. 생존경쟁에 대한 다양한 해석 가능성은 후일 다윈의 진화론이 다양한 이해관계를 가진 세력들에게 정당화의 논리를 제공해준 원천이었다. 또한 다윈 자신도 생존경쟁이라는 문구와 개념에 대한 다양한 해석 가능성에 빌미를 제공해준 측면이 있다. 다윈은 『종의 기원』에서 생존경쟁을 세 가지 차원, 다시 말해 같은 종 내부의 서로 다른 개체들 간의 생존경쟁, 혹은 다른 종들 간의 생존경쟁, 혹은 서로 다른 물리적 환경에 대한 생존경쟁 등으로 설명한 바 있다. 이는 생존경쟁이라는 개념의 다양한 함의와 그에 따른 사회적 실천을 이미 내포하고 있었던 사실을 알려주는 것이다. 이런 상황은 곳곳에서 살펴볼 수 있다. 다윈은 『종의 기원』 초판에서 "서로 다른 것들 사이에서 하나의 존재의 독립성을 포함하여, 개체의 생활뿐만 아니라 남아있는 자손들의 계승도 (이것이 더 중요하다) 포함하여, 나는 생존경쟁이란 용어를 광범위하고 비유적인 견지에서 사용"[110]한다는 점을 밝히고 있다.

지금까지의 논의를 토대로 보면 다윈의 생존경쟁 관념이 맬서스적 원리와 개념적 관련성을 갖고 있다는 점을 분명이 알 수 있다. 이제 다윈의 생존경쟁이란 문구와 개념은 다음에서 살펴볼 최적자생존의 관념과 결부됨으로써 차별의 이데올로기로 전환될 수 있는, 한 걸음 더 진전될 수 있는 전기를 맞이하게 된다.

### 3) 다윈과 스펜서: 최적자생존

다윈의 진화 이론이 근대 사상에 미친 심대한 영향력은 무엇보다도 그의 자연선택론에 있었다. 생존경쟁이 야기한 자연선택이라는 개념으로부터 다윈은 생물의 진화 현상을 설명할 수 있었다. 자연선택론의 핵심은 무엇보다도 종 내부에서 발생하는 변이variations의 성공 혹은 실패로부터 결과한 재생산 비율에 달려 있다. 다윈은 유리한 변이를 가진 동물, 즉 환경의 변화에 잘 적응된 동물은 자신들의 형질을 공유하는 더 많은 수의 자손을 생산할 것이다. 반대로 불리한 변이를 가진 동물은 환경에 대한 비적응의 결과로 식량 부족을 경험

하고, 나약하며, 더 적은 수의 자손을 생산하며, 결국은 모두가 사멸할 것이라고 주장하였다.[111]

다윈은 자연선택을 다음과 같이 정의하였다. "모든 생물의 상호 관계, 또는 그들의 물리적 생활조건에 대한 상호 관계는 모든 불일정한 복잡성과 밀접한 적합성을 가지고 있으며, 따라서 변화하는 생활 환경 속에 있는 생물의 경우에는 그 구조에 무한히 변화할 수 있는 다양성이 있다는 것을 기억해두자. 그런데 여기서 인간에게 유익한 변이가 일어나는 것을 볼 수 있으므로, 각 생물에게 있어서 거대하고 복잡한 생존 싸움을 위해 도움이 되는 다른 변이가, 수많은 세대를 거듭하는 동안에 일어난다고 생각할 수는 없을까? 만일 그런 일이 일어난다면, 조금이라도 다른 개체보다 이점을 가진 개체가 생존과 번식을 위한 절호의 기회를 가장 많이 가진다고 생각해볼 수는 없을까? 생존가능한 수보다 훨씬 더 많은 개체가 태어난다는 것을 상기한다면 말이다. 이와는 반대로 조금이라도 유해한 변이는 엄격하게 파괴된다는 것은 확신할 수 있다. 이렇게 유익한 개체의 차이와 변이는 보존되고, 유해한 변이는 버려지는 사실을 나는 자연선택이라고 부른다."[112]

그러나 다윈은 자연선택이란 용어에 대해 많은 사람들로부터 부적절하다는 반대에 직면한다. 다윈도 처음에는 이러한 반대에 완전히 수긍했던 것 같지는 않다. 그는 1860년 라이엘에게 보낸 편지에서 자연선택이 나쁜 용어였다고는 생각하지만, 지금에 와서 그 용어를 바꾼다면 혼란을 더욱 복잡하게 만들 것이며, 또한 더 좋은 용어를 생각할 수도 없다는 입장을 밝혔다. 나아가 다윈은 라이엘이 권한 '자연보존natural preservation'이란 문구는 특수한 변이의 보존을 함축하지 못하여 진부한 문구가 될 것이며, 또한 인간과 자연의 선택을 하나의 관점 아래서 파악하지 못할 것이라고 분명히 했다. 하지만 얼마 지나지 않아 다윈은 뭔가 심경의 변화를 일으켰고, 자연보존이라는 용어를 보조적으로 사용하는 것에 대해 고민하기 시작했다.

다윈이 자연선택이란 용어를 고수했던 것은 오랫동안 자신이 인위선택artificial selection을 연구하면서 그에 대비되는 개념으로 자연선택을 상정했기 때문이었다. 다윈은 자연선택이란 용어가 당시 사육과 자연에서의 다양한 종들 간의 관계를 동시에 설명해줄 수 있다고 믿었기 때문에, 자연선택이란 용어에 친숙하면서도 우호적이었다.

그러나 윌리스가 1866년 다윈에게 보낸 편지에서 자연선택이라는 용어는 진화의 과정에서 불리한 종들이 제거되는 만큼 유리한 종들이 선택된다는 것을 의미하는 것은 아니므로 부적절한 용어라고 언급하며, 차라리 자연선택이라는 용어보다는 스펜서가 사용한 '최적자생존'이라는 용어를 사용할 것을 권고[113]하자, 다윈도 심경의 변화를 겪으며 최적자생존이란 용어가 갖는 개념적 확실성과 이해의 편리성에 대해 진지하게 고민하게 되었다. 그래서 다윈은 『종의 기원』 제5판(1869)부터 최적자생존을 자연선택이란 용어와 병기해서 사용하기 시작하였다.

이렇게 자연선택과 최적자생존을 동등하게 사용하기로 한 다윈의 결정은 사회다윈주의가 탄생하는 결정적인 이론적 토양으로 작용했다고 볼 수 있다. 더욱이 이러한 다윈의 용어 사용은 생물학적 진화와 사회적 진보를 동일한 시각에서 바라볼 수 있는 계기를 작용했다는 점에서 다윈의 진화론과 사회사상, 즉 과학과 사회의 상호작용을 간과할 수 없게 만드는 결과를 낳았다. 사회다윈주의자들은 이로부터 생존경쟁에 의한 최적자생존이 자연의 법칙이므로 사회에서도 그것은 적용 가능한 원리이고, 이는 불리한 변이들은 제거되거나 복종당하며, 더 유리한 변이들은 유지되고 보존될 수밖에 없다는 논리로 귀결되었다. 이에 따라 사회적 불평등은 자연의 원리이므로 필연적인 것이고, 따라서 사회적 계층구조는 영속될 수밖에 없다는 논리가 성립되었다. 요컨대 다윈의 진화론은 맬서스나 스펜서의 사상 및 용어와 결합됨으로써 사회다윈주의자들에게 사회의 부적자를 제거하거나 복종시키는 그래서 사회적 계층화를 정당화하는 논거로 더 손쉽게 활용될 수 있었다.

다윈이 자신의 이론을 설명하기 위해 스펜서의 최적자생존이란 문구를 활용하면서 야기된 특징적인 현상은 스펜서의 사회 진보에 대한 신념과 다윈의 생물학적 진화 개념이 동일한 차원의 논의로 인식되었다는 점이다. 이는 자연과 사회 모두에 적용되는 보편적인 과학의 법칙이 존재한다고 믿는 사고, 즉 과학주의와도 연관된 것이었다. 다윈이 자연선택설을 설명하는 데 최적자생존이라는 스펜서의 문구를 사용한 것은 대중에게 생물학적 진화와 사회적 진보의 관념을 동등한 수준의 것으로 인식시켰고, 다윈의 진화론은 단순한 자연과학의 이론이 아니라 사회를 이해하는 도구로 기능하기 시작했다. 사실 진화와 진보의 동일화 경향은 다윈이 맬서스의 생존경쟁이라는 개념을 차용함으로써 생긴 필연적인 귀결이었다. 왜냐하면 생존경쟁은 필연적으로 선택되는 자와 도태되는 자를 결과함으로써 최적자생존을 정당화하기 때문이다. 따라서 다윈의 이론과 스펜서의 이론은 동일한 논리적 구성을 보여주는 것으로 대중에게 인식될 수밖에 없었다. 최적자생존이라는 용어에서 최적자는 최상을 함축하는 것으로 판단될 소지가 크다. 생존경쟁을 통해서 선택된 존재, 즉 최적자는 자연의 법칙에 의해 권위를 부여받게 되었고, 자연적 과정과 동일한 형태로 진행되는 사회적 진보는 과학 이론과 같은 보편적인 진리로 인식되었다. 생존경쟁과 최적자생존에 의한 사회적 진보는 당시의 시대적 화두가 된 것이다.

생존경쟁 논리와 현상 유지의 정당화를 위한 이론적 무기가 필요했던 당시의 사회다윈주의자들은 다윈이 사용한 생존경쟁과 최적자 생존이라는 두 명제를 중심으로 스펜서의 진보 이론을 인간 사회에 적용함으로써 자유방임주의 및 사회적 계층화를 정당화하였다. 다윈과 스펜서의 연관을 살펴보자.

스펜서는 빅토리아 시대 영국 사상계를 지배한 사회진화론자들 중에서 가장 대표적인 사상가로 그의 사상은 오늘날에도 여전히 관심의 대상이 되고 있다. 당시 스펜서가 끼친 영향은 러시아에서 미국에 이르기까지 매우 광범위하였고, 스펜서의 사상은 동시대의 다윈과 연결되어 영국의 빅토리아 시대의 가장 지배적인 사상으로 기능하였다. 스펜서와 다윈이 활약하던 19세기 중반 이후는 다양한 사상들이 타당성 확보 경쟁을 벌이던 시대로 평가되기도 한다. 자유주의의 위기라는 상황에서 이에 대한 대안으로 제시된 대부분의 이론들과 사상들은 다윈의 진화론과 스펜서의 사상에 영향을 받으며 성장하였다. 19세기 후반 이후 서구 사회는 생존경쟁적 시대 분위기가 대체로 심화되고 있었다. 특히 영국은 내부적으로 산업자본주의의 발전에 따라 냉혹한 자유경쟁이 가속화되고, 국제적으로는 식민지 쟁탈 등 일련의 국가 차원의 경쟁이 빈발하던 시기였다. 따라서 영국인을 비롯한 서구인들에게 생존경쟁과 최적자생존이란 관념은 아주 일상적인 것이었고, 이러한 사회적 분위기는 다윈의 생존경쟁에 의한 자연선택이라는 관념과 스펜서의 사회 진보 논리를 더욱 견고하게 결합시켜 주었다. 다윈 이론과 스펜서 이론의 혼합은 시대적 열망의 반영이었던 셈이다.

스펜서의 저작을 살펴보면 지적 차원에서도 다윈과 스펜서의 결합을 가능케 해준 요인들을 발견할 수 있다.[114] 당시 스펜서 사상의 핵심적인 주제는 '발전 가설development hypothesis'에 입각한 중단 없는 사회적 진보와 자유방임주의, 그리고 국가불간섭주의였다. 이와 같은 스펜서 사상의 핵심적 주제들은 그의 저작 속에서 파악할 수 있는 진화적 태도와 연관이 있다.

스펜서는 『발전 가설The Development Hypothesis』(1852)에서 자신의 진화론적 태도를 명확히 밝힌 바 있다. 이 책은 스펜서를 진화철학자로 불리게 한 최초의 저술이다. 여기서 스펜서는 적응 개념을 통해 진화를 설명했다.[115] 스펜서의 적응 개념은 생존경쟁을 통한 부적자의 제거와 연관되어 있었다. 적응 개념을 통해 진화를 설명하기 시작한 스펜서는 『동물의 다산성에 관한 일반법칙으로부터 추론된 인구론A Theory of Population, Deduced from the General Law of Animal Fertility』(1852)에서 처음으로 최적자생존이라는 용어를 사용했다. 적응 개념을 통해 생존경쟁을 설명하고, 그에 따른 부적자의 제거를 논했던 스펜서는 이제 논리적 귀결로서 최적자생존을 언급하게 된 것이었다. 자신의 진화론적인 관점을 인구론과 접목시킨 이 책은 다윈이나 월리스의 진화론과 별로 다르지 않았다.[116] 하지만 당시 스펜서는 자신의 진화적 태도를 인간 사회로까지 확대해서 적용하지는 않았다.

이후 스펜서는 『사회학 연구*The Study of Sociology*』(1873)를 통해 자신의 진화적 태도를 인간 사회로까지 확장시켰다. 그는 초식동물과 육식동물의 다양한 생존경쟁, 즉 환경에 대한 생존경쟁, 초식동물과 육식동물 사이의 생존경쟁, 그리고 동물 내부에서의 생존경쟁을 탐구하였다. 스펜서는 다양한 생존경쟁이 존재한다는 것을 설파하면서도, 종의 진화를 가져오는 직접적인 요인은 종 내부의 개체들 사이의 생존경쟁이라고 확신하였다. 이러한 결론으로부터, 그는 인류도 다른 동물들과 똑같은 정도로 생존경쟁에 예속되어 있으며, 동물들 사이에서처럼 인간들 사이에서의 싸움도 인류의 진보를 가져온다고 주장하였다. 이때부터 스펜서에게 진화는 자연과 인간, 둘 다에 적용되는 보편적인 현상으로 인식되기 시작했다. 이제 스펜서는 진화의 개념을 인간 사회로까지 확대 적용하였고, 이를 '군사사회militant society'와 '산업사회industry society'의 비교를 통해 논증하려 했다. 전자는 사회의 능률을 위해 무력 전쟁을 일삼는 사회로, 아직 개선되지 않은 사회이다. 이후, 전쟁을 통한 정복이 일단락되면, 전자는 후자, 즉 산업사회로 이동해간다. 이 사회는 무력 전쟁이 아니라 산업적 경쟁이 중심이 되는 사회이며 고등한 사회 상태를 이루는 사회이다. 군사사회에서 산업사회로의 전환은 진화의 과정으로 볼 수 있고, 따라서 생존경쟁은 필연적인 것이었다.[117] 결국 스펜서는 사회도 자연처럼 생존경쟁을 통해 진보해나간다는 결론에 이르렀다. 이제 스펜서에게 진화는 모든 변화를 포괄적으로 설명할 수 있는 메커니즘을 제공하였고, 진화는 점진적 개선과 고도의 형태를 지향하는 변화로 인식되었다. 진화는 저급단계에서 고급단계로 발전함으로써 열등상태에서 우월 상태로의 직선적 진보를 함축하는 것이었고, 이는 스펜서가 상정했던 완전사회로의 발전이라는 목적과도 부합하는 것이었다.

당시 스펜서의 인식은 맬서스의 『인구론』과도 관련이 있었다. 맬서스는 『인구론』에서 비관론적인 차원에서 인구 압력을 상정했지만, 스펜서에게 중요했던 문제는 진보 그 자체였다. 따라서 스펜서는 인구과잉이 생존경쟁을 야기하고, 그에 따른 최적자 생존은 장기적으로 '사회선택social selection'을 초래할 것이라고 파악하였다. 이는 스펜서가 부적자의 제거 또는 부적자의 생식 능력 감소를 염두에 둔 것으로 뒤에서 보게 될 골턴의 우생학적 사고와도 연관이 있다. 이와 같은 스펜서의 진화적 태도가 다윈의 생물학적 진화를 사회적 차원으로 옮기는 데 중요한 몫을 했다. 다윈의 진화론과 스펜서의 진화적 태도가 결합됨으로써 생물학적 진화와 사회적 진보가 점점 하나의 사실로 인식되기 시작하였고, 이는 진화론에서 개진된 생물학적 논의를 사회적 차원으로 옮겨 사회적 계층화와 부적자의 제거를 정당화할 수 있는 더 없이 좋은 지적 토대를 마련해주었다.

더욱이 스펜서의 진화적 태도는 자유방임주의 이데올로기와 연관된 것이었기 때문에 사회적 계층화와 부적자의 제거는 개인주의적 생존경쟁에 의한 당연한 결과로 인식되었다. 스펜서의 자유방임주의 사상을 간단하게나마 살펴보자. 스펜서는 자유방임주의가 완전사회로의 발전이라는 진화적 과정의 최종 목적을 달성할 수 있는 유일한 길이라고 판단했다. 모든 개인이 자신의 고유한 능력을 자유롭게 개진할 수 있는 사회야말로 가장 완전한 평형상태에 도달한 사회라는 것이다.[118] 이는 스펜서가 완전사회로의 목적을 담고 있다고 상정한 진화에 대한 관념과 자유방임주의가 통일적 구조를 이루고 있다는 사실을 시사해주는 것이다. 스펜서는 사회의 구성원은 자유롭게 경쟁하도록 내버려두어야 하고, 이를 통해 살아남을 만한 능력을 가진 자만이 살아남아야 한다고 주장했다.[119]

따라서 스펜서가 국가불간섭주의를 제창한 것은 필연적인 귀결이었다. 사회 구성원 사이의 자유로운 경쟁을 주장했던 스펜서는 국가가 개인들에게 자유롭게 경쟁할 기회를 부여하는 역할만을 수행해야 하며, 단지 국가는 외부의 침입으로부터 시민을 보호해야 할 의무와 외부의 침입을 방어해야 할 의무만을 가지는 것으로 인식하였다.[120] 따라서 국가의 역할은 최소한의 기능에만 머물러야 하며, 사회의 조화와 진보를 위해 국가는 개인들의 생존경쟁을 가능하게 하는 여건을 제공하는 심판에 불과하다는 것이다. 따라서 스펜서의 논리에 의한다면, 사회에서 생존경쟁의 성공과 실패에 대한 책임은 전적으로 개인적 차원의 문제였다. 결국 이는 사회에서 성공한 개인은 최적자이며, 실패한 개인은 부적자에 불과하다는 논리로 귀결되게 된다.

스펜서의 국가불간섭주의는 『사회학 원리*Principles of Sociology*』 (1876)에서 언급한 군사사회와 산업사회의 비교에서 더욱 뚜렷하게 나타난다. 스펜서는 군사사회를 강제적 협동과 집단적 생존의 추구를 핵심적 역할로 삼는 사회로 규정하였다. 이 사회는 전제적 중앙집권의 사회이며, 개인적 행동의 무제한적 통제가 이루어지는 사회이기도 하다.[121] 따라서 군사사회에서는 개인의 의지는 무시되고 정부의 의지만이 의미 있는 것이었다.[122] 군사사회에서의 개인은 무의지적 존재인 반면, 국가는 개인들의 자율성을 침해하는 사회통제적 기능을 행하는 존재로 파악한 것이다. 그러나 군사사회에서 생존경쟁이 반복되면, 평형과정을 통해 산업사회로 진화해간다. 진화의 결과 형성된 산업사회는 자발적 협동과 개인적 자유를 기반으로 신분과 계서제보다는 계약과 능력에 기초한 사회였다. 산업사회는 군사사회의 전제적 정치형태로부터 탈피한 사회이며, 개인적 행동을 억압하는 정치권력을 제한하는 사회이기도 했다.[123] 산업사회에서 자연선택은 군사사회와는 완전히 다른 개인적 특질들을 산출하여 개인들의 자유와 재산을 위한 사회적 안정을 도모하는 메커니즘으로 작동한다는 것이다. 스펜서가 완전한 이상적 사회로 상정한 산업사회는 자유방임주의 사회임과 동시에 산업자본주의적인 부르주아사회였던 것이다. 이는 사회적 질서를 자연적 과정과 동일한 것으로 파악했던 스펜서에게는 당연한 논리적 귀결이었던 것이다. 국가가 다양한 제도들을 통해 생존경쟁에 의한 최적자생존의 원리를 규제한다는 것은 자연의 법칙에 위배되는 것으로 있을 수 없는 일이었다.

요컨대 스펜서는 자연의 진화와 사회의 진보를 동일한 과정으로 인식하면서 생존경쟁이 최적자생존을 야기하고, 최적자생존이 인간사회의 진보를 가져온다는 논리를 설파하였다. 이러한 스펜서의 관념은 자유주의의 위기 상황에 직면한 중산계급 이데올로그들에게 곧바로 각인되었다. 그들에게 스펜서의 개인주의적 자유방임주의 정책은 자신들의 산업적 생존경쟁을 정당화하는 것으로 파악되었으며, 스펜서가 최적자생존에 의한 사회적 질서를 자연적 과정으로 인식한 것은 그들이 사회적 계층화를 정당화하는 데 더없이 좋은 도구로 작용하였다. 그러나 역사는 이 이상을 요구하고 있었다. 현상 유지 차원의 논리를 넘어 새로운 돌파구가 필요한 시대적 상황이 전개되었고, 이는 우생학이 탄생하여 사회정책으로 기능하는 주요한 이유가 되었다.

## (3) 골턴 우생학의 형성과 발전

다윈과 스펜서의 이론에 기초하여 변용된 생존경쟁과 최적자생존
이란 문구가 가져온 심각한 사회적 영향은 다윈의 진화론을 근거로
생존경쟁과 최적자생존을 통해 위계적 질서에 입각한 인간의 차별성
을 강조했다는 사실이다. 특히 사회다윈주의자들은 사회 내에서 인
간들 사이의 서열을 전제하여 사회적 차별을 정당화하고, 자신들의
현상 유지를 방어하였다. 사회다윈주의자들은 사회 속에는 자연적으
로 우월한 자가 존재한다고 가정함으로써, 사회를 자연스럽게 상층
사회와 하층사회로 구분하였다. 이러한 사고는 상이한 인종들 사이
에도 적용되어 인종의 서열화 경향을 증폭시켰으며, 나아가 열등한
인종들은 제거되어야 할 대상으로 전락시키기까지 하였다.

1870년대를 지나 1880년대 들어서면서 증폭된 빈곤과 실업, 그리
고 계급정치의 심화 등 다양한 사회적 문제의 해결과 기득권 유지를
도모하려는 일단의 중산계급 이데올로그들은 새로운 차원의 논리적
정당성을 확보해야 할 상황에 직면하게 되었다. 이들은 자유방임적
자본주의 질서를 옹호하던 현상 유지 차원의 논의로부터 집단적 차
원으로의 논의로 국면을 전환시키고, 개인적 차원의 문제보다는 사
회적 차원의 문제를 거론하며 사회와 정부의 간섭과 통합력을 호소
하는 데로 관심을 유도하였다. 이와 같은 사고는 구체적으로 우생학,
인종주의, 그리고 제국주의 등을 정당화하고 옹호하는 이념으로 발
전해갔다. 이제 다윈이 함의했던 종 내부의 개체적 생존경쟁보다는
종 사이의 집단적 경쟁이 중요한 사회적 화두가 되었고, 이것은 당대
의 시대적 상황과 조응하여 대내외적으로 기득권 집단의 차별적 논

리를 정당화하는 논리로 기능하기 시작했다.

호프스태터R. Hofstadter는 다윈과 스펜서가 언급한 부적자의 제거라는 관념을 자본주의사회에서 발생하는 생존경쟁과 연결해서 분석하면서, 가장 중요한 생존경쟁은 개체들 사이에서 발생하지 않고, 민족들 또는 인종들 사이에서 발생한다고 주장하였다. 그는 다윈주의적 용어와 스펜서적 논리가 자유방임주의뿐만 아니라 집단적 차원의 생존경쟁, 즉 제국주의, 식민주의, 그리고 노예제도 등 비인도적 차별 논리를 정당화했다고 보았다.[124] 집단적 차원의 생존경쟁과 그에 따른 최적자집단의 생존이라는 관념을 이론적으로 정당화했던 것이 바로 우생학이었다. 이제 생존경쟁에 의한 최적자생존이라는 자연선택은 우생학적 조치를 통한 인위적 선택으로 전환되었다. 따라서 우생학의 형성과 발전은 사회다윈주의가 자유방임을 주장하며 현상 유지를 옹호하던 차원에서 정부와 사회의 간섭을 허용하는 국면으로 전환되었다는 것을 의미하는 것이었고, 개인적 이해들보다는 사회적 이익이나 사회적 책임성이 더욱 중요한 문제라는 것을 함축하고 있는 것이었다. 골턴의 우생학은 자유방임적 정치경제학이 대세를 이루던 사회에서 생물학에 근거한 사회유기체론적 집단주의가 지배하는 사회로의 이전을 의미하는 것이기도 했다.[125] 이제 우생학은 새로운 시대의 가치관에 조응하기 시작했고, 그것은 적자에 의한 새로운 사회적 질서의 추구로 발전해갔다.

물론 반니스터Robert C. Bannister처럼 사회다윈주의의 자유방임적 형태는 적어도 영미사상에 있어서는 거의 존재하지 않았다고 주장하는 학자도 있다. 그는 기본적으로 사회다윈주의라는 용어 자체가 그들의 논리에 반대하는 사람들에 의해 만들어졌고, 또 적어도 앵글로색슨 사회에서는 많은 수의 개혁 세력들이 다윈의 진화론을 활용reform Darwinism하였기 때문에, 사회다윈주의를 생존경쟁 관념과 결부된 부정적 차원의 이데올로기로만 재단하는 것은 문제가 있다고 보았다.[126] 즉, 사회다윈주의는 오히려 우생학, 인종주의, 그리고 제국주의 등을 거부하려는 움직임과도 관련이 있다는 주장이다. 이러한 반니스터의 주장은 상당한 설득력을 갖는다. 왜냐하면 앞서 밝혔듯이 다윈의 진화론은 그 개념적 다양성 때문에 각자의 이해관계에 따라 다르게 해석될 수 있었기 때문에, 사회다윈주의가 보수적 차원의 성격뿐만 아니라 개혁적 이데올로기를 반영하고 있다는 주장은 무리가 아니다.

이와 같은 논쟁은 우생학의 본질적 성격을 규명하는 문제와도 관련이 있다. 호프스태터의 분석을 지지하는 연구자들은 유전론적 우생학의 입장에서 의견을 개진하지만, 이에 반대하는 이들은 환경론적 우생학의 중요성을 강조한다. 하지만 앞서 살펴보았듯이 19세기 말 많은 사람들에게 생물학은 운명과도 같은 것이었다. 많은 우생학자들은 생물학을 근거로 사회적으로 제거되어야 할 운명에 있는 다양한 부적자의 군상들, 즉 빈곤자들과 정신적 결함자들의 운명은 유전에 의한 결과라고 확신하였다는 점에서 반니스터의 주장은 설득력이 약하다고 볼 수 있다. 정작 중요한 것은 유전론인가 환경론인가라는 문제보다는 생물학이라는 과학을 근거로 적자와 부적자라는 새로운 사회적 범주를 만들었다는 사실일 것이다. 결국 이 세상에는 생물학적인 적자와 부적자가 존재하고 부적자는 제거되거나 개선되어야 할 존재로 인식되는 운명에 처한 셈이다. 이것이 우생학이 가진 가장 본질적이고 심각한 문제점 중의 하나일 것이다. 요컨대 우생학은 적자와 부적자라는 위계적인 인간 존재의 구분에 기반하여 적자의 생식은 장려하고, 부적자의 생식은 제한해야 한다고 주장함으로써 자신들의 논리를 정당화했고, 특히 부적자의 제거에 깊이 천착했었다.

앞서 간략히 밝혔듯이 19세기 말 영국 사회는 기존 영국 사회를 지배하던 자유주의적 가치에 대한 비판적 검토와 그 한계를 넘어서려는 일단의 노력을 주문하고 있었다. 이런 상황에서 위기의 돌파구를 마련해준 것이 과학 이론을 통한 현실 개혁이라는 주장이었고, 우생학은 그런 시도들 가운데 하나였다. 우생론자들은 우생학이 객관적 과학이며, 인간의 본능마저도 과학적 조작과 사회적 조치를 통해 개선할 수 있고, 이는 국가적 효율 달성을 통한 사회적 진보의 최선책이라 역설했다. 사회적 부적자를 제거함으로써 사회적 진보를 달성하겠다는 우생학의 논리는 산업혁명이 진행되면서 촉발된 다양한 도시문제로 인한 사회적 타락을 인간의 생물학적 개량을 통해 해결해야만 한다는 사실을 대중에게 각인시켜주었다. 이제 공공의 이익에 부합할 수 있는 우생학의 논리는 더 나은 사회를 건설하고 인간 행동을 더욱 생산적인 것으로 조절하려는 이상을 품은 많은 사람들이 주목하는 과학적 방법론으로 자리 잡게 되었다.[127] 우생학이 대중적 신뢰를 얻으며 과학적 담론에만 머무르지 않고 사회적 실천의 이념으로 확장될 수 있었던 이유는 우생학이 다윈의 진화론을 토대로 하고 있었기 때문이다. 골턴은 다윈의『종의 기원』을 읽고, 현재 비참한 상태에 처한 저급한 인간 종을 개선할 수 있다는 확신을 갖게 되었다.[128] 당시 골턴은 다윈의 진화론을 기초로 인간의 열등한 유전형질이 확산되는 것은 인종을 퇴화시키는 사회적 공포이므로 제거되어야 하며(negative eugenics), 고차원적 수준의 능력을 소유한 전문직 계층의 출산율 저하 경향을 적극적으로 조절할 필요가 있다 (positive eugenics)는 논리를 폈다.[129]

골턴이 이런 주장을 하게 된 배경에는 능력주의 사회에 대한 열망이 자리 잡고 있었다. 무능한 토지 귀족에 대한 골턴의 적대감은 이를 잘 보여준다. 골턴은 "문명사회에서는 금전과 제도가 자연선택의 법칙과 그 법칙의 정당한 희생자들 사이에 방패막이로 끼어들어 있다. 궁핍한 집안 출신의 건강하고 우수한 자보다, 병약하고 타락한 유복한 귀족의 자제가 생존과 번식 전략에서 승리를 거두고, 그 결과 인간이라는 종의 퇴화가 일어난다"[130]며 귀족에 대한 적대감을 숨기지 않았다. 골턴을 비롯한 많은 우생론자들은 영국의 귀족들이 돈 많은 미망인과 결혼을 함으로써 금전적 행운을 얻으려는 시도는 건전한 인간을 게으름과 사치에 몰두하도록 부추김으로써 인종의 퇴화를 가져올 것이고, 귀족 사회를 금권정치적 사회로 전환시킬 것이라며 비난하기도 했다. 골턴은 성공과 출세를 좌우하는 것은 실력이어야 하며 전문적 능력을 갖춘 엘리트가 사회의 지배층이 되어야 한다고 주장했다. 엘리트 집단의 재생산과 충원에 토지귀족의 영향력이 강했던 영국적 풍토에서 골턴의 실력주의는 개혁주의를 지향했다. 이런 의미에서 우생학은 전문직 중간계급의 실력주의 이데올로기이며, 과학이라는 이름의 새로운 종교이기도 했다.[131] 골턴을 비롯한 우생론자들은 거대 자본에도 우호적이지 않았다. 이들은 자본주의의 발전은 거대한 산업예비군 집단을 필요로 하기 때문에 자본주의는 필연적으로 부적자의 다산을 야기할 것이라며 비판했다. 이는 자본주의가 이윤과 단기적인 경제적 이득에만 집착하기 때문에, 인종적 차원의 질적 진보에는 오히려 방해가 된다고 보았기 때문이었다.[132]

능력주의 사회를 꿈꾸던 골턴은 "좋은 출생well-born"을 의미하는 우생학이란 용어를 창안해냈고, 그것을 "미래세대 인종의 질을 개선 또는 저해하는 사회적으로 통제 가능한 수단에 관한 연구"[133]로 정의했다. 후일 골턴은 우생학을 "인종의 타고난 질을 개량하는 모든 영향과 그 질을 최대한으로 발전시키는 모든 요인에 관해 연구하는 학문"[134]이라고도 정의했는데, 이는 골턴이 과학적 지식을 수단으로 초기에는 불리한 유전형질의 확산을 억제하는 데 초점을 두었다가, 후기로 갈수록 인간 사회에서의 긍정적인 유전형질의 연속성을 보호하고 증진시키는 데 몰두하였음을 보여준다. 즉, 골턴은 부적자의 제거는 어느 정도 자연선택에 맡기고, 동식물의 품종 개량처럼 우수한 형질을 장려하는 방향으로 인간의 생식에 대한 인위적인 개입을 추진하는 것이 적합한 해결책이라고 인식했던 것이다.[135] 그 여정을 좀 더 구체적으로 따라 가보자.

서양에서 유전적 구성에 근거하여 어떻게 사회 개혁을 이룰 것인가라는 우생학적 사고는 오래된 전통을 갖고 있었다. 플라톤은 이상적인 폴리스 설계를 통해 천부적인 능력과 재능을 겸비한 최상층계급 남녀의 선택적인 결혼을 법률화할 것을 주장하면서 일면 육종이나 인위선택의 가능성을 제시한 바 있다. 아리스토텔레스 역시 하층계급의 과잉 인구가 폴리스 내부의 빈곤과 범죄를 양산하고 혁명의 온상으로 발전할 가능성이 크다면서 하층계급의 산아제한을 주장하기도 했다. 이들은 인구를 아주 긴요한 자원의 하나로 인식하고 있었고, 따라서 산아제한이나 현명한 선택적 결혼을 통한 인구의 질적 상승이 폴리스의 자원을 풍부하게 해줌으로써 이상적인 도시국가의 모습을 유지할 수 있다고 믿었다.[136] 물론 골턴이 그리스 시대 이후 개진되어온 우생사상들을 참조했는지는 분명하지 않다. 골턴의 동료였던 피어슨이 "플라톤의 저서들을 읽었는데, 플라톤의 책에 있는 우생학 관련 문장들은 모든 퇴화자들을 식민지라고 이름 붙여진 곳으로 방출함으로써 도시국가의 순수성을 유지하는 것"[137]이었다고 골턴에게 편지를 썼으나, 이에 대해 골턴은 직접적인 언급을 하지 않았다.

과학적 담론으로서의 우생학이 정착되는 데는 무엇보다 다윈의 영향이 컸다. 다윈의 진화론이 확산됨에 따라 다양한 사회적 논제들은 과학적 담보물을 제공받기 시작했다. 이제 사람들은 퇴화로부터 인간을 구원하려는 목적을 갖는 과학 연구를 자신들의 주된 연구 주제로 상정하게 되었고, 유전 메커니즘과 유전형질의 질적 평가를 수행하려는 보다 더 학문적인 형태의 우생학이 등장하게 되었다. 이러한 맥락에서 체계적이고 학문적인 형태의 우생학을 처음으로 고안한 인물은 골턴이다. 물론 골턴과 다윈의 하층계급의 출산율에 대한 대응은 사뭇 달랐다. 당시 골턴은 다윈보다 적극적으로 하층계급의 출산율 증가에 대응했다. 다윈이 하층계급의 출산율 문제를 다분히 학문적 차원에서 접근하여 생물학적 지식, 특히 생식에 대한 교육의 중요성을 강조했던 반면, 골턴은 인간 생식의 통제를 위한 정책적 필요성을 제기했다. 골턴은 인종은 인위적으로 개선될 수 있으며, 인간 진화의 미래는 인간 스스로 제어해나갈 수 있다고 믿었던 것이다. 두 사람은 접근 방식과 현실적 실천의 모습에선 서로 달랐지만, 두 사람 모두 빅토리아 후기 시대의 위기적 징후와 중산 계급적 정서를 공유하고 있었던 것만큼은 분명하다.

골턴은 앞서 밝혔듯이 생존에 유리한 개인들과 불리한 개인들의 비율을 적절하게 조절하는 실천적이고 적극적인 활동이 필요하고,

인간의 열등한 유전형질이 확산되는 것은 인종을 퇴화시키는 사회적 공포이므로 제거되어야 하며, 고차원적 수준의 능력을 소유한 전문직 계층의 출산율 저하 경향을 적극적으로 조절할 필요가 있다고 생각했다. 골턴은 자연선택의 맹목성과 인위선택의 현명함을 대비시켜 설명하면서 선택적인 결혼의 중요성을 강조했다.[138] 이처럼 골턴이 인위선택을 통해 인간의 형질을 개선하려고 했던 것은 이후 모든 우생학 운동의 토대로 작용했다.

골턴이 인간 개선의 목적을 담고 있는 우생학을 창시하게 된 배경에는 개인적 이력도 상당한 영향을 끼쳤다. 사실 다윈과 골턴은 이론적 연관성뿐만 아니라 사촌관계에 있었기 때문에 오랫동안 여러 면에서 영향을 주고받을 수 있는 위치에 있었다. 골턴이 케임브리지에서 수학을 공부할 수 있었던 것도 다윈의 노력이 컸는데, 이곳에서 골턴은 인간의 육체적 적합성이 정신적 능력만큼이나 중요하다는 사실을 떠올리게 된다. 더욱이 인간의 특질을 수학적 원리에 의해 설명하고 분석할 수 있다는 사고 역시 케임브리지에서 수학하면서 진전된 관념이었다.[139] 어려서부터 정량적 사고에 관심이 많았던 골턴의 노력은 통계학의 창시로까지 이어졌고, 이는 골턴 자신이 유전적 특질의 연구를 위해 가계 정보를 수집하는 데 활용되었다. 골턴이 이처럼 통계학적 방법론을 활용한 것은 자신의 연구를 과학적 유효성이 있는 것으로 만들려고 했기 때문이었다.[140]

당시의 사회적 분위기도 골턴이 우생학적 사고를 개진하는 데 중요한 역할을 했다. 19세기 후반 골턴을 비롯한 많은 영국의 지식인들은 일찍이 없었던 경제 발전과 상대적으로 안정된 정치 상황을 경험하면서 과연 사회적 진보의 동력은 무엇인가라는 문제에 골몰하고 있었다. 당시의 많은 지식인들은 서구, 특히 영국의 경제 발전은 과학의 진보에 의해 이루어진 것이라며, 서구인들의 지적 수준을 사회적 진보의 동력이라고 파악했다.[141] 골턴 역시 과학의 진보라는 지적 수준의 실천적 활동에 관심을 표하면서 지능에 큰 관심을 갖기 시작했다. 지능의 중요성과 유전적 사고에 대한 믿음은 골턴 개인의 가정 분위기에 의해 더욱 강화되기도 했다. 골턴은 퀘이커Quaker 집안에서 태어나 비국교도적 전통에도 강한 영향을 받고 있었다. 당시 영국의 퀘이커 교도들은 자유주의자이면서 반노예주의자였고, 급진주의적 경향을 띠고 있었다. 이들은 전통에 근거한 사회적 지위보다는 산업과 전문성을 담보로 축적된 부를 찬미했으며, 능력주의적인 사회를 꿈꾸고 있었다.[142] 따라서 골턴이 전통적인 사회 가치에 대해 의구심을 표했던 것은 아주 자연스러운 일이었고, 골턴은 기존 종교의 역할이나 종교와 연관된 도덕성의 문제에 대해서도 회의적이었다.[143] 골턴은 종교의 가치와 도덕성의 문제를 검증하기 위해 경험적 조사들을 진행하기도 했고, 유아 살해와 같은 것은 부모의 종교적 경건성이나 도덕성과는 무관하게 이루어진다는 것을 발견하기도 했다.[144] 이러한 골턴의 사고는 종교 무용론으로 발전했고, 과학이 종교의 역할을 대신해줄 수 있다는 사고로 발전해갔다. 골턴에게는 과학이 곧 종교였던 셈이다.[145] 이런 골턴의 반종교적 성격은 다윈이 골턴에게 끼친 가장 큰 영향 중 하나였을 것이다. 즉, 다윈의 『종의 기원』은 생물학에 드리워진 신학적 족쇄를 풀어줌으로써 골턴의 우생학이 더 과감하게 발전할 수 있는 길을 열어주었던 것이다.

다양한 요인들에 영향을 받은 골턴은 특히 『종의 기원』을 읽고 인생의 전환점을 맞이했다. 물론 골턴은 오래전부터 유전적 특질, 특히 지적 능력의 차이에 관심을 기울이고 있었다. 이는 골턴의 자신의 가계에 대한 관심, 외조부인 이래즈머스 다윈Irasmus Darwin(1731~1802) 그리고 찰스 다윈의 영향에 기인한다.[146] 이들의 영향을 직간접적으로 받았던 골턴은 실증적 자료를 통해 본격적 연구를 하기 이전부터 이미 천성이 양육보다 우월하다고 생각하고 있었다.[147] 골턴은 인간종의 특성, 기질, 정력, 지적 또는 육체적 능력은 태어날 때부터 어떤 분명한 형질에 의해 부여되는 것이고, 다양한 특질들이 시민적 가치를 규정한다고 생각했다.[148] 골턴은 단순한 과학적 지식의 증진보다는 사회와 인간 진보에 더욱 관심을 기울이게 되었다.

재능과 특질의 유전이라는 신념을 굳게 갖기 시작한 골턴은「유전적 재능과 특질Hereditary Talent and Character」(1865)이란 논문에서 우생학적 사고를 처음으로 개진했다. 다윈의『종의 기원』을 읽고 난 후, 골턴은 오랫동안 고민해왔던 인종의 개선 가능성과 유전이라는 주제에 더더욱 관심을 갖게 되었고, 이러한 관심이 구체적으로 표명되기 시작했던 것이다.[149] 사실 골턴은 양육이 아닌 천성이 유전적 능력을 규정한다고는 생각했지만 이것을 어떻게 증명해낼 것인가는 알지 못했다. 그러나 골턴은 멘델의 유전 원리를 알고 있지 못한 상황이었음에도 라마르크주의적 유전 이론은 거부하고 있었다. 물론 이러한 거부는 경험주의적 연구 결과보다는 단순한 가정에 근거하고 있었다.[150]

골턴의 핵심적인 주장은 인간의 사회적 성공 능력은 불평등하고, 이 불평등은 유전에 기인하며, 유전적 불평등은 연속적으로 나타난다는 것이었다. 즉, 부모가 사회적 지위가 높을 경우, 그 자손은 평범한 부모의 자손보다 훨씬 유리한 위치를 점할 수 있다는 것이다. 따라서 골턴은 현재의 전문직 계급과 고위층 가문을 조사하는 것이 필요하다고 보았다. 골턴은 1453년에서 1853년 사이의 저명한 사람들 중 605명의 전기를 발췌했고, 6명 중 1명꼴로, 즉 605명중 102명이 친족관계를 맺고 있는 점을 밝혀냈다.[151] 나아가 골턴은 4세기 동안 유럽에서 교육받은 학생들을 대상으로 동일한 집단 내부에서 발현되는 재능 있는 개체들의 빈도를 측정하려고도 했다. 임의적인 선택을 통해 연구한 골턴은 1,300명당 1명꼴로 성공한 사람들이 나온다며, 유전의 영향을 일반적인 것으로 인식하였다.[152] 골턴은 사회적 저명함과 인간의 재능을 연결시킴과 동시에 알코올중독이나 성욕, 빈곤, 폭력적 범죄성, 그리고 사기 등과 같은 인간의 행동적 특성도 유전되는 것으로 판단했다.[153] 골턴은 인간의 육체적 · 정신적 · 사회적 특질 모두가 유전의 영향을 받는 것으로 생각했던 것이다.

이 논문에서 가장 주목할 부분 중 하나는 초보적인 형태의 유전 이론을 언급하고 있다는 사실이다. 골턴은 개인의 특질은 양쪽 부모의 영향을 합친 것이고,[154] 자손이 부모보다 재능이 떨어지는 이유는 뛰어난 부모에 비해 평균적으로 질이 떨어지는 조상의 특질로 돌아가려 한다는 이른바 격세유전atavism(또는 귀선유전)을 주장했으며, 획득 형질의 유전을 강하게 부정했다.[155] 결론적으로 골턴은 자손의 배아와 부모의 배아 사이의 연속적 상관관계를 주장했다. 이러한 가정은 바이스만의 생식질 연속설이 실험적으로 증명되기 무려 20년 이전의 것이었다. 후일 골턴의 이러한 사고는 개체의 유전형질의 절반은 부모로부터 기원하며, 4분의 1은 조부모로부터 유전되며, 이러한 패턴은 반복된다는 유전 이론으로 발전했다.

한편 1867년 일련의 '개혁법Reform Act'이 불러온 자유주의에 대한 위기론은 사회적 비관주의를 더욱 부채질했고, 이는 골턴이 『유전적 천재Hereditary Genius: An Inquiry into Its Laws and Consequences』(1869)를 통해 더 구체적인 우생학적 사고를 전개하는 계기로 작용했다. 이 책은 방대한 양의 가계 자료를 취합하면서 분석 방법으로 정상분포normal distribution를 적용한 최초의 사례로 판단된다.[156] 골턴은 벨기에의 왕립 천문학자인 케틀레Adolph Quetelet(1796~1874)가 스코틀랜드 병사의 신체 치수를 조사해 정상분포를 이용한 것에 자극받았고, 이에 골턴도 정신 능력을 정상분포를 이용해 설명할 수 있으리라 믿고 직접 이것을 실험해보기도 했다.[157]

골턴은 이 책의 첫 머리에서 "내가 이 책에서 제시하려는 것은 인간의 타고난 능력은 모든 생명체의 형태와 신체적 특성이 유전되는 것과 정확히 동일한 범주로 유전된다는 점이다. 따라서 이 범주에도 불구하고 특히 경주에 소질이 있는 개나 말의 불변적 종을 세심한 선택을 통해 만들어내는 것이 용이하기 때문에〔……〕, 여러 세대에 걸쳐 연속적으로 선택적인 결혼judicious marriages을 시킴으로써 지능이 높은 인간종을 충분히 만들어낼 수 있을 것이다. 나는 결과가 거의 예측될 수 없는 매우 통상적인 사회적 작용이 인간 본성을 지속적으로 파괴하기도 하고 다른 한편으로는 개선시키기도 한다는 점을 지적하고자 한다"[158]고 언급하고 있다. 골턴은 이러한 자신의 유전론적 입장을 증명하기 위해 사회 저명인사의 가계를 연구했고, 이를 통해 이들 대부분이 혈연관계였다는 것을 밝혀냈다. 골턴은 유전이 육체적인 특성뿐만 아니라 개인적 재능과 성격까지도 결정한다고 결론지었다. 나아가 골턴은 이 결과를 근거로 우수한 남녀 사이의 선택적인 결혼을 몇 세대만 수행해도 우수한 인종을 얻는 것이 가능하다고 주장했다. 골턴은 세제 감면과 같은 정책적 조치를 통해 이것을 실현할 수 있다는 구체적 방안까지도 제시한 바 있다. 이렇게 본다면 우생학을 제기하던 초창기의 골턴은 이른바 포지티브 우생학 역시 상정하고 있었던 셈이다.

이 책에서는 골턴의 인종주의적 사고와 통계학에 대한 구체적인 관심도 살펴볼 수 있다. 골턴은 『유전적 천재』의 1892년판 서문에서 근대 유럽인들은 하층 인종의 사람들보다 더욱 많은 능력을 소유하고 있다고 주장했고, 특히 영국 지식인들을 최상의 인종으로 상정했다.[159] 골턴은 인종 사이에는 천부적인 정신적 능력의 차이가 있으며, 이는 백인종Caucasus과 노예의 상하관계를 표현해주는 것이라 생각했다. 당시 미국인들이 인상이나 육체적 능력의 차이 같은 표현형적 특질을 바탕으로 인종 사이의 위계와 차이를 설명한 데 반해, 골턴은 지적 능력과 관계된 정신적 특질을 상정했다는 점에서 다소 다른 양상을 보였다. 어쨌든 골턴 역시 인종주의로부터 자유로울 수 없었던 것이다. 골턴은 정신적 능력도 키나 가슴 크기와 같은 외형적 특질처럼 통계학적 방법을 통해 규명할 수 있다고 주장했다.[160]

간략히 살펴본 두 저술에서 골턴이 제기하고 구체화시킨 일부 가정들은 새로운 유전 이론이나 유전 개념의 등장, 그리고 통계학의 정착에도 불구하고 우생학 운동의 전 과정을 통해 지속적으로 영향을 미쳤다. 골턴이 당시 구체화했던 가정들은 우생학의 정치적·사회적·이념적 차원의 논의를 규정하는 데 매우 중요하다. 크게 세 가지로 정리해볼 수 있다.

첫째, 골턴은 정신적 능력도 유전의 대상임을 명확히 했다. 골턴은 과학적 방법을 동원해 인간의 능력이나 지능이 유전되며, 개체나 집단 사이에 유전적 특질의 차이가 있다고 가정했다. 나아가 골턴은 천성과 양육의 이분법적 구분을 통해 환경의 역할보다는 유전적 영향을 더 강조했다. 따라서 골턴의 우생학은 유전론적 성격이 강했던 것이다.

둘째, 골턴의 행동적인 특질의 유전에 대한 판단은 다분히 자의적이고 주관적인 차원의 것이었다. 골턴은 인간 재능과 특질의 유전 문제를 판단하는 데 구체적이고 객관적인 기준을 마련하지 못했다. 그럼에도 골턴은 사회적인 성공을 재능의 근거로 삼아 부모와 자손의 유전적 상관관계를 밝혔던 것이다. 골턴이 통계학적 방법을 도입한 것은 이러한 한계를 다소나마 극복하기 위해서였다. 따라서 골턴의 가정은 외형적 특질을 가치판단의 범주로 설정하고, 자의적인 판단을 내림으로써 왜곡된 결과를 도출하기에 충분한 것이었다. 이는 우생학 운동의 한계를 여실히 보여주는 것이었고, 자의적인 범주의 설정과 주관적인 가치판단의 문제는 우생학 운동의 지속적인 문제 가운데 하나였다.

셋째, 골턴은 인간 특질의 유전이라는 가정을 통해 정치사회적인 결론을 도출해내기도 했다. 특히 골턴은 선택적인 생식이 집단의 유전적 특질의 유전을 규정하는 가장 중요한 것이라 가정했고, 계급 사이의 우열의 차이 역시 유전에 의해 설명할 수 있다고 가정했다. 골턴은 문명화된 사회에서 생물학적 약자들과 부적자들이 자연선택에 의해 제거되는 것이 아니라 오히려 생존과 생식이 허용되고 있는 상황을 개탄했었다.[161] 따라서 골턴은 진화와 유전 과학에 기초하여 사회적 찌꺼기들을 제거하는 것 역시 우생학에 부여된 사명이라고 생각했다.

하지만 골턴이 『유전적 천재』에서 설파한 가정들과 주장들은 당시 환영받지 못했다. 우생학의 과학적 전제가 불명확했고, 특히 우생학이 제안한 현명한 결혼을 통한 선택적인 생식이라는 간섭행위는 더 큰 문제였다. 월리스는 결혼에 대한 간섭은 혐오스러운 권리 침해라며 우생학의 입장에 반대했고, 헉슬리도 이런 조치에 부정적이었다.[162] 특히 월리스는 계급 사이의 출산율 차이를 우생학적 방법으로 해결하는 것은 오히려 사회 개혁을 후퇴시킬 것이고, 우생학적 방법론은 전체주의적인 것에 불과하다는 비판을 하기도 했다.[163] 다윈은 자연선택이 사회에서도 작동하여 부적자를 제거해줄 것이라는 낙관주의적 입장을 갖고 있었다. 당시 다윈은 골턴의 주장처럼 지적 능력이 유전되고, 약자의 사회적 보호가 문명화에 장애가 된다고 생각했지만, 골턴이 제기했던 인종 개선이라는 이상주의적 계획의 실천에는 그다지 적극성을 보여주지는 않았다.

당시의 반대에도 불구하고 골턴은 자신이 상정했던 가정과 유전론적 사고를 더욱 강화시켜 나갔다. 다윈의 『인간의 유래』가 골턴의 유전론적 사고를 강화하는 데 중요한 역할을 했다. 다윈은 『인간의 유래』에서 문명화된 사회에서의 자연선택을 논하면서 계급 사이의 출산율 차이에 대한 우려, 결혼의 중요성, 그리고 장애를 가진 사회적 약자에 대한 사회적 보호가 자연선택에 장애가 된다는 언급을 했다.[164] 이런 다윈의 언급은 골턴이 현명한 결혼의 중요성을 우생학적 조치의 필요조건으로 상정한 것과 깊은 관련이 있다. 물론 인구 압력에 대한 입장에서는 다윈이 생존경쟁은 자연선택을 유도할 것이라고 본 데 반해, 골턴은 양적 차원의 인구 성장이 유발할 위험성을 강조했다.

한편 골턴은 다윈의 '범생설Hypothesis of Pangenesis'을 검토하면서 자신만의 독자적인 유전 이론을 구성해가기 시작했다. 범생설은 다윈이 자연선택에 의한 변이의 문제를 해결하는 과정에서 나온 가설이다. 당시 다윈은 신체의 세포는 제뮬gemmule이라는 입자를 생성하고, 각각의 세포는 서로 다른 제뮬을 생성한다고 보았다. 제뮬은 일종의 소형 복제물로서 신체를 구석구석 돌아다니다가 스스로 분열해서 증식하고, 적당한 환경이 주어지면 세포로 발전한다. 신체의 모든 부분에 있던 제뮬이 모여지면 이는 성적 요소를 형성하고, 이것이 다음 세대의 후손을 형성한다. 또한 다윈은 범생설에서 제뮬의 형성과 획득형질의 유전 사이의 관계를 설명하고, 자손에 전달된 일부 제뮬만이 세포로 성장한다면서 격세유전도 설명한 바 있다.[165] 다윈의 이론은 골턴의 호기심을 자극했다.[166] 당시 골턴은 피부색과 같은 특질은 혼합유전의 성격을 갖지만, 눈 색깔 같은 경우는 입자에 의해 유전된다고 생각하기 시작했다. 골턴은 유전의 단위를 입자라고 상정한 다윈의 관념을 수용하고, 토끼를 이용한 수혈실험을 통해 제뮬의 효과를 실험적으로 증명해 보이려 했다. 그러나 골턴은 다윈의 이론을 증명해내지 못했고, 다윈의 범생설에 의구심을 표하기도 했다.[167] 골턴은 이 과정에서 잠복된 형질latent traits과 발현된 형질patent traits이라는 관념을 도출해냈고, 어렴풋이나마 성체의 발현된 형질은 잠복된 형질로부터 기원하지만, 그 반대는 일어나지 않는다는 가정을 했다.[168] 이러한 골턴의 인식은 후일 요한센Wilhelm L. Johannsen(1857~1927)이 유전형적 특질genotype과 표현형적 특질phenotype을 구분한 것과 매우 유사한 것이었다.

이후 골턴은 다양한 신체의 외형적 특질은 각각의 유전적 형질로부터 기원하고, 부모와 자손 사이에는 발현된 형질이 아닌 일종의 유전 징보가 계승되는 것이라고 보았다. 그러면서도 부모의 유전적 형질 전부가 자손의 외형적 특질로 발현되는 것은 아니라고 판단했다. 당시 골턴은 부모의 유전적 형질을 제뮬의 총합 정도로 인식하고 있던 상태였다. 이후 골턴은 유전 단위로 스터프stirp라는 것을 제안했고, 이는 유전적 싹germs의 총합이며 난자나 정자에 집중되어 있다고 주장했다. 이는 매우 다양한 싹으로 이루어진 많은 개체들을 포함하고 있고, 수많은 세포는 스터프 안에 있는 독립된 싹으로부터 생성된다고 보았다. 그리고 뿌리는 몸에 있는 세포보다 훨씬 많은 싹을 포함하며 그중 일부만이 세포로 성장한다고 주장하며, 잠복된 싹latent germs만이 다음 세대로 전달된다고 주장했다. 골턴은 이것을 사회로 확장시켜 뿌리를 국가로 보고, 싹이 최상의 인간 발전을 달성할 수 있는 기본 요인이라고 보았다. 그리고 골턴은 질병의 원인을 외국인들의 뿌리 안에 있는 싹 때문이라고 상정하며 사회적 편견을 노골적으로 보여주기도 했다.[169] 어쨌든 골턴은 이와 같은 일련의 과정을 통해 획득 형질의 가능성을 거의 완전히 제거해버렸다.

사실 골턴이 부모와 자손 사이의 유전적 상관관계를 외형적으로 발현된 형질이 아니라 잠복되어 있는 형질로 가정한 것은 바이스만이 주장한 생식질 연속설과 크게 다르지 않다. 바이스만은 1889년 2월 23일 골턴에게 보낸 편지에서 "[……] 당신의 논문에서 표현한 입장은 내가 착상한 생식질 연속설의 주된 사상과 거의 유사했음에도 이전에 알지 못한 것이 아쉽다"[170]고 밝힌 바 있다. 골턴은 인종주의적 면모가 엿보이는 『영국의 과학지식인: 천성과 양육English men of Science: Their Nature and Nurture』(1874)에서 자신의 유전 이론에 근거하여 천성과 양육을 구분했다. 골턴은 "'천성nature과 양육nurture'은 인간을 구성하고 있는 수많은 요소들을 구분하는 두 갈래의 근원이다. 천성은 인간이 태어날 때부터 갖고 있는 것이고, 양육은 인간이 태어날 때 영향을 미치지 않았던 모든 영향"[171)]이라고 명확하게 개념을 규정하고 있다. 특히 골턴은 쌍둥이 연구를 통해 천성과 양육의 문제를 실험적으로 검증하려고 노력했다.

골턴은 통계학적 방법론을 이용해 자신의 유전 이론을 증명하려 했다. 특히 골턴은 가계 정보를 이용한 유전 연구가 효과적일 것으로 판단했고, 스위트피sweet pea를 대상으로 실험을 진행했다. 스위트피 씨의 무게와 크기 측정을 통해 부모와 자손의 상관관계를 파악한 골턴은 아주 재미난 결과를 얻었다. 씨의 크기 분포는 부모 세대와 동일한 양상을 보였으나, 씨의 크기 자체는 격세유전되었던 것이다.[172)] 사실 격세유전은 자연선택을 통한 점진적인 진화라는 사고와는 다소 상이한 것이기 때문에 매우 중요한 발견이다. 후일 골턴이 보였던 연속적 변이와 불연속적 변이의 혼동은 격세유전의 발견에서 비롯된 것일 수 있다. 이러한 골턴의 혼동은 우생학 내부의 치열한 지적 논쟁의 발단이 되기도 했다.

골턴은 『인간의 재능과 개발에 관한 연구Inquiries into Human Faculty and Its Development』(1883)를 출간하면서 처음으로 우생학이라는 용어를 사용하였고, 인간 능력의 유전성을 보다 강력히 주장했다. 골턴은 우생학을 바람직한 혈통이 덜 바람직한 혈통에 비해 보다 신속하게 퍼져나갈 수 있게 도모하는 과학으로 정의했다. 여기서 골턴은 사람마다 유전적 재능은 다르고, 가계와 인종 사이에도 차이가 있음을 밝히려 했다. 이것을 통해 골턴은 인간 진화의 방향을 조절하는 방법을 고민했었다.[173] 쌍둥이 연구의 결과물이기도 한 이 책에서 골턴은 우생학을 생물측정학biometrics, 심리학, 인종, 그리고 인구 등과 연관하여 설명하였다. 특히 골턴은 1885년 국제 건강 박람회를 통해 우생학적 신조를 더욱 강하게 견지해 나갔다. 당시 골턴은 인체 측정 부스를 개설하고, 다양한 방법으로 9,337명에 달하는 개인들의 신체적 특징을 조사했다. 특히 골턴은 외형적으로 측정할 수 있는 신체 기관 사이의 상관관계에 관심을 가졌다. 이를테면 머리 너비와 폭 또는 머리 길이와 키 사이의 상관관계를 실험적으로 파악해보려 했다. 마치 골상학phrenology을 연상시키는 부분이다.[174] 골턴은 수집된 자료를 바탕으로 격세유전이 인간에서도 발현된다는 것을 설명할 수 있었지만, 자의적이고 임의적인 선택 기준에 의한 것이기 때문에 한계가 있을 수 있다.

1889년 출간된 『천성적 유전Natural Inheritance』은 골턴의 이력에서 가장 영향력 있는 과학 저작 중 하나이다. 골턴은 『천성적 유전』의 첫 문장에서 "지금까지 유전과학에 기초하여 내가 관심을 가져왔던 문제들과 그 문제들을 통해 고민했던 다양한 기술적 메모들을 출간한 것이고, [……] 이 책은 지금까지와는 다른 훨씬 더 중요한 결과물들을 포함하고 있고, 새로운 방법도 포함되어 있다."[175]고 밝히고 있다. 따라서 이 책은 그동안의 연구를 정리하는 성격의 것이라는 점에서도 중요하고, 자신의 유전 이론과 통계학적 방법론(도수분포와 정상변이)을 구체적으로 연결했다는 측면에서 중요하다.[176] 또한 이 책에서 골턴은 격세유전에 대해 자세히 거론하면서 연속적 변이와 불연속적 변이의 문제도 다루고 있다.[177] 후일 이는 피어슨K. Pearson (1857~1936) 계열의 생물측정학 옹호자들과 베이트슨W. Bateson

(1861~1926)을 위시한 멘델주의자 사이의 치열한 지적 논쟁거리를 제공하였다는 점에서도 주목할 만하다.

이후 골턴의 유전론적 우생학은 바이스만의 생식질 연속설에 의해 과학적인 정당성을 확보하기 시작했다. 당시 통계학적 방법을 이용해 유전 이론을 설명했던 골턴의 주장에 대해 회의적인 시각도 있었다. 관성적으로 라마르크주의적 유전을 믿고 있던 사람들은 골턴의 우생학이 인위적 형태의 인간 육성계획이라는 점에서 충격을 받기도 했다. 이러한 회의적인 시각을 상쇄하는 데 결정적인 영향을 끼쳤던 것이 바로 바이스만August Weismann(1834~1914)의 생식질 연속설이었다. 당시 바이스만은 생식세포의 기원 연구에 매달리고 있었고, 이 과정에서 생식질이라는 관념을 도출해냈다. 그가 상정한 생식질이라는 개념은 골턴의 이론과 매우 유사한 것이었고, 이는 환경과는 무관한 것이었다. 이 이론에 의하면 획득형질은 유전되지 않고, 유전 과정에서 발생하는 변이는 내부적 유전 과정의 결과이며, 생식질만이 세대를 통해 유전된다. 바이스만의 이론은 라마르크주의에 대한 부정이었고, 당시의 많은 생물학자들에게 열정적으로 수용되었다. 바이스만의 이론은 우생학자들이 환경적 개혁은 인간의 타고난 특질을 변경할 수 없다는 결론을 도출하는 데 도움을 주었다. 간단히 말해, 바이스만주의는 생물학 내부의 유전론적 경향을 강화시켰고, 자연선택의 중요성을 강조함으로써 오랫동안 인간의 신체적·행동적 특질과 환경 사이의 상호 관련을 부정하는 근거로 사용되었다.[178] 이러한 바이스만의 이론이 등장함으로써 우생학은 더 객관적인 과학으로 인식되기 시작했다.

골턴 자신의 생물측정학도 우생학에 대한 부정적인 인식을 제거하는 데 기여했다. 골턴은 다윈이 말했던 것처럼 진화와 유전이 소규모적이고 연속적인 변이로 설명될 수 있다고 확신했고, 이것을 수학적인 통계학적 방법에 의해 규명함으로써 자신의 주장이 과학적 근거가 있는 것임을 밝히려 했다. 골턴은 개체 사이의 유사성이 갖는 상관관계를 수치화하기 위해 노력했다.[179] 이러한 노력의 결과 생물측정학이라는 과학적 방법론이 창안되었고, 이를 통해 자신의 우생학적 주장이 과학적 차원의 논의일 뿐만 아니라 통계 자료에 입각한 객관성까지 담고 있다는 사실을 부각시킴으로써 자신의 이론을 정당화할 수 있었다. 피어슨은 골턴이 제시한 통계학적 방법을 이용해 인간 특질의 분석을 시도했고, 이를 통해 인간 형질의 개선 전망을 밝히기도 했다. 후일 생물측정학은 집단유전학의 기원이 되기도 했다. 그러나 유전학의 미래는 멘델주의의 것이었다. 멘델주의는 진화와 유전을 둘러싼 생물학자들의 오래된 딜레마를 해결해주었고, 식물이나 동물, 인간마저도 간단한 수학적 비율로 설명할 수 있다는 희망을 주었다. 1900년 이후 생물측정학과 멘델주의는 우생학 내부에서 치열한 지적 논쟁의 주요한 대상이 되었다.

바이스만의 생식질 연속설의 등장으로 유전론적 우생학이 발전의 모티브를 얻은 것과 함께 세기 전환기에 영국이 처했던 이른바 국가효율의 위기라는 문제도 우생학이 과학적 담론의 영역을 넘어 사회적 실천의 장으로 발전해가는 중요한 계기로 작용했다. 앞서 살펴본 바와 같이 이미 1880년대부터 제기된 사회문제 중 가장 중요한 문제는 빈곤과 실업, 그리고 육체적 퇴화의 문제였다. 도시의 빈곤과 실업은 육체적 퇴화와 맞물려 국가적 효율과 건강성을 약화시킨다는 주장이 제기되기도 했다. 1880년대 이후 노동계급과 빈곤층에 대한 우려가 점증하면서 빈곤 퇴치를 위한 윤리적이고 도적적인 차원의 정서적 공감대가 형성되기 시작했다.

이러한 상황에서 보어전쟁에서의 패배가 불러온 대중적 위기의식은 열등한 인종적 질에 대한 대중의 관심을 증폭시켰고, 피어슨이 제시한 당시 군대에 지원했던 노동계급의 열등한 질적 특이성에 대한 실증적 자료는 이러한 분위기를 한층 더 가속화시켰다. 특히 인구 관련 연구들은 출산율과 사회경제적 지위 사이에 일련의 역관계가 존재하며, 이는 인종적·국민적 퇴화의 원인이 될 수 있다는 정서를 부추겼다.[180] 당시 영국의 주요 신문과 잡지에는 국민의 퇴화를 우려하는 논설이 게재되는 등 여론이 들끓기 시작했다. 실증적 자료에 의해 밝혀진 바에 따르면 군입대 지원자의 상당수가 신체검사에서 불합격 판정을 받았고, 징고이즘Jingoism의 물결 속에서 군복무를 할 수 없을 만큼 허약한 국민의 신체는 영제국의 존망을 위협하는 현상으로 받아들여졌으며, 영국민의 건강, 특히 병사를 공급하는 하층계급의 건강 상태가 심각한 위험에 처해 있다는 불안이 확산되었다.[181] 문제는 하층계급의 출산율이 중산계급의 그것보다 상대적으로 높다는 사실이었다.

이미 19세기 후반기부터 사회문제로 대두하기 시작한 빈곤과 실업이라는 산업화의 위기 상황 속에서 많은 개혁가들은 빈곤층의 무능력을 유전적 요인으로 설명하고 있었던 터였다. 뿐만 아니라 수용시설에 격리되어 있던 정신이상자들과 정신박약자들로 인한 전문직 계급의 세금 부담에 대한 불만의 목소리가 높아가던 추세였기도 하다. 따라서 산업화의 위기가 불러온 중산계급의 불만과 보어전쟁에서의 패배라는 국가적 위기는 나약한 형질을 가진 빈곤계층 때문이라는 주장이 설득력을 얻을 수 있었다.

이와 같은 국가적 위기의식은 정부의 책임성을 강화하기 시작했다. 구빈법Metropolitan Poor Act(1867)의 제정 이후, 저능아법Idiots Act(1886)이 제정되어 사회적 정신적 장애가 될 여지가 있는 사람들에 대한 광범위한 제도적 조치가 마련되었다. 치우imbeciles, 백치idiots, 정신이상, 정신박약 등 실제로 광범위한 정신적·육체적 장애가 체계적인 차원에서 분류되기 시작했다. 법적 장치의 마련과 함께 제도적 차원에서도 육체적 퇴화의 문제를 해결하려는 움직임이 나타났고, 이는 수용시설의 제도화로 이어져 대중에게 상당한 공감대를 얻었다. 당시 대중은 체계적으로 분류된 정신적·육체적 장애자들이 공동체의 이익에 부합하지 않으며, 따라서 이들은 특별 치료의 대상이라는 인식이 사회적으로 공감대를 얻고 있었다. 이러한 사회적 정서는 신체적 장애뿐만 아니라 사회적 범죄 역시 유전적 기초에 의한 것이라는 주장이 설득력을 얻으면서 감옥과 수용소 같은 공공 수용시설들이 확대되었다. 하지만 그 이면에는 제도적 시설의 확대가 불러온 비용 부담의 증가 문제도 도사리고 있었다. 이는 수감시설의 피수용자에 대한 치료를 무익하고 회의적인 문제로 보는 중요한 이유가 되었다.[182]

우생학이 사회적 공감대를 얻고 확대될 수 있었던 또 하나의 이유는 19세기 말에 과학이 제도화되기 시작하면서 과학자가 전문직업의 하나로 정착되었기 때문이다. 과학은 대학에서 확고한 위치를 점하기 시작했고, 우생학의 인접 분야인 생물학과 의학이 과학적 훈련을 받은 전문 과학자들에 의해 연구됨으로써 우생학은 더 확실한 제도적 기반 위에서 발전할 수 있었다. 이제 과학자는 전문직 중산계급으로서의 사회적 지위와 권위를 더 확대할 수 있는 제도적 기반을 얻게 된 것이다.

이와 같은 여러 요인들이 어우러지면서 우생학은 광범위한 대중적 여론과 연결고리를 갖는 사회적 운동으로 발전할 수 있었다. 이런 상황에 1900년 멘델의 법칙이 재발견되자 우생학의 사회적 침투는 더욱 가속화되었다. 우생학자들은 본격적으로 멘델주의 유전학을 인간의 유전 문제에 적용하기 시작했고, 우생학은 과학적 담론의 영역을 넘어서 사회적 실천의 장으로까지 영향력을 확장해갔다. 우생학자들은 유전자가 인간의 신체적 특성을 결정한다고 주장했으며, 행동적 특성까지도 결정한다고 믿었다. 우생학은 멘델의 법칙을 기초로 좋은 유전자와 나쁜 유전자를 구별하고, 유전자의 전달을 선별적으로 증감하는 것을 목표로 삼았다. 결과적으로 다윈에서 멘델로 이어지는 일련의 유전 이론의 발전은 생물학에 기댄 권위주의적 집단주의를 창출하는 데 중요한 기여를 했다.

이제 영국 사회는 환경적 개선의 중요성보다는 유전의 중요성, 즉 유전자에 의한 사회적 선택을 강조하는 국면으로 전환되기 시작하였다. 영국인들은 생물학적 전망의 포로가 된 것이다. 세포가 생물체에 속해 있듯이 개인은 사회—국가, 국민, 민족 등—에 속해 있으며, 따라서 개인의 삶은 사회나 국가, 민족과 같은 집단의 삶이나 생존을 위해 필요한 요구에 예속될 수밖에 없다는 유기체론적 전망 속에 갇히게 되었다.

우생학이란 용어는 1904년 5월 16일에 있었던 제1회 영국 사회학회에서 「우생학: 정의, 전망, 목적Eugenics: Its Definition, Scope, and Aims」이란 강연을 통해 널리 대중화되었다.[183] 골턴 자신도 우생학을 대중화하기 위해 많은 노력을 했다. 골턴은 자신의 사상을 전파하기 위해 강연을 하기도 하고,[184] 사재를 털어 최초로 우생학 연구 기금을 조성했으며, 이를 통해 런던의 유니버시티 콜리지University College에 우생학 기록 사무국Eugenics Records Office을 창설했다(1904). 1907년 이것이 국가 우생학을 위한 골턴 연구소Francis Galton Laboratory for National Eugenics(1907~1945)[185]로 전환되어 피어슨이 책임자가 되었다. 또한 1907년 런던에서 우생학교육협회Eugenics Education Society가 설립되어 활발한 대중운동 차원으로 발전하기 시작했고, 1908년에는 골턴이 우생학교육협회의 명예회장으로 추대되었다.[186]

우생학은 전체적인 인간종의 질을 개선하는 영향력 있는 수단으로서 선택적인 생식 방법에 대한 견고한 믿음, 성인의 육체적, 생리적, 그리고 정신적 특질을 유전이 직접적으로 규정한다는 강력한 확신, 인종이나 민족 그리고 계급 사이에 우열이 존재한다는 고유한 신념, 다양한 형태의 정신질환과 사회적 문제를 해결하는 데 과학이 필요하다는 신뢰 등 다양한 이데올로기적이고 사회운동화된 형태로 20세기 전반의 서구 세계를 휩쓸게 되었다. 골턴의 우생학은 1920년대에 이르면 영국에서 전 세계로 확산되어 과학의 외피를 쓴 사회개혁운동의 일환으로 각광을 받게 된다. 이는 골턴의 우생학에 대한 정의가 매우 포괄적인 것이었기에 가능한 것이었다.

골턴은 자신의 인생 마지막 해에 소설 한 편을 썼다. 이 소설은 우생학적 유토피아에 대한 자신의 견해를 밝힌 글이다. 이곳에 사는 사람들은 반드시 유전적으로 면밀한 검사를 받아야 했다. 사회적 실패자들은 열등한 유전적 물질을 가지고 있는 것이고, 이들은 조건이 좋

지 않고 독신이 강제된 노동 식민지로 격리되었다. 2류 계급 증명을
받은 사람들은 조건부로 생식이 허가되었다. 최고 등급을 받은 사람
들은 우생학 콜리지Eugenics College에서 명예 시험을 치르고, 육체
적으로나 정신적으로나 유전적 재능을 인정하는 졸업증서를 받았다.
이런 엘리트들은 그들만의 결혼이 허용되었다.[187] 이처럼 골턴이 꿈
꿨던 유전적 적자들만의 우생학 유토피아eugenic Utopia가 지금, 여
기 우리 앞에 현실로 다가서 있다.


## (4) 우생학의 다양한 실천

골턴에 의해 제기된 우생학 프로젝트는 이후 영국 사회의 주도적
인 담론의 하나로 기능하며 사회적 실천 프로그램으로 발전하게 된
다. 우생학은 인간 유전의 과학이라는 외피를 두른 채 명확한 프로그
램을 설정하여, 인간 집단의 바람직하거나 그렇지 않은 특질의 유전
적 성격을 탐구하고, 개개인의 변이성 또는 개개인의 분류를 목적으
로 삼는 활동을 전개했다. 정신적 능력, 도덕적 특질, 정신이상, 범죄
성, 일반적인 신체적 퇴화 등은 생물측정학이나 멘델주의적 방법에
의해 연구되었다. 정치적·사회적 측면에서 우생학자들의 임무는 과
학적 결과물을 대중화하고, 적자의 출산은 장려하고 부적자의 출산
은 제한하는 체계를 논의하며, 일반적인 견지에서 유전학의 정치사
회적 중요성을 환기시키는 것이었다. 과학 프로그램으로서 그리고
정치적 프로그램으로서 우생학에 대한 평가는 단순히 우생학교육협
회의 양적 크기로만 판단할 수는 없을 것이다. 협회는 크기는 작았지

만 질적으로는 당시 유력한 영국의 모든 학자들과 사상가들이 참여했을 정도로 대단한 것이었다.[188] 물론 골턴의 우생학이 다윈의 진화론처럼 다양한 이념적 스펙트럼을 갖는 정치가들에 의해 남용될 것을 예견했던 것은 아니었다. 당시 다양한 배경을 갖는 협회 구성원들의 면면은 영국 우생학 운동의 상대적인 응집력의 취약성을 보여주는 것이기도 했다. 다른 나라들에 비해 균질적이지 못한 영국 우생학 내부의 다양한 담론들은 때로는 효과적인 우생학 실천 활동의 장애로 작용했다.

영국의 우생학 운동은 다양한 이해관계를 갖는 세력에 의해 다양한 모습으로 전개되었는데, 전성기의 우생학에는 당대의 주도적인 과학자들 대부분이 직·간접적으로 참여하기도 했다. 우생학은 다양한 이념적 스펙트럼을 보이기도 했다. 다양한 세력과 방법론에도 불구하고 이들은 인간 유전의 중요성과 정신적 퇴화자들의 제거라는 이상을 통해 우생학이라는 깃발 아래 뭉칠 수 있었다. 다른 측면에서 보면 이것이 우생학의 강점이었을 수도 있다. 이념적 지향에 관계없이 많은 사람들이 우생학에 경도되었을 만큼 우생학은 정치적으로 유연한 생물학 이론이었던 것이다. 결국 우생학은 과학적 취약성의 문제와는 관계없이 정치적 유연성을 확보하며 당시 사회적 문제의 해결책으로 제시되었다. 이렇게 본다면 우생학은 그것의 과학적 함의와 정치사회적 함의를 동시에 다루어야 할 주세라고 볼 수 있다.

대부분의 우생학자들은 우생학을 매우 실천적 과학이라고 생각하며, 과학의 사회적 역할을 긍정하고 있었다. 그들에게 우생학은 인간을 구원할 과학이었지만, 구체적으로 유전 메커니즘이 어떻게 작동하고, 유전 물질은 무엇인지에 대해서는 제대로 알지 못했다. 결국 그들에게 중요했던 것은 우생학이 설파하고 있었던 인간 형질의 유전성이라는 신념이었다. 이것이 다양한 배경을 갖는 우생학자들을 하나로 묶어준 이유였다. 이들에게 유전은 일종의 숙명과도 같은 것이었고, 이러한 사고를 토대로 우생학자들은 결핵, 알코올중독, 영국 인구의 퇴화, 그리고 계급별 출산율 차이 등 다양한 사회문제를 유전론적 방식으로 해결하려고 했던 것이다.

앞서 살펴본 대로 영국에서 우생학이 대중화되는 중요한 계기를 이루었던 사건은 보어전쟁이었다. 당시 영국 정부는 보어전쟁에서의 패배로 곤란에 빠져 있었고, 이는 국민적 퇴화라는 대중적 위기의식을 부채질하기에 충분했었다. 보어전쟁은 영국군에 지원한 가난한 사람들의 육체적 허약을 폭로하는 계기가 되었고, 이는 영국 사회에서 사회위생social hygiene이 관심을 끌게 되는 계기가 되었다. 사람들은 영국의 제국적 위대함이 도시 산업근로자들의 열악한 육체적 허약으로 인해 위협받는다고 생각했다. 영국이 다른 주요한 적들보다 경제적 · 정치적으로 우월해야 한다고 믿는 국가적 효율의 지지자들은 사회 개혁을 어떠한 형태로든 요구하게 되었다.[189]

이에 영국 정부는 대중적 위기감의 확산을 막기 위해 '육체적 퇴화에 관한 조사 위원회Interdepartment Committee on Physical Deterioration'(1903)를 구성했다. 이 위원회는 국민 건강의 악화 및 출산율 저하의 원인을 둘러싸고 환경론과 유전론이 대립하는 토론장이 되었다. 이후 우생학 관련 단체들이 속속 등장하기 시작했고, 1907년에 우생학교육협회가 설립되면서 우생학은 사회운동으로서의 면모를 갖추기 시작했다.

우생학교육협회는 우생학의 성장과 쇠퇴와 그 역사를 같이했다고 해도 과언이 아니다. 당시 우생학교육협회의 구성원은 대부분이 전문직 중산계급 출신이었고, 그 가운데 절반은 여성이었다. 사실 양적인 차원에서 본다면 최대 700명밖에 되지 않는 협회의 실상은 그다지 주목할 만한 것이 못된다. 그러나 구성원의 면면을 본다면 이러한 판단은 매우 적절하지 못한 것이라고 할 수 있다. 협회의 성원 속에는 다양한 사회적 명망가를 비롯해 사회학자, 생물학자 등의 학자 그룹, 페이비언이나 페미니스트 등 사회개혁가 집단 등이 망라되어 있었다.[190] 이들은 유전성의 사고를 기초로 공동체 전체의 집단적 이익과 능력주의 사회를 갈망했다는 공통점을 가지고 있다. 집단주의적 생존경쟁에 의한 최적자 집단의 생존이라는 논리적 연쇄를 발견할 수 있는 부분이다. 바로 우생학의 최대 흠결 중 하나가 바로 개체의 중요성보다 집단의 우월성을 강조했다는 것이었다. 이제 공동체 전체에 위협이 되는 이른바 사회적 질병의 보균체로 간주된 존재들은 개인의 자율성을 보장받지 못했고, 오로지 선택과 배제의 논리에 기초한 과학적 통제와 정치사회적 차별의 객관화된 대상으로서만 인식되기 시작했다.

우생학교육협회의 목적은 우생학의 과학적 담론을 대중화하는 것이었다. 따라서 이들은 과학적 차원의 유전 논의나 진화의 방식에는 관심이 없었고, 이러한 상황은 우생학 운동의 말기까지 지속되었다. 우생학적 수사를 바탕으로 우생학교육협회는 다양한 사회적 실천을 벌였다. 이 협회는 순회강연, 팸플릿 제작, 도서나 문서들, 그리고 영화 등을 통해 우생학 담론을 대중에게 전파했고, 다양한 전시회나 박람회에서 우생학 관련 자료들을 전시하기도 했다.[191]

우생학교육협회가 대중운동을 전개하기 이전부터 특수 교육 부문에서 일련의 우생학적 실천이 전개되었다. 일부 우생학자들은 정신박약자, 청각장애인, 벙어리, 시각장애인들의 교육 문제에 관심을 가지며, 이들을 격리된 특수학교에서 독립적으로 교육시킬 것을 주장했다. 이미 1893년 제정된 '초등 교육법Elementary Education Act'에서 시청각 장애 아동들을 정부에서 운영하는 특수학교나 사설 기관에서 교육하도록 명문화했고, 1902년의 '교육법Education Act'에서는 시청각 장애자를 위한 특수교육이 대학에까지 확대될 정도였다. 그런데 문제는 우생학자들이 매우 자의적인 판단에 의거해 다양한 신체적·정신적 장애자들을 특수 교육기관에 격리할 것을 주장하고 나섰다는 사실이다.[192] 이처럼 자의적인 판단에 근거하여 우생학자들이 특수학교에서의 장애 아동 교육을 통해 현실적으로 이들을 사회로부터의 격리시키는 결과를 도출했다는 점에서 장애 아동 대상의 특수교육은 네거티브 우생학의 일면이 엿보인다고 할 수 있다. 장애 아동에 대한 격리된 시설에서의 특수교육은 제2차 세계대전 발발 직전까지 지속되었다. 선택과 제거라는 우생학의 기본 원리가 충실하게 이루어진 것이다.

영국에서 가장 성공한 우생학적 실천운동은 정신박약자the feebleminded 문제를 제도적으로 정착시킨 일이었다. 19세기 말을 지나면서 증폭된 인종적 퇴화와 그로 인한 사회적 위기의식의 증대는 영국 정부가 영국 인종에 대한 지적·신체적 조건에 관심을 갖도록 부추겼고, 이는 1903년 '육체적 퇴화에 관한 조사 위원회'의 설립으로 발전했다. 이 위원회는 1904~1906년 사이 도시 빈곤자들의 건강 상태를 대대적으로 조사하여, 1908년 '정신박약자의 통제와 치료를 위한 왕립 위원회Royal Commission on the Care and Control of the

Feebleminded'(1908)에 보고했고, 이는 큰 대중적 공감대를 형성하며 '정신 결함법Mental Deficiency Act'(1913)의 제정으로 이어졌다.[193] 이 법의 제정이 갖는 중요성은 정부 당국이 일련의 우생학적 실천 과정에 관심을 보였다는 사실이다. 그런데 이것은 우생론자들의 대중적 활동을 통해 영국에서 유일하게 제정된 처음이자 마지막인 우생학적 법이었다. 이처럼 정신박약자 처리 문제에서 보여주었던 정부 당국의 우생학에 대한 관심은 협회가 산아제한운동을 전개하는 토양으로 작용하기도 했다. 물론 미국이나 독일과 달리 영국의 우생학 운동은 대부분 민간단체의 주도로 진행되었기 때문에 사회적 영향 면에서 볼 때 영국의 우생학 운동은 미국이나 독일에 비해 상대적으로 미미할 수밖에 없었다.

당시 영국에서의 불임법 제정 운동은 우생학교육협회의 대중적 활동과 로비를 통해 전개되었으나 실패했다. 영국에서 1931년 7월 21일 의회에 '자발적 단종 법안Voluntary Sterilization Bill'이 제출될 수 있었던 것은 정신박약을 의료의 관리 아래 두고 효과적으로 감소시키려는 의료 전문가들의 의욕에 우생협회의 적극적인 선전활동이 가세한 결과였다. 그러나 투표 결과 노동당 위원들의 반대에 부딪쳐 167대 89로 부결되고 결국 법제화에는 이르지 못했다.[194]

이미 1910년대부터 우생학교육협회는 사회경제적 비용 문제나 산업의 합리화 문제와 연관하여 불임 필요성을 제기한 바 있다. 이러한 꾸준한 노력에도 불구하고 영국에서 불임법이 제정되지 못했던 여러 이유가 있다. 당시 우생론자들이 주장했던 정신박약의 유전성 문제는 의료 전문가 내부에서 광범위한 동의를 얻지 못했다. 영국의 의사협회는 불임에 대한 공식적 지지를 천명하지 않았고, 경제적 비용

지출의 이유로 치료를 포기하는 것은 책임 회피라는 비난도 일고 있었다. 더군다나 협회는 노동자계급의 하층부를 겨냥한 계급 차별 입법이라는 노동당의 비난을 잠재우지 못했다. 노동당은 사회문제 집단과 하층 노동자를 동일시하는 우생학을 비난했다. 협회가 애써 불임의 자발성을 강조하더라도 실시 과정에서 강제성을 가질 위험성이 농후하다는 혐의와 비난을 면하기는 어려웠다. 영국의 엘리트 충원 시스템은 마치 사회적 지위가 세습되는 것처럼 보일 정도로 불평등이 구조화되어 있었다. 따라서 우생학이 주장하는 것처럼 개인의 지적 능력이나 사회적 가치가 유전되는 것처럼 보일 수 있는 토양이 존재했음을 부정할 수 없다. 그러나 이러한 구조적 불평등은 개인의 자유를 보호하는 법률적 장치와 유연한 의회민주주의에 의해 상쇄되고 있었음을 잊어서는 안 될 것이다. 1930년대 중반 이러한 미묘한 균형이 1918년 이후 대중민주주의의 대두라는 변화 속에서 방향타를 잡고 실업자 3백만이라는 사회적 긴장을 헤쳐나가고 있었다. 불임법이 제정되려면 이런 정치적 균형을 깨뜨려야 하는데 이는 가능하지 않았다.[195] 그러나 실제로는 우생학적인 이유로 불임수술이 행해지고 있었다.

사실 산아제한운동의 성과는 운동 주체 측의 기대에 못 미치는 소극적이고 불완전한 것이었다고는 하지만 산아제한에 대한 보건부의 긍정적 반응은 국가와 의료 전문가가 주도하는 가족계획 정책으로 이행하는 계기가 되었다. 산아제한을 우생 정책으로 이용하기 위해서는 국가정책으로의 진입이 필요했다. 따라서 협회는 피임 지식의 보급과 피임약의 개발을 위해 민간 산아제한 단체와 협력하는 한편 불임법 제정을 위한 캠페인을 추진해나가게 되었다.[196] 1880년대부터 본격화된 산아제한운동은 적극적인 피임을 강조했던 신맬서스주의 Neo-Malthusian와 우생학을 기초로, 심신장애가 있는 인간의 불임을 의무화하고, 빈곤층의 출생률은 억제하며, 우수한 사람에게는 출산을 권장하는 반면에 열등한 사람에게는 피임을 강제하는 활동을 전개했다. 자율적인 모성 선택권을 중요하게 생각했던 일부 신맬서스주의적 페미니스트들은 우생학의 우수종족 재생산 이론을 수용하여 여성들이 자신의 몸에 대한 통제권과 출산에 대한 자율권을 보장받아야 한다고까지 주장했다.[197] 이러한 논리에 기초해 협회는 의료 전문가들과 합세하여 불임법 제정 운동을 펼쳤으나, 정신박약자를 대상으로 하는 '자발적 불임 법안'은 법제화로 이어지지 못했다. 뒤에서 살펴보겠지만, 미국이나 독일의 경우, 불임법의 제정은 공공이익의 실현이라는 명분으로 주정부나 국가 차원에서 이루어졌기 때문에 처음부터 강제적인 차원의 불임 시술로 발전할 개연성이 컸다. 반면 영국은 우생학 운동의 초창기부터 강제적인 불임에 대해서는 매우 부정적이었고, 불임법 제정 운동이 실패함으로써 두 나라에서 볼 수 있었던 강제적인 우생학적 불임 시술은 발생하지 않았다.

비록 자발적 불임 법안의 제정은 수포로 돌아갔지만, 산아제한운동은 우생학이 모성주의적 담론과도 연결될 수 있음을 보여주는 계기가 되었다. 당시 골턴 우생학의 목적은 뛰어난 재능을 가진 우수한 개체로 하여금 생식에 성공하여 자손을 남기게 하는 것이었다. 따라서 우생학의 논리 구조상 적자의 생산과 양육을 담당하는 모성이 중요하지 않을 수 없다. 모성주의적 우생학은 출산과 육아를 사회에 대한 공헌, 종을 위한 공헌이라고 찬양하며 여성의 존재 가치에 대한 적극적인 평가가 될 수 있다. 하지만 이는 여성을 모성의 역할에 가

두는 양날을 지닌 칼이었을 수도 있다. 생물학적 성별 분업론에서 벗어나지 못하는 우생학의 논리로 기존의 전통과 관습에 도전하는 것에는 명백한 한계가 존재했기 때문이다.[198] 이런 점에서 우생학과 결부된 산아제한운동은 여성의 권익 실현과는 거리가 멀어 보인다. 산아제한운동의 주요 대상이 남성이 아니라 여성이었고, 여성의 출산 자율권은 오히려 여성의 불임 시술을 당연시하는 결과를 낳았으며, 산아제한을 위한 피임은 여성들의 성적 욕구를 정당화하기 위한 부도덕하고 음란한 행위로 인식되었다.[199] 골턴 역시 여성의 사회적 역할이나 유전에의 기여도는 철저하게 무시하는 경향을 보였다는 점에서도 우생학적 논리가 침윤된 산아제한운동은 여성 권익 실현을 위한 실천이 되기에는 한계가 있었다.[200]

우생학에 내재한 선택과 제거의 논리는 환경론적 입장에서 사회개혁을 설파했던 세력들에서도 발견된다. 대개 우생학과 환경론적 입장의 공중보건운동은 서로 조응할 수 없는 것으로 생각하지만, 양자는 오히려 협조적인 측면이 많았다.[201] 앞서 우생학 내부에서는 생물측정학과 멘델주의가 상호 경쟁하고 있었고, 적어도 제1차 세계대전 이전까지 라마르크주의적 환경론이 제공하는 레토릭은 여전히 상당한 영향력을 갖고 있었다. 더욱이 협회의 구성원들과 공중보건운동의 주도 세력은 대부분 전문직 중산계급들로서 하층계급에 대한 연민과 동정을 가지면서도, 빈곤자들을 멸시하는 계급적 편견을 동시에 갖고 있었다. 따라서 이들은 장래 영국 인종의 인종적 질을 개선하거나 보완할 필요가 있다는 의식을 쉽게 공유할 수 있었다.[202] 더구나 유전학이 미처 정립되기 이전에 유전과 환경의 개념은 매우 모호하고 혼동된 개념이었고, 우생학을 창안한 골턴 역시 유전의 중요성을 강조하면서도 교육 또는 환경적 조건을 무시하지 않았다는 점을 상기해본다면,[203] 유전주의적 우생학과 환경주의적 공중보건을 명확하게 구분하는 것은 무리이다. 따라서 주택 개선, 위생 개혁, 영양 공급, 유아 보호, 정신건강 등 포괄적인 사회적 보건 프로그램을 개진했던 공중보건운동의 기본적 전제는 우생학과 별반 다르지 않았고, 우생론자들의 실천도 포괄적인 사회위생의 차원에서 이해될 수 있는 측면이 있었다.

예를 들어 페이비언이면서 우생론자였던 살리비Caleb Williams Saleeby(1878~1940)는 공중보건의 차원에서 예방 우생학preventive eugenics을 주장하며, 결핵, 매독, 납중독, 알코올중독 같은 인종적 독소를 미연에 방지하기 위해서는 환경적(양육적) 개선도 중요함을 역설한 바 있다.[204] 이는 살리비가 인간 개선이나 건강 문제에 있어서 유전과 환경(양육)이 상호 의존적으로 작용한다고 생각했기 때문에 가능한 주장이었다. 우생학이 건강한 종의 재생을 목표로 한다는 점에서 살리비의 주장은 지극히 당연해 보인다. 살리비는 이러한 주장을 토대로 우생학과 공중보건의 확대를 위한 복지 정책의 강화를 주장했으나, 유전론적 우생학자들의 반대로 큰 반향을 일으키지는 못했다. 살리비는 우생학교육협회에서 비주류였던 것이다.[205] 결국 살리비는 1910년경 우생학교육협회를 탈퇴했고, 이후 라마르크주의적 우생학은 멘델주의적 우생학이 주류인 상황에서 여전히 비주류로 기능할 수밖에 없었다.[206] 살리비의 주장에서 특기할 만한 사실은 이미 태어난 자를 놓고 적자와 부적자로 가르는 것은 도덕적으로 문제가 있기 때문에 차라리 우생학이 과학적 지식을 이용해 건강하지 못한 아이가 태어나지 않게 하는 것에 관심을 두는 것이 옳은 태도라 주장한 점이다.[207] 사실 이는 일면 최근의 착상전 유전자 검사를 통한 부적격 배아의 폐기를 연상시킨다.

이렇듯 우생학의 종주국이라 할 수 있는 영국에서도 환경론을 강조하고, 더 온건한 형태로 전개된 우생학의 양상이 분명히 있었다. 다만 골턴이 우생학을 탄생시킬 때 갖고 있었던 기본적인 신념에는 계급적·인종적 편견이 침윤되어 있었고, 이러한 편견이 멘델주의의 도래와 함께 강화되어 우생학의 본질적인 측면으로 작용했던 것이었다. 따라서 우생학은 유전론과 결부된 계급적이고 인종적인 편견을 대중적으로 설파한 측면이 강했다. 즉, 영국 사회에서 전개된 다양한 형태와 내용을 갖는 우생학적 실천은 기본적으로 중산계급의 계급적 성향의 반영에 불과한 것이었다. 19세기 중반 영국의 중산계급은 위로는 전통적인 귀족 세력, 아래로는 조직화되는 노동계급 사이에서 자신들의 사회적 기반을 보다 공고히 할 필요성을 절감하고 있었다. 특히 전문직 중산계급은 급속도로 성장하며 조직화되는 하층계급이나 정신박약자들의 출산율 증가가 자신들의 이해관계에 치명적일 수 있다는 판단을 했고, 이러한 판단은 우생학 운동의 뿌리가 되었다. 따라서 우생학 운동은 당시 다양한 직업군의 중산계급이 공유하고 있던 사회적 열망을 표현한 많은 운동들 가운데 하나였던 것이다.[208]

이러한 중산계급의 의식을 반영했던 영국의 우생학 운동은 다른 나라들과 마찬가지로 인종적 차별의식과도 관련을 맺고 있었다. 다윈의 생존경쟁과 최적자생존이란 문구와 연결된 우생학적 사고는 인종 사이에도 적용되었고, 이는 인위적인 분류에 의한 자의적인 판단에 의거해 인종 사이의 위계를 정당화했다. 기본적으로 우생론자들은 열등한 인종은 사회적 제도의 영향보다는 원래 선천적으로 열등하게 태어난다고 생각했고, 이러한 바람직하지 않은 혈통은 제거되어야만 하는 것이었다. 많은 우생학자들은 백인종을 최상위에 위치시키고, 백인종 가운데에서도 앵글로색슨과 게르만족이 다른 인종보다 우월하다는 논리를 전개하기도 했다. 이와 같은 우생론자들의 인종주의적 사고는 이민을 제한하는 '외국인법Aliens Act'(1905)으로 발전하기도 했다. 당시 영국은 미국처럼 주요 도시에 이민자들이 그렇게 많지 않았지만, 1890년대 일시적으로 동유럽으로부터 이민 온 유대인들이 노동자들 사이에 위기를 고조시키면서 반유대주의가 일어났던 적이 있었다. 이는 실업 문제 때문이었고, 이것이 이민 제한으로 발전했던 것이다.[209] 사실 영국 우생학에서의 계급 담론은 쉽게 인종적 차원으로 발전할 수 있었다. 사회적 계급이 차별화된 사회적 가치를 가지는 것처럼 인종도 동일한 것이었고, 이러한 사고는 영국 우생학 운동의 지속적인 특징이었다.

사실 골턴은 처음부터 인종과 우생학의 관계를 논했다. 골턴은 인종의 역사에 대한 이해를 통해서 우생학적 신조의 필요성을 개진했던 측면도 있다. 골턴의 인종적 사상이 형성되는 데는 1850~1852년 사이 남서아프리카를 여행했던 경험이 무엇보다 중요했다.[210] 이때의 경험은 골턴에게 인종 사이에는 가치의 차이가 있음을 명확히 해주는 계기가 되었다. 골턴은 『유전적 천재』에서 장기간의 역사를 통해 형성되어온 인종은 자연선택에 의해 환경에 생물학적으로 적응해왔다고 주장하면서 인종 사이의 차이에 대해 논했다. 이런 견지에서 각 인종은 적자인 것이다. 그러나 인간 전체를 대상으로 문명화와 관련된 능력을 종합적으로 분석해보면 인종 사이에는 엄청난 차이가 존재한다는 것을 알 수 있다는 것이다. 골턴은 흑인의 평균적인 능력은 백인종보다 두 단계 또는 그 이상 낮다고 판단했다. 호주 원주민들도 마찬가지다. 한편 고대 그리스인들은 유럽인들보다 두 단계 높은 것으로 골턴은 평가했다. 인종 사이의 능력 차이는 하등 인종이 왜 진화론적 투쟁에서 패배할 수밖에 없는지를 설명해주는 지표이고, 백인종이 도덕적 문화와 문명화를 달성할 수 있었던 이유이다. 자연은 하층계급이 생존경쟁에서 패배해 제거되는 상황을 보장한다. 정작 중요한 것은 하층계급의 제거보다는 국내의 문명화된 백인종을 전세계로 확산하는 것이다. 만일 우생학 프로그램을 통해 더욱 능력 있는 적합한 개체들이 부적자들보다 더 빠른 속도로 많이 생식된다면, 백인종의 평균적인 능력은 올라갈 수 있을 것이다. 아테네의 몰락은 생물학적 유전의 영향을 무시한 결과이다. 이민과 혼혈의 결과 아테네는 인종의 순수성을 잃어버렸고, 이 때문에 그리스 문명은 쇠퇴했다.[211] 그러나 여기서 골턴이 규정한 인종은 단순히 지리적 차원의 개념이었고, 인종 사이의 정신적 능력 차이에 대한 납득할 만한 근거는 제시하지 못했다.

이와 같은 골턴과 영국 우생학의 인종주의적 사고는 일면 지극히 당연한 것이었는지도 모른다. 19세기 초 이후 인종적 위계라는 사상이 전 유럽을 휩쓸고 있었고, 이는 이민 문제를 인종적 혼합과 연결지어 사고하려는 경향을 낳았으며, 나아가 우생학 개념의 주요 구성분이 되기도 했다. 따라서 영국 우생학만 인종주의로부터 자유로울 수는 없었다. 유전론적 우생학을 주장하며 신체적 퇴화의 문제를 거론했던 렌토울Robert Reid Rentoul은 정신박약의 유전 문제를 하층계급보다는 이민자와 연관하여 설명하는 등 인종주의적 입장을 명확히 하기도 했다. 특히 그는 혼혈의 문제를 가장 심각한 퇴화의 원인으로 상정하고, 혼혈로 인한 인종적 퇴화자들에 대한 불임을 주장하기도 했다.[212] 더욱이 그는 인종적 퇴화와 성욕을 연관시켜 하층계급이나 이민자들의 높은 출산율을 성도착sexual pervert이라고까지 언급한 바 있다. 렌토울의 주장은 영국보다는 미국에서 더욱 각광을 받았다. 그의 주장은 미국의 우생학자들을 고무시켜, 많은 주들에서 불임법이 제정되는 계기를 만들기도 했다.[213] 그는 많은 수의 이민자들이 귀화하면서 이름을 영국식으로 변경하여 누가 이민자인지를 인식하지 못하는 것이 더욱 위험하다는 언급을 하면서 이민자들로 인한 세금 부담의 증가보다는 그들 때문에 야기되는 인종적 퇴화의 문제가 더욱 중요하다고 주장했다.

유사한 주장이 암스트롱Charles W. Armstrong에 의해서도 제기되었는데, 그는 인도주의적 정책은 자연선택의 법칙을 왜곡시켜 나약한 존재들의 생존과 생식을 보장해준다고 비판했다.[214] 루도비치 Anthony Mario Ludovici는 우생학교육협회의 공식적인 입장이었던 자발적인 불임을 반대하고, 극단적인 네거티브 우생학을 주장하기도 했다. 그는 강자와 약자의 차별은 필연적인 것이고, 생존과 생식은 법률에 의해 명확히 규정할 필요가 있다고 주장했다. 특히 인종적 퇴화자들의 생식은 국가의 짐이기 때문에 확실하게 금지해야만 한다고 주장했다.[215] 물론 그의 주장은 너무 급진적이었기 때문에 우생학 운동 내부에서는 호응 받지 못했다. 맥두걸William McDougall은 인종 사이의 정신적 차이가 중요하다는 점을 더욱 강조했다. 그는 영국 제국의 시민으로서 우생학자들은 인종 사이의 정신적 능력의 차이가 존재한다는 것을 연구해야만 한다고 주장했다. 정신적 능력이 다른 두 종류의 인종이 있다는 것이다.[216]

대표적인 몇 사람만을 언급했지만, 영국 우생학 운동 내부에는 인종주의적 편견에 기울어진 우생론자들이 많았다. 사실 영국의 우생학 담론을 계급문제에만 한정시킨 것은 역사 해석의 오류이자 의도된 역사적 사기의 면모가 엿보이는 대목이다. 즉 독일=인종, 영국과 미국=계급이라는 구분은 제2차 세계대전 이후 영국의 우생학을 혐오스런 나치의 인종주의적 우생학으로부터 구출하기 위한 일부 우생학자들의 그릇된 판단에서 비롯된 측면도 있다. 홀로코스트가 가져다준 충격으로부터 영국의 우생학을 구원하고자 했던 일부 학자들은 영국의 우생학을 계급문제에 한정함으로써 본질을 희석시킨 측면이 있는 것이다. 사실 당시 영국에서 가장 온건했던 우생학자들도 인종적·계급적 편견으로부터 자유로울 수는 없었다. 따라서 계급적 편견이 영국 우생학자들의 실천과 활동의 중심에 있었다고 말할 수 있을지는 모르지만, 그것이 영국 우생학 운동의 유일한 측면은 아니었다고 할 수 있다. 영국 제국의 보전이라는 정치적 열망은 영국 인종의 우월성에 기댄 인종주의적 신념을 강화시켰고, 이는 이민과 인종 사이의 결혼으로부터 영국 인종을 보호할 필요성을 증폭시켰다.[217] 사실 영국 우생학이 정치적 이념에 관계없이 폭넓게 수용된 이유 중 하나는 국가적 효율이라는 담론과 결부된 영국 제국의 보전의 절박성 때문이었다. 즉, 우생학은 중산계급의 이상, 영제국의 보전이라는 사회적 열망, 그리고 인종주의와 중층적으로 결합됨으로써 사회적으로 큰 반향을 일으킬 수 있었던 것이다.

요컨대 영국 우생학은 다양한 세력에 의해 다양한 형태로 전개되었다. 정치적 스펙트럼도 극에서 극이었고, 과학자와 의학자 등 다양한 직업을 가진 사람들이 우생학에 기울었었다. 분명 우생학은 다양한 계급과 직업의 이해와 연관되어 있었고, 인종주의자들이나 제국주의자들의 이데올로기와도 연결되어 있었다. 즉, 영국 우생학자들의 계급적 편견은 인종적 편견과 혼합되어 있었기 때문에 사실상 양자를 분리하여 설명할 수 없고, 오히려 양자는 상호작용을 통해 시너지 효과를 발휘한 것으로 보아야 할 필요가 있다.

물론 우생학 운동에 부정적인 시선도 만만치 않았다. 과학자들과 유전학자들의 이름으로 수행된 야만주의에 저항했던 일부 과학자들과 유전학자들도 많았다. 물론 그들이 우생학에 다소 무기력하게 대응한 것은 틀림이 없지만, 그들이 우생학이라는 매우 악의적인 담론에 도전하는 역할을 했다는 것만은 부정할 수 없다. 일부 유전학자들과 의학자들은 이전의 우생학과는 다른 형태의 우생학을 고안해냈다. 이른바 '개량 우생학reform eugenics'이다. 정치적·사회적·인종적 편견에 사로잡힌 이전의 우생학은 이제 점점 미몽 속에서 깨어나기 시작한다.

일면 과학은 과학 그 자체만으로는 과학의 성격을 파악하기 어려운 측면이 있다. 우생학 자체의 지적 정도만으로는 생물학자들이 우생학에 보였던 태도를 설명해줄 수 없다. 따라서 과학 그 자체가 아닌 생물학자 자신들의 이데올로기적 편향이 우생학의 가치문제를 판단하는 잣대로 작용했을 가능성이 매우 높다. 즉, 정치적 우파는 지속적으로 우생학을 지지했지만, 정치적 좌파는 우생학에 대한 비판의 강도를 높여갔다. 특히 좌파와 관련을 맺고 있던 일단의 과학자 그룹, 즉 개량 우생학자 그룹은 우생학 비판의 주도 세력이었다. 홀데인, 헉슬리, 그리고 호그벤Lancelot Hogben을 주축으로 개량 우생학자 그룹은 우생학 담론이 담고 있는 부정적 측면을 제거하려고 했다.[218] 그런데 사실 어떤 측면에서 보면 이들은 우생학 자체를 거부했다기보다는 우생학에 대한 사회적 비판을 불식하려는 노력을 했던 것으로 볼 수 있다. 이들은 우생학이 인종이나 계급, 그리고 성과 관련한 문제들에서 사회적 편견과 차별을 드러냄으로써 우생학이 본래 담고 있던 인간 개선이라는 목적을 왜곡시켰다고 판단한 것이다. 따라서 이들은 인간 개선의 열망이라는 우생학의 목적을 달성하려는 신념에서 우생학을 비판했던 것이다. 결과적으로 이들의 주장은 정부의 강제적 수단에 의해 집단적인 인종 개량을 추구했던 우생학에서 개인의 자발적 상담을 통해 출산과 관련한 유전질환 문제의 해결을 모색하는 유전 상담으로의 이행을 돕는 계기로 작용했다. 유전질환 퇴치를 목적으로 하는 오늘날의 인간유전학은 이러한 움직임에 그 뿌리를 두고 있다.

# 4 미국의 우생학

미국은 골턴의 우생학이 가장 대중적인 차원에서 성공했던 나라였고, 상대적으로 영국보다 유전론적 우생학이 강하게 발전하였다. 멘델의 법칙이 재발견되자 미국 과학계를 중심으로 유전형질에 대한 관심이 증폭되었고, 사회개혁가들은 유전형질을 둘러싼 일련의 과학적 논의를 대중사회로 이전시켜 활발한 우생 운동을 전개하였다. 이 과정에서 많은 미국인들은 혈통과 유전형질이 인간의 신체적·정신적·사회적 특질을 결정하는 가장 중요한 요소라고 믿게 되었고, 인종과 민족도 혈통과 유전형질에 의해 사회적 지위가 결정된다고 믿었다.[219] 물론 미국에서도 환경론의 입장에서 사회 개혁을 도모한 우생 운동이 있었고, 영국처럼 성담론과 연계된 여권운동과도 밀접한 연관을 맺으며 우생학이 발전하기도 했다.[220] 또한 미국에서의 우생학은 20세기 초엽부터 급속히 발전하기 시작한 유전학 분야의 지적 성장과 연관을 맺으며 발전한 측면이 강했고, 이는 유전학과 우생학의 구분을 모호하게 만드는 이유가 되었다.[221] 정리해보면, 미국의 우생학은 멘델의 유전법칙이 발견됨으로써 발전의 계기를 맞이했고, 이는 문화적으로도 유전형질을 둘러싼 담론의 형성에 중요한 기폭제가 되었다. 당시의 대중문화는 이를 여실히 보여준다.[222] 이런 점에서 20세기 전반 미국인들은 요람에서 무덤까지 유전 담론의 영향 속에 있었다고 해도 과언이 아닐 것이다.

여기서는 다윈의 이론이 미국 사회에 수용되는 역사적 맥락과 그 성격을 살펴보고, 이 과정에서 재발견된 멘델의 법칙으로 인해 미국의 우생학이 발전해가는 역사적 과정을 고찰해볼 것이다. 또한 과연 미국의 우생학은 어떤 방식으로 누구에 의해서 대중화되었으며, 그것의 구체적인 결과는 무엇이었는가를 살펴보도록 하겠다.


## (1) 섬너와 개인주의적 경쟁

미국도 다윈의 진화론의 세례를 받았다. 19세기 말 미국에 수용된 다윈의 진화론은 미국 사회의 정치사회적 맥락과 조응하여 나름대로의 모습으로 변용되었다. 미국에서 다윈의 진화론은 영국과 마찬가지로 스펜서와 혼합된 형태로 영향력을 행사했다. 미국에서 다윈의 진화론은 스펜서의 권위와 결부되어 막강한 영향력을 발휘하였다. 다윈주의적 진화와 스펜서적 진보의 혼합은 영국과 마찬가지로 생존경쟁과 그에 따른 최적자생존을 정당화하였고, 부적자에 대한 적자의 승리를 보장해주는 논리적 토대로 작용하였다. 특히 미국은 생존경쟁과 최적자생존의 원리를 개인주의적 생존경쟁의 차원에서 수용했고, 이는 19세기 말 미국의 급속한 산업화와 결부되어 기업가들의 승리를 정당화하는 이념으로 발전해갔다.[223]

　다윈의 진화론과 스펜서의 진보 이론이 수용될 당시의 미국은 정치적으로는 보수주의적 흐름이 전개되고 있었고, 경제적으로는 자유방임주의가 지배하던 상황이었다. 19세기 말 미국에서는 급속한 산업화와 도시화, 그리고 대규모의 이민이 전개되고 있었고, 급속한 산업화가 야기한 다양한 사회문제들이 드러나고 있었다. 미국의 급속한 산업화는 정치적 부패, 도시의 슬럼화, 그리고 독점기업의 출현 등과 연관하여 '도금시대Gilded Age'를 만들어가고 있었다. 이러한 상황은 다윈의 진화론과 스펜서적 진보 이론이 미국 사회에 침투하는 좋은 토대로 작용했다. 다윈과 스펜서의 논리는 급속한 산업화와 그에 따른 부의 축적을 합리화하는 이론적 도구가 되었고, 그에 따라 미국의 자본주의 문명은 지적 정당성을 확보할 수 있었다. 부의 축적은 사회적 진보의 부산물로 인식되었고, 성공한 개인은 생존경쟁에서 승리한 최적자가 되었다.[224] 산업화에 따른 부익부 빈익빈 현상과 그에 따른 사회적 위계는 자연의 법칙에 근거한 숙명으로 받아들여졌다.

　일부 학자들은 이러한 분석에 반대를 하기도 한다. 다윈주의가 다양한 이념적 스펙트럼을 갖는 사람들에게 수용되었고, 제국주의나 인종주의 등 차별적이고 위계적인 사상을 보조했다는 것은 인정한다. 다만 미국 사회 내부에서 전개된 이른바 미국의 사회다윈주의는 다윈주의적인 성격보다는 오히려 스펜서주의적인 성격이 짙었다는 것이다. 따라서 미국에 끼친 다윈과 스펜서의 영향은 명확히 구별해야 할 필요가 있다는 것이다. 19세기 후반 미국인들은 생존경쟁에 의한 성공이라는 이데올로기를 수용했지만, 그것이 다윈주의적 전제들에 기초하고 있었는지는 명확하지 않다는 것이다.[225] 하지만 이미 영국처럼 미국에서도 다윈의 용어는 스펜서적 논리와 결부되어 대중화되었고, 특히 미국은 급속한 산업화라는 사회경제적 상황과 조응하여 다윈의 용어가 상대적으로 빠르게 수용되었다는 점을 상기할 필요가 있다. 미국에서의 사회다윈주의는 다윈주의적 생물학의 유효성을 정치경제적 차원으로 확장시켰던 것이다.

19세기 말 산업화라는 사회적 상황과 조응하여 다윈의 용어들은 스펜서적 논리에 근거해 변용되었는데, 이는 다윈의 진화론이 미국에 수용되기 이전부터 이미 스펜서의 지적 영향이 미국에서 상당히 컸기 때문이었다. 스펜서 자신도 미국 방문을 통해 이를 확인한 바 있다.[226] 카네기Andrew Carnegie는 스펜서의 논리를 충실히 좇아 생존경쟁과 최적자생존이 최상의 가치를 갖는 것으로 평가하기도 했다.[227] 이렇듯 스펜서적 논리가 지배하던 미국에 수용된 다윈의 진화론은 미국의 급속한 산업화와 그에 따른 결과를 더 확실하게 입증해주는 역할을 했다.

다윈의 진화론이 미국에 전파되는 데는 과학에 대한 점증하는 사회적 관심도 중요한 역할을 했다. 남북전쟁 이후의 미국인들은 종교 잡지와 대중잡지를 통해 다윈의 이론을 접했고, 진화와 관련된 다양한 서적들이 출간되면서 대중의 진화에 대한 관심은 점점 커져갔다. 미국의 유명한 역사가인 애덤스Henry Adams는 "1867년에서 1900년 사이 미국 젊은이들에게 진화는 하나의 법칙이었다"[228]고 기록할 정도로 19세기 말 미국 사회에 불어 닥친 진화론의 영향은 매우 컸다.

진화에 대한 관심은 주로 대학을 중심으로 촉발되었고, 다양한 논의들이 지속적으로 전개되었다. 특히 섬너는 진화론을 가장 열렬하게 지지하며, 왕성한 활동을 벌인 학자였다. 영국에서 다윈의 이론이 사회적으로 확산되는 데 스펜서의 역할이 중요했다면, 미국에서는 섬너William Graham Sumner(1840~1910)가 그와 같은 역할을 수행한 인물이었다. 일부 학자들은 섬너가 다윈과 스펜서의 사상을 수용한 것은 사실이지만, 그것이 섬너 사상의 핵심적인 것은 아니었다고 지적한다. 섬너의 다윈주의적 용어, 특히 스펜서의 최적자생존에 대한 관심은 특정한 시기에 일시적으로 발현된 것에 불과하다는 것이다.[229] 오히려 섬너 사상의 핵심은 자연주의에 있다는 주장도 있다.[230] 그러나 섬너는 개인의 자유와 사회적 불평등, 그리고 최적자생존의 중요성을 누구보다 강조했던 인물이었다는 점에서 사회다윈주의와의 연결을 무시할 수 없는 측면이 있다. 당시 섬너는 미국에 수용된 다윈과 스펜서의 이론, 즉 생존경쟁과 최적자생존의 이론을 설득력 있게 주장했고, 이는 19세기 말 미국 사회에 상당한 영향을 미쳤다.

19세기 후반 다윈의 진화론과 자연주의 사상의 미국 유입은 전통적인 기독교적 세계관의 혼란을 초래했고, 이는 사회적·도덕적 혼란을 야기하며 일종의 지적 위기를 촉발시켰다. 이러한 상황에서 섬너는 진화론적 차원의 미국 역사성에 대한 인식으로부터 돌파구를 찾으려고 했다.[231] 섬너는 당시 스펜서의 이론에 깊이 심취해 있었고, 스펜서의 이론을 토대로 최적자생존의 원리를 거부한다면 부적자의 생존이 야기될 것이고, 이는 사회적 퇴화를 유발할 것이라고 주장하였다. 따라서 섬너는 부적절한 존재들의 사회적 도태는 필연적인 것이며, 이는 사회 발전에 이로운 것이라고 주장했다. 섬너에게 자유방임주의적 생존경쟁과 그것에 의한 최적자생존 그리고 부적자의 제거

는 자연의 법칙이었던 것이다.[232]

섬너는 스펜서의 『사회학 연구*The Study of Sociology*』(1873)를 통해 자신의 사회철학과 진화적 관점을 융합시켰고, 다윈, 헤켈Ernst Haeckel(1834~1919), 그리고 헉슬리로부터도 진화주의적 논리를 흡수했다. 진화론적 사상에 심취하기 시작한 섬너는 특히 주변 환경에 대한 인간들의 적응을 강조하였는데, 이는 스펜서가 진화를 적응에 의한 것으로 파악한 것에 영향을 받은 것이었다.

섬너도 다윈이나 스펜서처럼 맬서스의 영향을 받았다. 섬너는 맬서스를 중심으로 다윈과 스펜서의 생물학적 추론과 그것을 통한 사회적 적용 문제들을 분석하기 시작했다. 이러한 분석을 통해 섬너는 생존수단을 구하려는 인간이 환경에 적응하는 과정에서 필연적으로 생존경쟁이 유발된다고 파악했다. 즉, 환경에의 적응을 진화의 본질로 파악했던 섬너에게 중요한 생존경쟁은 인간이 자연에 대해 행하는 생존경쟁이었던 것이다. 이후 섬너는 생존경쟁을 자신의 사회철학을 구성하는 가장 주요한 주제로 설정했고, 인간은 생존경쟁을 피할 수 없다고까지 주장하였다.[233]

이러한 진화에 대한 규정과 생존경쟁을 자연에 대한 인간의 투쟁으로 규정한 섬너의 관점을 토대로 본다면, 섬너는 다윈의 세 가지 생존경쟁 관점 가운데 종 내부의 서로 다른 개체들 사이의 생존경쟁이나 서로 다른 종 사이의 생존경쟁보다는 일차적으로 물리적 환경에 대한 종의 생존경쟁을 강조했던 것으로 파악할 수 있다. 섬너는 자연에 대한 종의 생존경쟁이라는 관점을 견지함으로써 자본가의 재산 축적을 정당화할 수 있었다. 즉, 자본가가 축적한 부는 노동자에 대한 착취의 결과가 아니라 자연에 대해 행한 자본가의 근면에 기인한다는 것이다. 그리고 자연에 대한 생존경쟁은 필연적으로 개체 사이 또는 종 사이의 생존경쟁을 유발할 것이고, 이는 불리한 개체 또는 종의 제거로 발전할 것이라고 보았다.[234] 이렇게 본다면 섬너는 맬서스적 인구 압력이 야기할 수 있는 최악의 상황을 굳게 믿었던 것이다.

이와 같은 관점에서 섬너는 인간 사회에서 가장 중요한 요소를 인간과 토지의 상대적인 비율이라고 상정했다. 궁극적으로 인간은 토지를 근간으로 생활을 영위해가고, 그 과정에서 인간은 상호 관계를 맺으며 살아간다는 것이다. 따라서 상대적으로 토지가 풍부한 지역에서는 생존경쟁의 정도가 강하고, 덜 야만적인 형태를 띠며, 민주주의적 제도의 정착이 훨씬 쉬울 것이다. 반대로 인구 압력이 토지의 공급을 초과하는 지역에서는 기아에 허덕이며, 종 사이의 생존경쟁이 강화되어 군국주의와 제국주의는 번영할 것이라고 보았다.

섬너는 자연에 대한 인간의 생존경쟁에서 가장 중요한 요소가 자본이라고 보았다. 자본은 인간 노동의 결과를 배가시키고, 진보를 위한 수단들을 제공해준다는 것이다. 섬너는 과거 생존경쟁에서 패배해 재화의 축적이 중단된 원시인들은 퇴보를 면치 못했다는 것을 지적했다. 이는 섬너가 당시 미국 사회의 급속한 경제적 발전에 가장 중요했던 원동력을 자본으로 파악했기 때문이었다.[235] 따라서 자본을 소유한 국가와 존재들은 필연적으로 생존경쟁에서 유리한 위치를 점할 것이고, 자본이 사회에서 유발되는 자연선택의 메커니즘으로 작용한다는 것이 섬너의 생각이었다. 섬너는 자본의 소유 여부가 사회적 적자와 부적자를 판단하는 가장 중요한 근거라고 생각했던 것이었고, 거대한 부의 축적은 승자에게 주어지는 합법적인 보상으로 간주되었다. 섬너에게 백만장자는 자연선택에 의한 결과물이었고, 그들은 생존경쟁을 통한 문명사회의 꽃이었던 셈이다.[236] 결국 섬너는 부의 축적을 자연의 법칙에 의거한 정당하고 자연스런 결과로 파악했던 것이다.[237]

이와 같은 섬너의 인식은 그가 견지했던 진화론적 관점의 귀결점이었다. 섬너는 사회적 관습을 세대에서 세대로 전달되는 진화의 메커니즘으로 파악했고, 이와 같은 진화의 과정을 통해 인간 사회가 발전해온 것으로 보았다. 특히 이전 세대가 자연에 대한 생존경쟁의 과정에서 형성한 사회적 관습은 생존에 필요한 정보를 다음 세대에게 전달해줄 것이라고 믿었다.[238] 이러한 분석과정에서 도출한 결과가 바로 자본의 중요성이었다. 섬너는 『민습Folkways』(1906)에서 자본이 인류 발전사에서 가장 중요한 생존경쟁의 수단이었음을 역설했다. 야만 단계에서는 화폐가 식량 공급을 위한 교환의 매개체로 사용되지는 않았지만, 삶의 유지에 절대적으로 필요한 도구였음에는 틀림이 없다. 야만의 단계에서 화폐는 생존에 필요한 기본적인 자산으로서 아내를 구하거나 가정을 구성할 때 필수적인 수단이었다는 것이다.[239] 더욱이 화폐 또는 자본은 인간의 진화적 역사 발전에서 형성된 가장 중요한 사회적 관습의 한 부분이었고, 화폐 또는 자본은 초역사적 사회적 권위를 지녔으며, 화폐 또는 자본의 소유 여부가 부의 차이를 판가름하는 가장 중요한 잣대였다는 것이다.[240] 따라서 섬너에게 자본은 인간의 이해관계가 만들어낸 산물이자, 인간 적응의 필수적인 요소였으며, 인간의 생존력을 판단하는 근거였던 것이다. 이러한 섬너의 주장은 자본주의를 필연적인 역사적 산물로 이해한 것이고, 이는 자본주의를 옹호하는 보수주의자들에게 큰 환영을 받았다.

이들은 섬너의 주장을 근거로 생존경쟁과 최적자생존을 자연의 법칙에 근거한 당위적 요소로 받아들였고, 자본주의야말로 자연선택의 과정에 의해 인간 사회에서 형성된 가장 위대한 결과물이라고 생각했다.

섬너는 민주주의에 대해서도 대단히 회의적이었다. 그는 민주주의란 용어가 정치적인 전략의 일환에서 사회적 갈등의 치유책처럼 사용되고 있지만, 그것은 이제 더 이상 설득력이 없는 시효가 지난 용어라고 주장했다. 오히려 민주주의란 말은 노예해방이란 용어와 마찬가지로 자유에 대한 환상만을 심어줄 뿐이라며 민주주의에 대해 회의적인 반응을 보였다.[241] 민주주의적 이념은 일시적으로 경제적 자유를 확보하기 위한 필요에서 도입한 것에 불과하다는 것이다.[242] 섬너가 이처럼 민주주의에 대해 회의적이었던 것은 세 가지 이유에서였다. 첫째, 미국은 민주주의를 정착시킬 만큼 아직 역사적인 경험이 부족하다. 정치 제도를 수립한 지 불과 1, 2백년밖에 안 되었기 때문에 민주주의는 시기상조라는 것이다. 둘째, 미국의 민주주의에서 가장 중요한 문제는 그것이 원인이 아니라 결과라는 점이다. 즉, 민주주의는 자본주의적 발전의 산물이라는 것이다. 따라서 가장 우선적으로 해야 할 일은 경쟁에 의거한 자본주의 또는 산업주의 체제를 완성하는 것이었다. 셋째, 미국의 민주주의는 순수하지 않다는 데 문제가 있다. 그것은 영국식 민주주의, 즉 산업주의와 귀족주의가 결부된 민주주의와 연관을 맺고 있기 때문이다. 그래서 대안으로 섬너는 미국의 정치 체제로서 금권정치plutocracy를 제안하기도 했다.[243] 섬너가 경쟁과 자본의 중요성을 얼마나 강조했는지 알 수 있는 대목이다.

이와 같은 견지에서 섬너는 민주주의적 제도 자체의 불필요성을 역설하기도 했다. 이는 확실히 스펜서의 영향이다. 민주주의라는 미명 아래 전개되는 정부의 간섭은 필연적으로 사회적 악을 창출할 것이기 때문에 불필요하다는 것이다. 그래서 섬너도 스펜서처럼 자유방임만이 인류 역사의 진보를 가져올 것이라고 주장했다. 인간 사회에서 진행되는 선택의 과정이 만일 정부의 간섭에 의해 왜곡된다면, 인간 사회의 진보는 중지할 것이라고 경고하기도 했다. 정부의 불간섭을 천명했던 섬너는 국가 사이의 교역 활동에도 동일한 논리를 적용했다. 섬너는 자유무역을 단순한 사회적 필요의 산물이 아니라 지적 근거를 갖는 자명한 원리로 인식했기 때문에, 정부의 간섭은 불필요한 것이라고 보았다. 정부가 국제교역에 간섭하게 된다면 이것 역시 인류 전체의 물질적 진보를 가로막을 것이다. 따라서 보호무역주의는 인류가 피해야 할 악의 일종이라는 것이다. 섬너는 정부의 간섭은 생존경쟁을 왜곡시키는 것이고, 이는 사회주의 정부에서나 가능한 것이라고 판단했다.[244] 따라서 섬너는 사회주의를 자유를 소멸케 하는 인류의 적으로 상정하고, 사회주의는 종국에 가서 사회적 퇴화를 야기할 뿐이라고 주장했다. 왜냐하면 사회주의는 자연의 법칙인 생존경쟁에 의한 최적자생존의 원리를 인위적으로 파괴하는 것이기 때문이다.[245] 섬너는 생존경쟁의 패배가 전적으로 자연의 법칙에 의거하기 때문에 인위적인 제도나 간섭에 의해 되돌릴 수 있는 것이 아니라고 판단했다. 따라서 섬너에게 생존경쟁은 "중력만큼이나 보편적이고 사멸하지 않는"[246] 객관적인 자연의 법칙이었던 것이다. 섬너가 제시한 무제한적 생존경쟁에 의한 최적자생존이라는 자연선택의 과정은 사회적 진보를 위한 전제였고, 생존경쟁에 의한 최적자생존은 그 자체로 문명화를 달성하는 자연의 법칙에 다름 아니었다.

생존경쟁과 그에 따른 최적자생존이라는 섬너의 사상은 급속한 산업화의 과정에 있던 미국인들에게 자연스럽게 흡수되었고, 카네기가 주장했던 이른바 '부의 복음Gospel of Wealth'과 함께 남북전쟁 이후 형성된 미국의 탐욕스러운 물질주의에 용해되었다. 부의 복음은 생존경쟁을 통해 성공한 사람들이 사회에 그들의 부를 다시 반환한다는 개념으로 본질적으로 스펜서의 논리와 다를 바 없었다. 다만 부익부 빈익빈 현상의 심화를 제어하기 위해 성공한 사람들이 패배한 사람들에게 부조한다는 점에서만 차이가 있을 뿐이었다.[247)

섬너의 사상은 산업 발전을 가속화하고, 그로 인해 부를 축적한 미국인들에게 강력하게 각인되었다. 스펜서가 영국에서 생존경쟁과 최적자생존의 원리를 대중화하고 자유방임주의자들에게 이론적 토대를 제공하였던 것처럼, 섬너는 미국에서 동일한 역할을 수행했던 것이다. 생존경쟁과 최적자생존의 원리를 문명화의 법칙으로 상정한 섬너의 사상은 미국의 기업가와 성공한 자들의 정당화 선언이 되었다. 인류 역사의 진보는 끊임없는 자연적 선택 과정에 의해 달성되며, 사회주의는 자유를 소멸하게 하는 인류의 적이라고 파악한 섬너의 신념은 미국인들에게 생존경쟁과 최적자생존의 원리를 각인시켜줌으로써 자본주의 질서를 정당화하는 수단으로 기능하였다.


## ⑵ 유전과 환경 그리고 이념

19세기 말 미국 사회는 남북전쟁 이후 상당한 기간 동안 혼란을 경험했다. 급속한 산업화와 도시화로 인한 다양한 사회문제들(매춘,

각종 범죄, 알코올중독, 전염성 질병 등), 노동 착취로 인한 전투적인 노동조직의 부상, 가격 변동으로 인한 은행의 파산, 그리고 1870년대의 경기침체 등은 19세기 말 사회적 혼란의 주요한 원인들이었다. 19세기 말의 사회적 혼란은 1900년대 초에도 개선되지 않았고, 1890년대부터 급속히 증가한 남동 유럽인들의 대규모 이민은 더 큰 사회적 압박의 빌미를 제공하였다.[248] 이러한 상황에서 혁신주의자들은 효율의 극대화를 추구하며, 사회에 대한 과학적 관리의 중요성을 피력했다. 급속한 산업화와 그로 인한 다양한 부작용과 폐해를 수정하려 했던 혁신주의 개혁은 공중위생이나 주택 개조, 독과점 근절, 노동문제에 대한 정부의 개입, 그리고 여성주의운동 등 다양한 방식으로 전개되었다. 이 과정에서 우생학은 미국인들을 위협한다고 생각되었던 경제적 불평등과 사회악을 일소할 수 있는 현실 가능한 과학적 대안으로 떠올랐고, 일부 개혁가들은 우생학에 관심을 표명하기 시작했다.

미국의 우생학은 이와 같은 풍토에서 정착하고, 대중운동으로 발전했다. 우생학이 미국에서 대중적으로 수용될 수 있었던 이유는 다윈의 영향, 좀 더 구체적으로는 사회다윈주의의 영향이었다고 볼 수 있다. 물론 일부 학자들은 다윈의 용어와 스펜서적 논리로 윤색된 미국의 사회다윈주의는 우생학과 대립적이라고 파악하기도 한다. 즉, 사회다윈주의는 현상 유지 차원의 논의인 반면에, 우생학은 과학을 도구로 삼아 사회 개혁이나 진보를 이루려는 변화를 전제한 실천 활동이었다는 것이다. 더군다나 사회다윈주의는 기본적으로 자유방임적이었기 때문에 정부 간섭을 주장했던 우생학과는 양립할 수 없다는 것이다.[249] 그러나 20세기 전반 미국인들의 문화 속에 굳건하게 자리 잡은 우생학은 다윈의 영향 아래 가능한 것이었고, 사회다윈주의는 새로운 사회경제적 환경에 조응하여 자기 진화를 했다는 측면에서 본다면 사회다윈주의와 우생학을 대립적인 것으로 파악하는 것은 무리가 있다. 섬너의 사상에서 살펴볼 수 있었던 미국의 사회다윈주의적 사상은 우수한 인종적 가치의 보존, 우수한 가계의 유전, 그리고 개인적 재능의 보존이라는 우생학적 논의를 증폭시키는 데 중요한 역할을 했고, 이는 더 객관적인 과학적 진술로 표현되기 시작했으며, 이러한 흐름은 우생학이 발전하는 토양이 되었다.

미국에서 전개된 우생학의 성격이나 활동에 대해 많은 연구자들은 미국의 우생학 역시 저간의 인식처럼 환경적 요인보다는 유전론에 기대었던 것으로 파악해왔다.[250] 구체적으로 살펴보자. 19세기 말 등장한 바이스만의 이론과 20세기 초에 재발견된 멘델의 법칙은 라마르크의 환경결정론을 비판적으로 바라보는 시각을 낳았다. 멘델의 법칙은 유전이 인간의 육체적·정신적 특질의 가장 강력한 결정인자라는 인식을 강화해주었는데, 당시 멘델주의적 유전론의 실제적 적용 가능성을 가장 먼저 타진했던 분야는 농업 분야였다. 이는 식량문제와 연관되어 있었고, 육종가 집단은 미국의 풍토에 적합한 새로운 품종을 만들기 위해 멘델의 법칙, 즉 농작물의 유전성에 주목하기 시작했다. 이러한 농업 분야에서의 현실적 필요는 다윈주의적인 자연선택은 물론이고, 인위선택의 가능성을 타진하려는 유전학적 연구를 증폭시키는 이유가 되었다.[251] 결과적으로 미국의 농업 분야 육종가들은 유전학이 발전할 수 있었던 사회적 환경 조성에 중요한 역할을 했고, 이는 유전의 중요성을 강화시켰으며, 훗날 우생학적 관심이 발전하는 중요한 토양이 되었다.

농업 분야를 시작으로 본격화된 멘델법칙의 수용과 유전의 중요성

강조는 사회적 영역으로 확장되었다. 멘델법칙을 토대로 유전의 중요성을 신뢰하고 있었던 미국의 초기 우생학자들은 유전이 인간 행동과 사회 진화에서 강력한 영향을 미친다고 생각했고, 이에 따라 유전에 대한 연구는 사회를 개선하고 인간의 행복을 증진시키는 가장 유용한 분야로 간주되었다. 당시 미국의 우생학자들은 인간의 모든 특질을 유전에 의해 고정된 것으로 파악하고, 이러한 유전성은 유기체의 자유의지나 환경의 압력에 의해서도 변화될 수 없는 성질의 것이라고 판단했다. 초기 우생학자들은 오래전부터 전승되어오던 악과 원죄에 대한 종교적 도그마와 유전 이론을 결부시키기도 했다.[252] 하지만 재발견된 멘델의 법칙은 인간 유전의 메커니즘에 대한 기존의 인식체계와 혼재된 상태에서 발전함으로써 인간 특질의 기원과 가변성의 문제에 큰 혼란을 초래하는 계기를 제공하기도 했다. 멘델의 법칙이 재발견되기 이전 많은 사람들은 라마르크주의에 근거해 천성과 양육의 문제를 다뤘고, 획득형질의 유전이 가능한 것인지에 대해서도 명확한 결론은 나오지 않은 상황이었다. 바이스만의 이론이 등장한 이후 획득형질의 유전은 설득력을 상실해가기 시작했지만, 많은 생물학자들은 20세기 초까지도 획득형질의 유전을 수용했었다.[253] 때문에 미국의 과학자 사회에는 환경론자들과 유전론자들이 혼재되어 있었다. 환경론자들은 교육 및 기회의 균등, 그리고 인간 본성의 유연성을 강조했던 반면, 유전론자들은 선천적 형질, 출산율 차이, 그리고 유전 결정론에 주목했다. 하지만 두 그룹은 유전성의 사고만큼은 공유하고 있었다. 즉 획득형질이건 유전적 개선에 의한 형질이건 모두 유전된다고 생각했던 것이다. 따라서 두 그룹은 방법론적인 차원에서 서로 다른 접근을 했을 뿐이었다.

미국에서 우생학적 담론이 대중화될 수 있는 계기를 만들어주었던 더그데일Richard L. Dugdale의 『주크家: 범죄, 빈궁, 질병, 그리고 유전 연구"*The Jukes*": *A Study in Crime, Pauperism, Disease, and Heredity*』(1877)는 환경론적 차원의 우생학적 사고가 미국 우생학의 발전에서 중요한 역할을 했음을 보여주는 사례 가운데 하나이다. 더그데일은 13개 주의 구치소 수감자들을 인터뷰한 뒤, 몇 세대 이전의 가계를 추적해 가족의 범죄 경력을 조사했다. 주크Juke라는 남성은 폭력, 살인, 강간, 그리고 강도 등으로 유죄 선고를 받은 인물이었는데, 당시 그는 미국인들에게 공포의 대명사였다. 더그데일은 주크를 모델로 연구를 진행하여 주크 가계의 범죄행위 경향은 유전된다는 결론을 얻었다. 하지만 그 경향은 쉽게 바꿀 수 있다고 결론지었다. 더그데일은 환경의 중요성을 강조하며, 라마르크주의적 사고를 견지하고 있었던 것이다. 따라서 더그데일은 교육과 공중보건 등 환경론적 차원의 우생학을 지지하고, 환경은 유전적 경향을 뛰어넘을 수 있는 요인이라 주장했다.[254]

일군의 미국 생물학자들도 인간 개선의 방법론으로 환경 개선의 필요성을 강조했다. 조던H. E. Jordan은 적합한 환경이 사회 안정성 확보의 필수적인 요소라고 주장했고, 유전과 환경의 상대적 가치는 그다지 중요한 문제가 아니며, 오히려 유전과 환경 둘 다 본질적인 것이기에 비교의 대상이 될 수 없다고 주장했다. 이는 오늘날처럼 생명체를 유전과 환경의 상호작용의 결과물로 인식한 결과였다.[255] 콩클린Edwin G. Conklin 역시 유전과 환경의 영향을 뚜렷이 구분해낼 수는 없기 때문에 사회 개혁의 방법론은 두 가지 측면 모두에서 제시되어야 한다고 주장했다.[256] 리처드Ellen S. Richard는 '환경우생학

euthenics'을 강조하며, 공중보건, 가정 관리 등을 통해 성공적인 사회 개혁을 도모할 수 있음을 역설했다.[257] 물론 전반적으로 20세기 접어들어 많은 생물학자들이 획득형질의 유전에 대해 의구심을 표했지만, 이를 완전히 배제하거나 철회한 것은 아니었다. 20세기 초 모건T. H. Morgan도 획득형질의 유전에 의혹을 가지고 있었지만, 명확한 유전 이론이 확립되지 않은 상황에서 획득형질의 유전이 유전 메커니즘의 하나로서 작동할 수도 있다는 가능성은 인정하고 있었다.[258] 이는 현실적으로 환경우생학적 실천이 즉각적이고도 가시적인 성과를 보여줄 수 있었던 강점이 있었기 때문이다.

미국에서 19세기 말 20세기 초엽 유행했던 신라마르크주의도 유전과 환경의 논의에서 빼놓을 수 없다. 당시 신라마르크주의는 유전론적 관점에 가장 분명한 대안으로 부각된 이론이었다. 물론 이 이론은 문화적 진화와 생물학적 진화의 과정을 혼동한 측면이 있지만, 더 나은 환경이 인간 개선의 주요한 요인일 수 있음을 주장하며 유전론적인 견해를 비판했다는 점에서 의미가 있다. 이들이 펼친 인간 개선에 대한 낙관론적 견해는 워드Lester F. Ward를 시작으로 다양한 분야의 사람들에게 영향을 미침으로써 20세기 초 미국에서 상당한 영향력을 발휘했다. 이들은 교육을 통해 얻어진 인간의 형질이 유전될 수는 없다고 하더라도, 학습할 수 있는 능력은 획득형질의 유전으로 개선될 수 있을 것이고, 이는 인종 전체에 이익이 될 것이라고 보았다. 즉, 획득형질도 자연선택과 마찬가지로 인간의 진보를 설명할 수 있는 유전 이론임을 천명했던 것이었다.[259] 제1차 세계대전을 즈음해서 많은 학자들이 진화론적 접근의 미몽에서 깨어나기 시작하면서 라마르크주의에 대한 관심이 줄어들었지만, 당시 유행했던 라마르크주의의 영향과 그 사회적 함의는 무시할 수 없다.

　이론의 차원을 넘어 사회적 실천의 과정에서 일단의 개혁가들이 보여준 모습들도 환경론의 역할을 무시할 수 없게 한다. 이들은 교육을 덜 받은 사람들, 범죄자들, 가난한 사람들의 환경을 개선함으로써 그들의 삶의 질을 짧은 기간에 고양시킬 수 있을 뿐만 아니라 그들 자손의 생물학적 형질도 개선시킬 수 있다고 믿었다. 일련의 자선단체와 사회복지단체들은 무지와 빈곤, 범죄행위가 자연적 법칙에 의한 것이 아니라 해로운 환경의 소산이라 주장하였다. 19세기 말~20세기 초엽 전개된 이른바 슬럼 개선 운동은 도시문제를 중심으로 다양하게 전개된 미국에서의 사회개혁운동 세력의 일부가 그 의도가 무엇이었든 환경적 수단에 의해 사회 개혁을 이루려는 모습을 견지하고 있었음을 잘 보여주는 사례다.[260] 따라서 적어도 미국에서 우생학이 도입되어 혁신주의 시대를 거쳐 발전해갈 무렵의 우생학은 유전적 개혁뿐만 아니라 환경적 개혁도 추구하는 중층적인 차원의 운동이었다는 점을 지적할 수 있다.

　이처럼 개념적 명확성이 부족함에도 우생학 담론이 대중화될 수 있었던 이유는 우생학 지식에 대한 관심도 중요했지만, 무엇보다도 혼란한 사회적 상황이 야기한 위기의식의 증폭 때문이었다. 당시 많은 사람들은 범죄자, 정신이상자, 정신박약자, 질병자 등 사회적 능률을 떨어뜨리는 사회적 부적자들의 증가가 사회적 혼란의 주된 원인이라 여겼다. 이에 따라 우생학자들은 이들의 처리를 어떤 방식으로 해결할 것인가를 둘러싸고 의견이 분분한 상황이었다. 환경론적 우생학과 유전론적 우생학의 문제는 순수한 과학적 차원의 문제만이 아니라 정치적·사회적 함의를 갖는 문제이기도 했다. 유전과 환경이 사회를 해석하는 분석 도구로 활용되면서 다양한 세력은 각자의 이해관계에 따라 유전과 환경을 선택적으로 활용했을 뿐이다.

이와 같은 유전과 환경이 혼재되어 있었던 미국의 우생학은 사이비 과학으로 간주되는 경향도 있지만,[261] 이는 우생학이 태생부터 과학으로서의 성격과 이념으로서의 성격이라는 이중적 성격을 동시에 지니고 있었다는 점을 간과한 분석이다. 사실 과학 담론들도 이데올로기적 맥락에서 확장되거나 재구성될 수 있는 측면이 있음을 상기한다면, 우생학을 사이비 과학으로 단정하려는 주장은 다소 무리가 있다. 따라서 우생학에 대한 접근은 과학과 이념이 혼재되어 있었던 것으로 파악해야 할 필요가 있고, 과학이 사회와 맺는 관련성 정도에 따라 과학에 내재된 이념적 성격이 더욱 분명하게 확장될 수 있다는 시각을 견지해야 할 필요성도 있다.

요컨대 미국 사회는 19세기 후반기부터 다윈의 진화론을 차용하여 생존경쟁과 최적자생존의 논리에 의거해 자유방임적 자본주의 질서를 옹호했고, 이후 급속한 산업화가 양산한 다양한 사회문제의 대두와 그에 대한 대응책으로 등장한 혁신주의적 개혁 운동은 생존경쟁과 최적자생존의 논리를 더 적극적인 선택의 방향으로 선회시키는 계기가 되었다. 이제 사회의 질서는 단순히 자연의 법칙에 의해 정당성을 부여받는 것이 아니라 그것은 인위적인 형태의 선택을 통해 새롭게 구성되어 가는 형국으로 국면이 전환되었고, 이 과정에서 개인주의적 차원의 생존경쟁과 최적자생존의 논리는 집단주의적 차원의 논리로도 발전해갔다. 그 가운데 재발견된 멘델의 법칙은 생존경쟁과 최적자생존의 논리를 더 확실하게 예증하는 이론적 근거를 제공하였다.

물론 앞서 살펴본 바와 같이 환경론에 기댄 우생학과 유전학 분야의 지적 성장이 멘델주의에 천착한 유전론적 우생학과 긴장과 대립 그리고 갈등 관계에 놓여 있었던 것이 사실이다. 그러나 제1차 세계 대전의 발발, 그리고 이후 미국의 참전은 상황을 사뭇 다른 방향으로 몰고갔다. 퇴화에 대한 공포나 정치사회적 변동에 힘입어 사회이념과 강력하게 결부된 유전론적 입장이 더욱 강화되어가기 시작했던 것이다. 즉, 제1차 세계대전 이전 미국의 우생학은 유전론적 입장의 우생학과 환경론적 입장의 우생학이 공존을 모색하다가 제1차 세계 대전이라는 역사적 사건을 통해 이전부터 멘델주의에 천착하면서 유전론적 입장을 견지해왔던 유전론자들이 미국 우생학 운동의 주류로 등장하게 된 것이다. 이제 우생학은 과학적 담론의 영역을 벗어나 점점 정치적인 차원의 길을 걸어가기 시작했다. 많은 학자들은 제1차 세계대전을 기점으로 점점 보수적으로 발전해가는 우생학 운동에 과학적·도덕적 비판을 가했지만, 그들은 과학적 담론의 기능을 상실한 이념으로서의 우생학을 막을 수 없었다. 이제 우생학의 이니셔티브는 학자가 아닌 정치가가 잡게 되었고, 이는 우생학의 대중화 과정에서 비인도주의적인 차별로 발전해가는 중요한 분수령이 되었다. 요컨대 미국 우생학이 대중적 실천에서 보여주었던 인종주의적이고 계급차별주의적인 사고는 정치사회적 환경의 변화가 양산해낸 산물이었던 셈이다.

### (3) 우생학의 대중화

미국 우생학의 선구라 할 수 있는 인물은 데이븐포트Charles B.

Davenport(1866~1944)였다. 생물통계학자로 출발한 우생학자이자 유전학자인 데이븐포트가 보여준 실험적 연구와 사회적 실천은 앞서 언급한 과학과 이념의 경계로 구분할 수 없는 미국 우생학의 성격을 잘 보여준다.[262] 그는 유전과 환경 또는 육종과 유전의 개념 혼동이 지속되던 상황에서도 골턴과 멘델주의의 논리적 연관성을 강하게 믿고 있었고, 환경론에 대해서는 매우 비판적인 유전학자였다. 당시 데이븐포트는 사회적 특질도 유전된다는 신념을 견지하고 있었다. 이 문제를 해결하기 위해 그는 골턴이나 피어슨과 교류하면서 생물측정학의 방법론을 수용했고, 유전학에 근거를 두고 변이와 자연선택에 관한 연구도 진행했으며, 멘델주의적 유전 이론을 인간에 적용했다. 이와 같은 데이븐포트의 유전론적 입장은 미국 우생학의 대중적 성공을 일궈내는 중요한 토대로 작용했다.

데이븐포트는 머리카락이나 피부색처럼 직접적으로 관찰 가능한 표현형에 관심을 갖고, 철저한 통계학적 방법론에 의거해 특수한 인간 형질의 빈도수를 조사했다. 이를 근거로 그는 적자와 부적자의 구분을 시도했다. 특히 통계학적 방법론을 수용한 데이븐포트는 수많은 혈통 기록을 조사해 자료화하고, 이를 정상과 비정상으로 구분하는 연구를 지속적으로 진행했다. 그는 우생학 기록 사무국Eugenics Record Offices, ERO을 통해 가계 정보를 수집했고, 이를 통해 열등한 형질을 규정하기도 했다. 당시 우생학 기록 사무국이 열등한 형질을 보유하고 있다고 가정한 대상들은 한결 외형적으로 문제가 있어 보이는 사람들이 대부분이었다. 정신박약자, 정신이상자, 범죄자, 간질병자, 알코올중독자, 결핵이나 나병 및 성병 환자, 시각장애인, 청각장애인, 기형아, 고아, 노인, 병사, 선원, 연금수혜자, 그리고 가난한 사람 등이 열등한 형질을 보유한 존재들로 규정되었다.[263] 매우 자의적이고 포괄적인 이와 같은 규정은 우생학 운동 내내 볼 수 있는 특징 중 하나였다.

이와 같은 데이븐포트의 사고에 영향을 미친 것 중 하나가 앞서 언급했던 더그데일의 『주크家: 범죄, 빈궁, 질병, 그리고 유전 연구』였다. 당시 더그데일은 환경론적 차원의 개선을 주문했었는데, 데이븐포트는 더그데일이 제시한 실증적 자료의 중요성은 인정하면서도 더그데일과는 다른 방법론적 선택을 시도했다. 데이븐포트는 "우리가 원하는 사회적으로 바람직한 형질을 얻기 위해서는 생식을 통제할 필요"[264]가 있고, 인간의 부류가 다양함을 밝히는 것이 과학의 임무이며, 우생학이 바로 이 역할을 해줄 것이라 주장했다. 우생학이 우수한 유전형질을 지닌 사람들의 생식 비율을 증가시키는 과학이라 믿었던 것이다. 그는 가계 조사를 통해 빈도수가 높은 형질이 유전되며, 이는 멘델의 법칙에 조응하는 결론이라고 믿었다. 데이븐포트는 멘델의 유전 요소를 단위 형질이라 명명하고, 그것이 정신적·행동적 특질을 절대적으로 결정하지는 않는다 하더라도, 정신이상, 간질, 알코올중독, 빈곤, 범죄성, 그리고 정신박약 등의 유전과 관련이 있을 것이라 추정했다.[265] 데이븐포트는 유전성을 전제로 빈곤과 같은 사회적 특질을 정신박약이나 저능함과 같은 생물학적 차원의 문제로 환원시켰다. 따라서 인간의 운명은 환경에 의해 개선될 수 있는 것이 아니라 유전에 의해 고정된 것에 불과했다.[266]

데이븐포트는 인간의 복잡한 행동이나 특성을 단순화한다면 인종적 특질이나 국민성의 차이를 밝힐 수 있으며, 그것이 유전의 영향에 기인한다는 것도 설명할 수 있다고 보았다. 당시 데이븐포트는 유전자가 세대를 통해 연속적으로 유전되는 과정을 인위적으로 조절하려고 했다. 데이븐포트를 위시한 우생학자들은 정신이상, 빈곤, 인종적 차이, 지적 능력, 정신박약 등과 같은 모든 인간의 특질들이 유전에 의한 결과라고 믿었다. 이를 증명하기 위해 우생학자들은 다양한 사회적 특질들이 발현되는 유전 메커니즘을 찾기 위한 연구 프로그램을 계획했으며, 동시에 우생학적 이론을 대중에게 교육시키고 사회적 입법화를 추구하기 위한 실천적인 활동을 전개했다.[267] 실천적 활동을 통해 사회적 범죄, 빈곤, 정신박약, 매춘, 폭력적 본능 등과 같은 특질들은 결함 유전자에 의해 재생산된다고 규정하고, 그 효율적인 대책은 결함 유전자의 유전을 막는 것이었다. 그러나 앞서 얘기한 것처럼 미국의 우생학자들은 과학적 객관성이 부족한 주관적 판단에 의거해 우생학적 적합성을 판단하곤 했다. 이를테면 범죄와 같은 반사회적 행동은 우생학적 부적합성의 결정 요소로 인식되곤 했다. 데이븐포트는 장애 가계를 조사하면서 가계에서 전해 내려오는 일화들에 의존하기도 했고, 고다드의 IQ 검사도 다분히 문화적 편견이 깔려 있는 것이었다. 외형적 모습이 아름답다거나 하는 매우 주관적인 범주가 우생학적 선택의 근거가 되었다.

극단적인 우생학자들은 박애주의적 사회 개혁이 부적절한 존재들의 생식과 생존을 도모한다는 이유로 강한 거부감을 표했다. 박애주의적 사회 개혁은 환경 개선이나 의학적인 치료를 통해 결함이 있는 사회적 부적자들의 생존을 보장해줌으로써 미국의 국가적 원형질을 오염시킨다고 보았던 것이다. 박애주의적 사회 개혁은 자연의 법칙에 반하는 일종의 범죄이고, 자연선택에 의해 발전해온 미국적 가치를 훼손함으로써 미국의 장래에 심각한 위협이 될 것이라고 경고하기도 했다. 이들은 과연 부적자에 대한 자선만이 도덕적이고 윤리적인 것인가라는 의구심을 표했다.[268] 이들은 자선을 통해 부적자의 생존과 생식을 보장해주기보다는 부적절한 개인의 생식을 제한함으로써 그들이 겪었던 고통을 대물림하지 않도록 도와주는 것이 더 도덕적으로 의미가 있는 일이라고 주장했다. 어차피 실업에 처한 노동자들은 선천적으로 유전 질병을 갖고 있기 때문에 애초에 실업에 처할 운명에 있었고, 따라서 그들에게 생식을 제한하는 것은 도덕성의 측면에서 인간의 가치를 보장하기 위한 행위가 된다는 것이다. 물론 일부 우생학자들은 자선이나 박애주의적 사회 개혁을 기독교적 사명의 일부로 인식했지만, 이것은 개인의 문제이지 국가 또는 인종 전체의 문제는 아니라고 주장했다. 결국 극단적 우생학자들은 우생학이 갖는 도덕적·윤리적 함의를 극대화시키며 자신들의 논리를 정당화했다. 비미국적 요소의 제거라는 그들의 열망은 인종적 순수성의 견지에서 비정상적인 특질을 소유한 존재들을 배척하는 것으로 나타났다. 이제 개인의 권리는 인종이나 국가의 진보를 위해서 기꺼이 희생할 수 있는 것이 된 것이다.[269]

고다드Henry H. Goddard(1866~1957)의 『칼리칵家The Kallikak Family』(1923)는 이러한 우생론자의 도덕적 논의에 기본적인 토대가 되었다. 고다드는 정신박약의 문제를 사회화함으로써 우생학적 조치의 사회적 중요성을 인식시키는 중요한 역할을 했다. 이 책에는 한 남자로부터 파생된 두 가계가 등장한다. 한쪽은 현명한 결혼을 했고, 다른 한쪽은 그렇지 않은 경우다. 훌륭한good 칼리칵의 가계는 모두 사회의 주도적인 위치에 올랐고, 중산계급 가문의 여성들과 혼인을 했다. 반대로 나쁜bad 칼리칵의 가계는 거의 모두 타락하거나 정신박약에다 범죄자가 아니면 홈리스로 전락했는데, 이는 현명하지 못한 결혼의 결과였다. 고다드는 저능아moron(오늘날의 정신지체에 해당)의 친족관계를 연구했다. 그의 연구 목적은 이민과 저능아의 확산을 제한하는 것에 있었다. 그러나 고다드의 연구는 이미 사회적 편견이 드러난 상태에서 진행된 것이었기 때문에 다분히 자의적인 결론으로 귀결될 수밖에 없었다. 고다드는 영어를 구사하지 못하는 많은 이민자들에게 영어로 번역된 비네 테스트Binet Test를 시행하는 등 이미 정해진 결론을 확인하는 수준의 활동을 벌였다.[270]

고다드는 1908년 유럽을 여행하면서 정신 결함 아동에 대한 프랑스 심리학자 비네Alfred Binet의 테스트를 알게 되었다. 비네는 시몽 Theodore Simon과 함께 정신연령에 따라 아동들을 분류하는 체계를 발전시켰다. 미국으로 돌아온 후 고다드는 비네-시몽 테스트를 이용해 정신박약 아동들을 분류해냈다. 그는 정신박약 아동을 1~2살에 해당하는 가장 낮은 등급에 천치idiots, 3~7살에 해당하는 중간 등급인 치우imbeciles, 그리고 8~12살에 해당하는 가장 높은 등급에 저능아morons 등으로 구분했다. 고다드의 정신박약에 대한 분류는 정상적인 사회적 행동이 정신적 능력과 관련이 있다는 초창기의 인식을 반영한 것이었고, 이후 정신박약은 사회적 구성원으로 자신의 의무를 수행할 수 없는 사람으로 정의되었다.[271]

다소 극단적인 우생학자들은 자선과 박애를 거부하고, 우생학적 실천을 도모함으로써 문명화된 사회의 도덕성을 극대화시키려 했다. 극단주의적 우생학자들의 멘델주의에 입각한 유전론적 우생학은 미국의 사회 환경 덕분에 더욱 활발히 전개될 수 있었다. 즉, 미국에서 유전론과 연관된 우생학이 학문적 테두리에서 발전하여 대중화되고 이념화될 수 있었던 것은 무엇보다 과학 활동에 대한 민간의 후원과 안정적인 제도적 장치 덕분이었다. 당시 미국 사회에서는 다양한 재단의 설립과 그를 통해 연구기금이 조성되었고, 이로써 과학자들이 연구 활동을 수행하기에 더없이 좋은 환경이 만들어졌다. 1904년 카네기 재단Carnegie Institution은 실험진화연구소Station for Experimental Evolution를 개소했다. 데이븐포트가 연구소장으로 부임했고, 여기서 자신의 주장을 검증하는 다양한 연구를 수행했다. 데이븐포트는 골턴을 좇아 우생학 기록 사무국Eugenics Record Office을 설치하기도 했다. 우생학 기록 사무국은 후일 미국 우생학 운동의 가장 핵심적인 대중 활동 공간이 되었다. 이것은 해리먼E. H. Harriman의 후원으로 가능했다. 1921년 우생학 기록 사무국은 실험진화연구소의 유전학 분과로 흡수되었다가 1939년에 유전학 기록 사무국Genetics Record Office으로 명칭을 바꿨다.[272] 이 밖에도 인간개선재단Human betterment Foundation이 백만장자 은행가인 고스니Ezra Gosney의 후원을 받아 우생학적 불임 운동을 전개했다.[273] 이처럼 미국의 주요 우생학 연구소들은 유력한 자산가의 후원을 통해 활동을 전개할 수 있었다. 즉, 미국에서 우생학 또는 유전학이라는 과학의 활동이 후원에 의해 지적 발전을 도모하고, 나아가 대중적 성공의 중요한 동력으로 작용했던 것이다. 이는 영국이나 독일과 비교해보았을 때, 미국의 우생학 운동이 갖는 특이한 성격이라 할 수 있다. 민간 부문에서 후원을 받음으로써 미국의 우생학은 안정적인 기반 위에서 지적 연구를 수행함은 물론 광범위한 대중의 지지를 얻을 수 있었다. 미국의 제도적 장치도 우생학이 발전할 수 있는 좋은 환경을 제공하였다. 영국이나 독일에 비해 미국에는 상대적으로 많은 수의 연구소가 있었다. 더

구나 전문적인 교육을 받은 대학 출신자들이 1890년대부터 대거 배출되기 시작했고, 1900년에서 1915년 사이 식물학이나 동물학으로 박사학위를 받은 사람도 두 배 이상 증가했다.[274] 이는 우생학이 발전할 수 있는 중요한 지적 토양이 되었다. 이처럼 미국의 우생학은 사회적 환경의 변화, 민간 부문에서의 후원, 그리고 제도적 장치라는 세 가지 요소가 상승작용을 일으키면서 발전할 수 있었고,[275] 이는 유전학과 우생학이 결합되어 연구될 수 있는 토양으로 작용하면서 우생학을 과학적이고, 객관적인 것으로 인식시켜준 계기가 되었다.

이와 같은 토양에서 사회적 운동과 결합된 미국에서의 우생학은 유전 연구와 조사를 목적으로 하는 다양한 조직이 설립되어 대중화되었다. 1903년 미국 농업대학 및 실험연구소 연합Association of American Agricultural Colleges and Experimental Station이 주도하여 유전의 실천적 효과를 얻기 위해 미국 육종인협회the American Breeders Association를 설립했다. 이 협회는 유전 개념을 즉각적으로 인간에게 적용하는 문제를 연구했다. 데이븐포트도 여기에 참여했고, 이 협회는 실천적 활동으로 우생학 연구, 교육, 그리고 다양한 입법 활동을 전개해나갔다. 특히 정신박약자와 흉악범들에 대한 입법을 추진하기 위해 다양한 노력을 기울였다.[276] 이후 이 협회는 멘델주의 지지자들과 결합하여 1906년 우생학 위원회Eugenics Committee를 구성했고, 앞서 보았듯이 1910년에는 우생학 기록 사무국이 설립되었다. 1913년에는 미국 육종인협회가 미국 유전학 협회American Genetic Association로 발전하여 보다 안정적인 우생학의 성장을 추구했다.[277] 이 협회는 기관지로 『유전The Journal of Heredity』을 창간하고, 이 저널에는 인간과 동식물의 유전에 관한 연구 성과들이 집중적

으로 게재되었다.[278]

또한 멘델주의적 유전학이 대세를 이루었음에도 불구하고 여전히 골턴주의적 방법론과 유전 이론에 기댄 우생학자들이 골턴 학회 Galton Society를 구성하였다(1918). 기본적으로 이 학회는 인종과 선조에 대한 숭배를 최상의 가치로 여겼고, 데이븐포트를 초대 회장으로 임명하고 회원을 25명으로 제한하는 등 집약적인 형태의 우생학 연구를 수행했다. 이들은 주로 미국 자연사 박물관에서 회합을 갖고 유전형질의 연구와 국가적 차원에서 우생학의 효과 및 열생학의 공포라는 주제를 주로 다루었다. 골턴 학회는 「우생학 소식*Eugenical News*」을 발간하여 자신들의 주장을 폈고, 우생학 저작의 순조로운 출판을 위해 골턴주의자들이 주축이 되어 골턴 출판사Galton Publishing Company를 설립하기도 했다.[279] 이러한 활동을 통해 골턴 학회는 인간 및 인종 개선에 기여할 수 있는 다양한 연구자나 단체들과 밀접한 교류를 확대해나갔다. 여기서 데이븐포트의 활동은 주목할 만하다. 영국에서 생물측정학과 멘델주의 사이의 지적 논쟁이 감정적인 대립으로까지 치달았던 상황을 상기해본다면, 데이븐포트가 멘델주의에 천착한 유전론을 설파하면서도 생물측정학에 기댄 골턴 학회에 참여한 것은 특기할 만한 사실이다.

1923년에는 미국에서도 우생학의 대중적 실천을 주된 목적으로 삼는 미국 우생학협회American Eugenics Society, AES가 설립되었다. 미국 우생학협회는 미국 우생학 위원회Eugenics Committee of U.S와 미국 우생학협회Eugenics Society of U.S.의 후신이었다.[280] 당시 미국 우생학협회는 1,200명의 회원을 모집했고, 29개 주에 지부를 건설하였다.[281]

다양한 우생학 조직의 설립 목적은 한결같이 인종의 유전형질을 조사 보고하고, 우성 혈통의 사회적 가치와 열성 혈통의 사회적 해악을 강조함으로써 건전한 미국 건설을 추구하는 것이었다. 다양한 조직의 사회적 실천은 우생학을 대중적으로 확산시키는 중요한 기폭제 역할을 했고, 이들의 주장도 점점 확대되어 개인의 문제뿐만 아니라 인종 전체의 질적 보호, 자원으로서의 인종 관념, 그리고 효과적인 전쟁 수행을 위한 인종 개선 등까지 포괄하는 방향으로 발전했다. 결국 이러한 조직들의 활동은 열성 혈통의 이민 금지나 불임을 입법화하고, 우수한 혈통의 가치와 열등한 혈통의 사회적 위협을 보다 분명히 해줌으로써, 미국에서 전개된 우생학 운동이 엘리트적 속성을 가지고 있다는 점을 분명히 하였다.

다양한 조직들 중에서 가장 중심적인 활동을 전개했던 ERO와 AES를 중심으로 우생학의 대중화를 살펴보도록 하겠다. 먼저 ERO는 미국 우생학 운동의 산실이자, 전진기지로서 중요한 의미를 지닌다. 데이븐포트와 로글린Harry H. Laughlin(1880~1943)을 중심으로 실천적인 활동을 벌였던 ERO는 거의 30년 동안이나 미국의 우생학 운동을 주도하였다. ERO는 1910년 설치 직후인 1912년에 당시 미국의 주류 생물학자들을 중심으로 과학 자문단을 조직해 우생학의 과학적 정당성을 확보하려고 했다. 과학 자문단은 ERO의 우생학적 활동에 대한 과학적 신뢰를 대중에게 인식시키는 역할을 했다.[282]

당시 ERO는 우생학 정보 센터로서의 위상 정립, 미국인 가정의 특질에 대한 분석적 지표 구축, 우생학 관련 자료 수집을 위한 현장 조사자 교육, 우생학자 및 우생학 관련 연구소와의 협력체계 구축, 인간 특질에 대한 세부적인 유전 메커니즘 연구, 혼인의 우생학적 적합성 상담, 그리고 연구 결과의 출판 등 다양한 형태의 우생학 실천 활동을 전개해나갔다.[283] 이를 위해 데이븐포트와 로글린은 1910년부터 1924년까지 258명에 이르는 현장 조사자에게 인간 유전학의 원리를 교육시키고, 광범위한 가계 정보 습득에 필요한 기술을 훈련시켰다. ERO의 현장 조사자들에 의해 정리된 미국인들의 가계 자료는 이후 전개되는 우생학의 대중화에 중요한 토대를 마련하였고, 각종 입법에도 설득력 있는 입증 자료로 활용되었다. 특이할 만한 사항은 당시 ERO에서 교육을 받은 현장 조사자 대부분이 대학 교육을 받은 젊은 여성들이었다는 사실이다.[284] 여성들이 은밀한 가족들의 정보를 입수하기에 남성들보다 용이했기 때문이다. 또한 여성들이 남성들보다 개인의 육체적·정신적·기질적 특성을 정확하게 평가할 수 있는 날카로운 직관력과 관찰력을 갖고 있다고 생각되었고, 전통적으로 생식 문제는 여성의 수중에 있었던 것에 기인한다. 불임의 주된 당사자 역시 여성이었다는 사실은 꽤나 흥미롭다.

현장 조사자들은 우생학 이론 강의, 실험 및 현장실습을 통해 전문성을 확보해나갔다. 주로 이론 강의는 염색체 구조, 인류학적 측정, 기초 통계학, 피부색, 유전성 질병(정신질환, 백내장, 간질 등)에 대한 의학적 치료 등으로 구성되었다. 또한 식물을 대상으로 멘델의 분리 및 결합 법칙을 실험적으로 증명하기도 했다. 이러한 실험적 검증 결과는 인간의 결함적 특질과 부적절한 교배에 대한 유추로 사용되었다. 그리고 사회적 부적자의 실제적인 상황을 조사하기 위해 ERO 주변의 병원이나 각종 보호시설을 방문하기도 했다. 이러한 훈련을 통해 현장 조사자들은 상당한 전문성을 확보할 수 있었고, 이들이 조사한 가계 자료는 공공기관에서 정책을 입안하는 데 상당히 신뢰할

만한 수준의 자료로 인식되었다.[285]

한편 제1차 세계대전 이후 미국은 세계적인 강대국으로 발돋움하기 시작했다. 이에 상응하여 많은 사람들의 마음속에는 건강한 미국 인종을 유지하려는 생각이 자리 잡았다. 다양한 우생학적 논의들이 개진되면서 인종적·계급적 편견이 유발되었고, 많은 사람들은 경제적·사회적으로 자신들이 선택받은 적자인지를 판별하려고 노력했다. 당시 대중언론의 우생학 관련 기사들도 대부분 인종적 혼합의 폐해를 어떻게 억제할 것인가라는 문제를 제기하고 있었다. 많은 사람들은 미국 인종이 열등한 인종에 의해 사회적으로 바람직하지 못한 특성들로 오염되어 점점 덜 순수하게 되었다고 확신하면서 국가의 정치적·경제적 근간이 흔들리고 있다고 생각했다.[286] 사실 인종적 혼합의 공포는 이미 제1차 세계대전 이전부터 미국 사회에 뿌리 깊게 자리 잡고 있었다. 이미 오래전부터 미국에서는 백인종, 특히 앵글로색슨족의 우월성을 합리화하는 사고가 깊었다. 대부분의 백인 미국인들은 흑인들, 미국 내 인디언들, 아시아로부터의 이민자들이 도덕적으로나, 지적으로나 백인들에 비해 열등하다는 것을 당연시하고 있었다.[287] 이러한 미국의 인종주의는 남북전쟁을 전후로 강화되어 유색인종에 대한 차별로 확대되었고, 이는 앵글로색슨족의 우월성에 그 토대를 두고 있었다.

이와 같은 명백한 운명으로서의 앵글로색슨족의 우월성은 이제 우생학을 바탕으로 최적자생존을 보호하고 부적자를 제거하는 방식으로 더욱 강화된 것이었다. 특히 제1차 세계대전을 겪으면서 이른바 퇴화된 사람들이 급속도로 증가한 것으로 생각되었다. 정부 입법가들은 퇴화된 사람들을 미국이 직면한 가장 큰 골칫거리로 생각했고,

이들의 처리에 상당히 고심하고 있었다. 이러한 상황에서 ERO는 객관적인 입증 자료를 제시하여 다양한 사회적 부적자를 제거하기 위한 각종 입법 청원을 하기도 했다. 당시 ERO가 퇴화된 사람들 혹은 사회적 부적자로 간주한 대상들은 정신박약자를 비롯해 정신이상자, 범죄자, 간질병자, 알코올중독자, 결핵 환자, 나병 환자, 성병 질환자, 시각장애인, 청각장애인, 기형아, 극빈자, 각종 연금 수혜자 등 매우 다양하고 포괄적인 존재들이었다.[288] ERO는 선천성 질병에서부터 범죄자에 이르기까지 포괄적으로 사회적 부적자를 규정했고, 이들의 형질이 유전되는 것을 통제하려고 했다. 더군다나 이들의 형질이 건강한 미국 인종과 혼합되는 것은 더더욱 안 되는 것이었다. 당시 로글린은 사회적 부적자들에 의해 유발된 사회적 부담을 제거하는 가장 좋은 수단이 무엇인지에 대해 설득력 있게 주장했다. 그는 사회적 부적자들을 훌륭한 인종으로 개선하는 것은 불가능하고, 따라서 사회는 그들의 생식을 통제하는 것이 유일한 해결책이라고 주장했다.[289] 그는 장애 부모에 대한 방임은 일종의 '우생학적 범죄행위 eugenic crime'라고 생각했다. 로글린은 미국인들의 결함 생식질 보유자 제한에 관한 최선의 실천적 수단에 대한 연구 및 보고 위원회의 책임자로서, 위원회에 사회적 부적자에 대한 다양한 해결책을 제시하기도 했는데,[290] 해결책은 격리에서 안락사에 이르기까지 다양했고, 위원회는 비용효과 측면에서 불임을 가장 최선의 선택으로 생각했다.[291] 이후 로글린의 주도로 ERO는 이들에 대한 생식 통제를 위해 다양한 입법 청원을 하였다. 제1차 세계대전 이후 법제화된 일련의 우생학적 입법들, 즉 이민제한법, 불임법, 그리고 혼인법 등은 좋은 예이다.

ERO는 우생학의 확산을 위한 교육 활동도 전개했다. ERO의 활동은 전국교육협회the National Education Association와 협력하여 고등학교의 정규 교육과정에 우생학과 생물학적 결정론을 편입시키고, 이를 통해 좋은 출생, 우생학적 혼인의 중요성, 그리고 이민자들과 흑인의 유전적 열등성을 학생들에게 교육시켰다. 당시 생물학 교과서 중 90% 이상이 우생학을 다루고 있었다.[292] 어떤 생물학 교과서에는 "결함이 있는 자들로 구성된 많은 가정들은 질병을 전파하고, 비도덕적이며, 대부분의 범죄를 일으키는 주범으로 〔……〕 다른 이들에게 해를 끼칠 뿐만 아니라 공공 예산에 의해 보호를 받음으로써 사회적 부담을 가중시킨다. 그들은 사회로부터 보호를 받지만, 사회에 아무런 기여도 하지 못한다. 이런 점에서 그들은 진정한 기생적 존재이다."[293]라고까지 명시되어 있다. 고등학교 생물학 교과서인 대중 생물학A Civic Biology에서는 우생학 절을 따로 만들어 정신지체, 알코올 중독, 성적 일탈, 범죄 경향 등의 유전성을 구체화하고, 이런 장애를 해결하기 위해서는 성적 분리나 불임 조치가 필요함을 역설했다. 그리고 우생학적으로 건강한 배우자를 선택할 것을 권고하기도 했다.[294] 1914년 당시 44개의 미국 대학에서 우생학 강좌가 개설되었고, 1928년까지 그 수는 376개로 증가했다.[295]

로글린은 1933년과 1934년에 시카고 만국박람회Chicago World's Fair에서 인간 혈통 연구라는 테마로 우생학 전시회를 열기도 했다. 박람회의 주제는 진보의 세기였는데, 로글린은 우생학과 사회적 진보를 결부시키기 위해 이런 전시회를 기획했던 것이었다. 여기서 로글린은 다양한 각층의 시선을 집중시키기 위해 다양한 실험 장비들을 설치하여 직접 시연을 하기도 했었다. 그의 전시는 특히 중서부

농민들의 마음을 끌었고, 인간 생식과 가축이나 옥수수의 육종 사이의 상관관계를 인식시키는 계기가 되었다. 이 전시회에서는 즉석에서 지원자를 뽑아서 개인들의 유전적 질을 테스트하는 시간도 가졌다.[296] 다른 세션에서는 부적절한 결혼의 폐해를 설명하며, 장애아가 그것의 대표적 사례라고 경고하기도 했다.

ERO 이외의 다른 조직들도 대중적인 활동을 전개했는데, 그중 가장 대표적인 조직 중의 하나가 AES였다. 1907년 영국에서 우생학교육협회가 설립되자, 이에 영향을 받아 미국에서도 시카고, 세인트루이스, 위스콘신, 미네소타, 유타, 그리고 캘리포니아 등에 우생학교육협회가 설립되었다. 이런 지역의 협회들은 주로 성교육이나 성적 위생, 아기 건강 문제에 관심을 기울였고, 데이븐포트는 전국적인 조직의 건설을 추진하고 있었다. 이와 같은 노력의 결실이 맺어져 미국 우생학협회의 설립으로 귀결된 것이다. 이후 AES는 급속히 확장하여 28개 주에 위원회를 구축하는 거대한 조직으로 발전했다.

AES는 우수 가정 콘테스트Fitter Families Contest를 개최했다. 이 콘테스트는 1920년 캔자스 무역박람회Kansas Free Fair에서 시작된 후, 매년 AES의 주관으로 7~10개 주에서 시행되었다. 1920년대 말까지 40개 이상의 후원단체가 등장할 정도로 성황을 이루며 개최되었다. 콘테스트에 참여한 가족들은 자녀의 수에 따라 세 부분으로 나뉘어 경쟁을 벌였다. 여기에 참여한 모든 사람들은 매독이나 정신병에 대한 의학적 소견이 첨부된 증빙 자료를 제출해야만 했다. 우수한 형질을 소유한 것으로 판명된 가정에는 트로피와 메달, 상금이 주어졌다.[297] 콘테스트를 통해 표준적인 미국인 가정에 대한 이미지가 대중들에게 인식되었고, 골턴이 주장했던 우생학적 존재의 모습을 보임으로써 미국 사회에서 진정한 엘리트가 누구인가를 대중들에게 각인시키는 결과를 가져왔다.

AES는 종교가 가진 도덕적 영향력과 우생학적 수사를 얽어매려고도 시도했다. 우생학자들은 종교의 도덕성을 이용해 자신들의 주장을 합리화하려고 시도한 것이다. 이들은 일상생활에서 종교가 갖는 도덕적 영향력과 우생학적 원리의 전략적 제휴를 위해 「우생학 교리문답집*A Eugenics Catechism*」(1926)을 출간하기도 했다. 이제 청소년들은 학교와 거리를 막론하고 우생학의 영향 하에 놓이게 되었다. 교리 문답집에서는 우생학이 천재의 수적 증가, 좀 더 선택적인 사랑, 좀 더 사랑스러운 결혼을 약속한다고 설파했다.[298] 이와 발맞춰서 AES는 목사들이 우생학적 관심을 갖게 하기 위한 수단으로 설교 콘테스트를 개최하기도 했다. 이러한 일련의 활동들은 우생학의 도덕성을 강화하는 데 크게 기여했다. 우생학적 수사는 과학자들, 종교적 지도자들, 정치가들, 교사들, 그리고 사회과학자들에게 도덕적 차원의 관심을 유발했고, 이는 사회적 관계를 생물학 지식을 통해 인식하는 경향을 증폭시켰으며, 생물학은 사회적 효용성의 확대에 필수적인 지식이라는 사실을 대중에게 확산하는 좋은 도구가 되었다.

AES는 인종주의적 편견을 드러내기도 했다. AES는 1928년 노르딕 인종의 쇠퇴 원인에 관한 에세이 공모전을 후원했다. 기본적으로 AES의 우생학자들은 노르딕 혹은 앵글로색슨 인종의 질은 높이 평가한 반면, 나머지 모든 인종의 질에 대해서는 평가절하했으며, 이들 이외의 인종은 국가의 인종적 형질에 위협적인 존재로 인식했다. 이러한 사고는 국적과 인종을 동일시하는 사고에 영향을 주어서 이민법 논의에도 활용된 바 있다. 우생학자들은 육체적·지적·도덕적 차원에서 유전을 통한 생물학적 수단을 가지고 인간을 개선하려고 했다. 우생학과 연관된 당시의 혁신주의 개혁가들은 미국의 새로운 제국주의적 힘을 찬양하기 위해 국가적 차원에서의 미국 중산계급의 복지를 지원할 것을 주장하기도 했다.[299]

ERO와 AES를 중심으로 전개된 우생학의 대중화 노력은 사회의 전 영역으로 확대되었다. 우생학이 얼마나 광범위하게 영향을 미쳤는지는 1910년 이후 20년간 각종 언론 매체에 상당한 양의 우생학 관련 기사가 게재되고, 적어도 수십 권의 우생학 관련 서적이 출판되었다는 사실로부터 짐작해볼 수 있다. 우생학의 대중화는 영화와 같은 새로운 매체를 통해서도 이루어졌다. 광범위한 우생학의 전개를 잘 보여주는 영화가 1915년에 개봉된 〈오염된 임신 *The Black Stork*〉인데, 이 영화는 시카고에서 있었던 실화를 바탕으로 하고 있다. 이 영화의 내용은 한 의사가 기형아로 태어난 아이의 부모들을 설득하여 아이를 죽이도록 권고하는 내용이었다. 이 영화는 의학적 진찰의 우생학적 적합성과 부모의 장애 신생아에 대한 죽임을 허용한다는 분위기를 명백히 고양시켰다. 나아가 이 영화는 부적자들의 결혼이 장애를 유발할 수 있다는 대중적 분위기를 유포하고 육체적·정신적 장애에 대한 실질적 해결책보다는 장애아들을 어떻게 처리할 것인가라는 문제에만 관심을 집중시키는 계기를 조성했다.[300] 우생학을 지지하는 사람들은 우생학적 증명, 판단, 그리고 제거는 값으로는 따질 수 없는 육체적 완전성과 위대한 정신의 유산을 장래 아이들에게 약속해주는 것이라 주장했다.[301] 이렇듯 우생학 관련 영화들은 인간의 아름다움과 적합성을 동일시하는 대중적 이미지를 만들어냈던 것이다.

또한 미국 우생학자들은 1930년대의 독일 우생학 운동과도 연결되었다. 많은 수의 미국 우생학자들이 나치가 권력을 잡은 1933년 이후 독일을 방문했다. 그것은 우생학적 불임의 발전 상황과 독일 우생학 불임 법정의 전개 현황을 조사하기 위함이었다. 미국 우생학 운동의 주요한 지도자 중 한 사람인 오스본Frederick Osborn은 나치의 불임 프로그램을 지금까지 시도해왔던 우생학에서의 가장 중요한 실험이고, 위대한 것이며, 전례가 없었던 일이라며 칭찬을 아끼지 않았다. 우생학 기록 사무국의 로글린은 생식질의 순수성을 보존하는 활동을 한다는 이유로 1936년에 하이델베르그 대학으로부터 명예의학 박사 학위를 받기도 했다.[302] 한편 데이븐포트는 하버드의 300주년 기념일에 독일 우생학자들을 초청하기도 했다. 독일 우생학과 밀접한 연관을 맺고 있던 미국 우생학자로는 미국 우생학협회의 캘리포니아 지부 회원이면서 인간 개선 재단의 이사장이었던 포페노P. Popenoe가 있다. 포페노와 독일 인종위생학자 렌츠Fritz Lenz(1887~1976)는 각각의 연구를 통해 미국과 독일의 우생학 성과를 비교하고 우생학의 발전을 위한 모색을 도모하기도 했다. 포페노는 히틀러의 우생학 정책을 찬양하는 등 독일 불임법의 지지자로 활약하기도 했다.[303] 이와 같은 미국과 독일 우생학의 연결고리는 두 나라가 유사한 경제사회적 상황을 경험함으로써 가능한 것이었다.

요컨대 빈곤한 계층과 같은 바람직하지 않은 혈통은 제거해야 한다고 주장하며 요람에서 무덤까지 미국인들의 일상 습관에 대한 많은 부분에 영향을 미쳤던 우생학은 결과적으로 유전을 근거로 인간의 사회적 위치를 서열화하고, 앵글로색슨의 우월성을 설파하는 등 상대적으로 상위에 위치한 사람들의 논리로 기능하였다. 미국 백인 중산계급의 이해를 충실히 대변했던 것이다. 우생학 운동의 주창자

대부분이 이른바 와스프WASP들이었다는 점은 이 같은 사실을 잘 보여주는 대목이다.


## (4) 우생학적 입법

앞서 살펴본 대로 우생학은 퇴화된 존재에 대한 사회로부터의 격리 혹은 제거라는 이상을 대중 속에 깊이 심어주었다. 이 과정에서 우생학은 자연스럽게 중산계급의 가치와 이상에 부합하게 되었고, 인종주의적 사고와도 결부하여 계급적·인종적 혼합을 제거하려고 시도했다. 우생학적 사고는 제1차 세계대전을 전후로 보다 강화되는 추세에 있었고, 급기야는 이민제한법이나 혼인법, 그리고 불임법 등 일련의 차별적 논리에 입각한 입법 과정에도 영향을 미치게 된다.

### 1) 이민제한법

보통 미국에서의 우생학 운동은 영국과 달리 국가 차원의 문제가 아니라 주 정부 차원에서 발전하는 경향이 있었다. 그러나 이민 문제만큼은 주정부 차원이 아닌 연방 차원에서 다루어졌고, 많은 우생학자들은 제1차 세계대전 이후 이민제한법의 제정에 상당한 로비를 벌였다. 우생학자들의 기본적인 생각은 백인 인구에서 결함이 있는 형질을 제거하는 것보다 열등하게 양육된 다른 인종들을 축출하는 것이 훨씬 중요하다는 것이었다. 이와 같은 우생학자들의 사고는 임금 하락을 우려한 조직된 노동자 그룹, 미국 인종의 쇠퇴를 우려한 토착주의 세력, 급진주의적 사고의 유입을 우려하던 보수주의적 정치가와 기업가 등 다양한 이해집단들과 조우하게 된다.[304] 이들은 열등한 형질을 갖고 있는 백인종을 규제하는 것도 중요하지만, 그것보다는 선천적으로 열등하게 태어난 인종들을 축출하는 것이 더욱 중요하다고 생각했다.

이러한 인종주의적 시각은 혁신주의 시기부터 배태되어왔던 이른바 토착주의와 연관이 있다. 토착주의는 미국적이지 않은 요소들을 배척했고, 미국 내부로 이질적 요소가 유입되는 것을 거부함과 동시에 미국 내부에 현존하는 비미국적 요소에 대한 제거를 도모했다. 제1차 세계대전을 전후로 제기된 새로운 미국 건설의 기치는 다양한 방식으로 열등한 형질의 제거를 정당화해주었다. 20세기 초반의 미국 우생학자들은 이처럼 자기중심적인 사고에 기초하여 육체적, 정신적, 그리고 개인적 특질의 다양성을 유전 이론으로 설명하기 시작했으나, 그것은 매우 자의적이고 표면적인 자료에 근거함으로써 초기부터 많은 한계를 갖고 있었다.

데이븐포트를 비롯한 많은 우생학자들은 국가적 정체성과 인종적 정체성을 동일한 것으로 파악했고, 인종은 사회적 행동의 가장 중요한 기준이 된다고 설파했다. 그는 폴란드인들은 배타적이고 자기 의존적 경향이 강하고, 이탈리아인들은 폭력적 범죄성이 농후하며, 유대인들은 도둑질에 능하다고 주장하기도 했다. 이와 같은 견지에서 데이븐포트는 불량한 형질을 소유한 국가의 이민자들이 미국으로 유입되어 인종적 혼합이 일어날 경우 미국적 정체성에 심대한 문제를 야기할 것으로 판단했다. 특히 남동유럽의 이민자들과 미국인의 인종적 혼합은 피부색의 변질은 물론이고 신장 저하, 유괴, 폭력, 살인,

그리고 강간 같은 범죄성을 유발할 가능성이 높다는 점을 지적하며 남동유럽의 이민자를 적극적으로 제한할 것을 주장했다.[305]

데이븐포트는 골턴이나 피어슨처럼 중산계급을 가장 이상적인 형태의 인간 인종으로 설정하고, 특히 지식인들, 예술가들, 음악가들, 과학자들, 그리고 원 이주민인 백인 프로테스탄트를 최상의 가치를 지닌 존재들로 평가했다.[306] 따라서 그는 이들의 우수한 형질은 국가적 원형질의 발전에 이롭기 때문에 확산시켜야 하지만, 이민자들로 대표되는 나쁜 형질은 국가적 원형질에 해가 되므로 철저하게 확산을 금지해야 한다고 주장하며 포지티브 우생학과 네거티브 우생학 둘 모두를 주장했었다. 데이븐포트는 국가적 원형질의 타락에 직면하여 구체적으로 이민정책을 개선하여 해결책을 마련하고자 했다. 특히 그는 포괄적인 이민 제한보다는 열등한 유전의 역사를 갖고 있는 제한적인 인종에 대해서만 제재를 가할 것을 주장했다. 따라서 가계 조사는 필수적인 사항이었고, 이를 통해 유전적으로 백치, 간질, 정신이상, 범죄성, 알코올중독, 그리고 성적 문란을 가진 인종들의 이민을 미연에 방지할 수 있다고 보았다.[307] 그러나 이민 제한의 대상을 설정함에 있어 데이븐포트의 개인적 편견, 즉 그의 청교도적 경건성은 가톨릭 계열의 국적이나 사회적 부랑자 그룹에 대한 이민 제한을 추구하는 등 차별의식을 노정시켰다. 즉, 멜팅폿melting pot의 사회를 추구하기보다는 아예 처음부터 부적당한 존재들의 미국 내 유입을 제한함으로써 미국적 이상인 청교도적 윤리를 미국의 국가 정체성으로 확보하는 것이 바람직하다고 보았던 것이다.

사실 이와 같은 미국 내의 인종주의적 편견과 연결된 이민 논의는 남북전쟁 이후 1880년대부터 본격적으로 시작된 것이었다. 이민이 국가 차원의 문제로 대두된 것은 이민의 대량 유입에 따른 결과였다. 19세기 말 점차 증가하던 이민은 20세기 들어 거대한 물결을 이루었다. 남북전쟁 이전 아일랜드와 독일 이민자들의 대량 이민에 이어 미국 이민사상 소위 제2차 이민의 물결 시기가 닥친 것이다. 이후 1920년대까지 약 50년 동안은 국가적 차원에서 이민의 수를 조절하고 이민을 질적으로 선별하여 받아들였던 이민 배척의 시기였다. 당시 이민의 주류를 형성하였던 남동유럽으로부터의 소위 신이민에 대한 부정적인 여론을 확산시키는데 주도적인 역할을 한 것은 미국보호협회 American Protection Association, 이민규제연맹Immigration Restriction League, 그리고 개신교 연합체를 중심으로 활동하였던 토착주의 세력이었다. 이들은 신이민을 인종적으로 열등하며 바람직하지 못한 집단으로 취급하고, 비미국적인 가치관을 지닌 가톨릭교도, 유대인, 남동유럽인, 동양인들에 대한 대대적인 배척운동을 전개하였다.[308]

특히 이민 열풍은 인종적 혼합의 공포를 야기함으로써 미국적 정체성에 커다란 장애를 유발하는 사회적 문제였다. 인종주의적 차별의 확대와 심화라는 사회적 분위기 속에서 데이븐포트 역시 우생학에 기댄 이민 정책을 구사하려고 했던 것이다. 특정 국적자에 대한 이민을 완전히 배제하는 첫 사례는 1882년의 '중국인 이민제한법the Chinese Exclusion Acts'이었다. 이 법은 원래 10년의 기한을 두고 중국계 노동자들의 이민을 금지하는 것이었으나, 1902년에 가서 영구화되었고, 1943년까지 지속되었다. 사실 이와 같은 특정 국적자에 대한 이민 규제는 인종적 편견 외에도 백인 노동권의 확보라는 현실적인 이유도 결정적인 동기로 작용했다. 중국계 노동자들은 대륙간 횡단 철도가 완성되자, 백인 중심의 미국 노동시장을 교란하기 시작했다. 이는 미국의 백인 노동자에게 대단히 위협적인 것이었고, 결국 이러한 노동시장 내부의 상황은 인종주의적 편견과 결부되어 남동유럽계 이민자를 비롯한 다양한 국적자의 이민을 규제하는 신호탄이 되었다.[309] 따라서 이민 제한은 혁신주의 시대의 사회악 일소라는 시대적 명분, 데이븐포트와 같은 우생학자들의 체계적이고 학문적인 지원, 그리고 백인 노동권의 보장이라는 현실적 필요가 인종주의적 편견과 결부되어 국가정책으로 발전한 측면이 많았다.

이후 인종주의적 편견이 용해된 국적별 이민 제한은 1907년 일본인을 대상으로 하는 '신사협정the Gentleman's Agreement'이나 1917년 '문맹시험법Literacy Test'을 통해 구체화되기도 했다. 특히 1917년 법에는 신체적 장애자와 사회적 부적자들을 입국 거부 대상에 명시했고, 16세 이상의 입국자에게는 영어시험을 치러 40단어 이상을 읽지 못하면 입국이 허가되지 않았다. 그러나 이 법은 부적절한 외국인들의 이민을 성공적으로 제한하지 못했고, 이는 새로운 이민제한법을 마련해야 될 상황을 야기시켰다. 특히 1차 대전 이후 노동자의 연이은 조직된 파업, 러시아 혁명의 성공으로 인한 급진주의 세력의 대두, 적색공포 등은 1921년과 1924년의 국적별 쿼터 이민제한법의 제정에 중요한 동기로 작용했다.[310]

1920년대 미국에 건너온 소위 신이민자들은 와스프 중심의 주류 사회와는 다른 종교와 언어, 사회와 문화적 가치관을 지니고 있었고, 이들은 동북부 산업도시에 집중적으로 정착하여 이곳을 가난과 질병, 무질서와 범죄의 소굴로 변화시키고 있다는 비난을 받았다. 또한 가톨릭이나 그리스정교 같은 이질적인 종교를 전파하여 미국의 제도와 가치관을 훼손시키고 있다는 우려는 더욱 이들에 대한 부정적인 시각을 갖게 만들었다. 당시의 주요 신문의 사설이나 잡지들은 외국인 침입자들, 이민의 재앙, 이민 선별의 필요성, 바람직하지 못한 이민의 금지 등 선동적인 표현으로 대량 이민에 대한 우려와 경계심을 불러일으켰다.[311]

우생학을 설파하기에 더없이 좋은 상황이 전개된 것이다. 우생학자들은 이민 제한의 우생학적 근거로 이민자들에게 만연한 낮은 IQ, 알코올중독, 게으름, 그리고 탈법 성향 등을 들었다. 이는 모두 유전적 기반을 가지는 특질이라고 주장하며, 이러한 특질을 지닌 이민자들이 대량으로 유입되면 양질의 앵글로색슨 인구를 퇴화시키는 결과를 빚게 될 것이라고 경고했다. 이제 우생학은 결함이 있다고 판단되는 이민자들의 규제 목적에 부합하는 과학적 근거를 제공하기 시작했고, 이는 우생학이 정치적 도구로 기능하게 되었다는 것을 의미하는 것이었다. 19세기 말에서 20세기 초반 미국에 건너온 새로운 이민자들은 대부분 남동유럽인들이었고, 이들은 19세기 중반의 북서유럽 이민자들과는 민족적으로나 문화적으로 구분되는 사람들이었다. 이들은 미국인들에게 인간쓰레기, 정신 결함자, 그리고 사회적으로도 급진적인 존재들로 인식되었다.[312]

이러한 상황에서 제정된 1921년의 존슨법Johnson Bill과 1924년의 국적별 이민제한법Johnson Reed Bill은 우생학자들의 실천적인 활동과 매우 밀접한 관련을 갖게 되었다. 이전의 법들과 이 법들이 갖는 차별성은 이전의 이민법이 질적인 차원에서의 입국 조건을 강화시킨 것이었다면, 이 법들은 이민의 절대적 양을 감소시키기 위해 직접적으로 제한을 가한 것이었다는 점이다. 우생학자들은 1922~1923년의 이민 논쟁을 거쳐, 1924년 4월 새로운 이민제한법이 상하원에서 다수로 통과되었다. 그리고 쿨리지Calvin Coolidge(1872~1933) 대통령에 의해 이 법은 신속하게 배서되었다. 이 법은 1927년까지 1890년의 인구조사를 바탕으로 당시 국적의 외국인들에 대해 적은 비율로 이민을 제한했다. 이제 남동유럽 이민자들에 대한 이민 정책은 좀 더 차별적인 방향으로 흘러갔다. 1927년 7월 1일, 영구적인 이민제한법이 1920년 인구조사에 근거해 발효되었다. 그러나 그 결과는 동일했다. 왜냐하면 전체 인구 중 선조의 국적별 비율에 맞추어 분배된 할당제였기 때문이다. 새로운 법은 생물학적 견해를 수용한 측면이 강했기 때문에 우생학자들은 이 법에 갈채를 보냈다.[313]

당시 일련의 이민제한법 제정 과정에서 중요한 역할을 담당했던 기관은 '하원 이민 및 귀화 위원회the House Committee on Immigration and Naturalization'였다. 이 위원회의 임무는 공식적으로 이민제한법을 제정하는 것이었다. 이 위원회에서 주도적인 역할을 했던 우생학자가 바로 ERO의 로글린이었다. 당시 위원장은 인종차별주의자였던 존슨Albert Johnson이었는데, 그는 로글린을 우생학 전문 요원an Expert Eugenical Agent으로 임명하여 설득력 있는 객관적인 근거 자료를 제시해주길 바랐다. 로글린은 ERO의 전통적인 표본조사 방식을 통해 국적별 이민자수를 통계화했다. 그런데 로글린은 고의적으로 남동유럽의 이민자들을 과도하게 산정했고, 주로 각종 보호시설에 수감된 극빈자나 정신이상자를 대상으로 국적 여부를 조사함으로써 이민자들의 열등한 형질을 증명하고자 했다.[314] 이를 통해 그는 사회적으로 부적당한 다수의 이민자들은 궁극적으로 국가의 인종적 순수성을 파괴할 것이고, 따라서 국가적 파멸을 미연에 방지할 필요가 있다며 적극적이고 실질적인 이민제한법의 제정을 주장했다.[315]

로글린의 활동은 1921년 이민제한법 제정에 상당한 영향을 주었다. 로글린이 제시한 구체적인 통계자료는 법 제정 위원들에게 상당한 공감대를 형성하였던 것이다. 로글린의 이러한 활동은 이민과 관련된 정치사회적 문제의 해결책을 생물학 또는 유전학이 제공해줄 수 있다는 분위기를 증폭시켰다는 점에서 매우 중요하다. 더군다나 이 위원회의 대다수 위원들은 남서부 출신의 원 이주민native stocks 들의 후손들이었기에 로글린의 통계자료는 백인 우월주의에 설득력을 더하였다. 1921년 이민제한법은 1910년의 인구통계를 기준으로 당시 미국에 거주하고 있는 외국인을 출생 국가별로 구분하여, 각 국적별 인구의 3%만 이민을 허용했다. 그런데 이 법의 인구통계 기준이 1910년이었기 때문에 이미 1880년대부터 유입된 남동유럽인들에게는 치명적인 제한을 가할 수 없었다. 따라서 우생학자들은 좀 더 강력한 이민 규제를 요구하면서 캠페인을 벌여나갔다.

　　새로운 이민제한법을 제정하기 위해 로글린은 1921년부터 1924년까지 직접적인 통계적 증거를 위원회에 제시하며 폴란드, 헝가리, 발칸, 터키, 러시아 등에서 유입된 이민자들이 전통적인 미국인종들보다 유전적으로 열등하며, 계속된 동화와 국제결혼은 미국의 혈통을 오염시킨다고 주장했다.[316] 그는 아예 미국으로 출발하기 전에 사전 인터뷰를 강화해 입국 자체를 금지해야 한다는 주장을 펼치기도 했다. 상당한 토론을 거친 후 1924년 새로운 이민법이 제정되었다. 이 법은 이민자 수를 1년에 15만 명으로 제한하고, 각 국적별로 1890년의 인구통계를 기준으로 당시 인구의 2%만 이민자를 허용하는 내용이었다. 이처럼 1890년대의 인구통계를 기준으로 삼은 이유는 이 시대가 미국의 인종적 순수성을 타락시킨다고 생각되었던 남동유럽의 이민자들의 수보다 북서유럽의 이민자들이 더 많았던 시기였기 때문이다.[317] 그런데 우생학자들이 이민제한법의 근거로 제시했던 사회적 특질들은 사실상 대부분 유전적으로 근거가 없는 주장들이었다. 이민제한법을 뒷받침하기 위해 이들이 동원했던 우생학적 논리와 증거들은 본질적으로 그들 자신의 인종적 편견을 합리화하기 위한 수단에 지나지 않았던 것이다. 그럼에도 불구하고 미국 사회에서 우생학에 기댄 이민제한법이 대중적인 설득력을 지닐 수 있었던 것은 당시 실업 증가, 노동파업, 인플레이션 등 일련의 경제적 위기에 봉착해 있던 상황에 기인한 것이었다. 우생학의 이민 제한 주장은 미국의 예산이나 재정적 측면에서도 매우 매력적인 제안이었던 것이다.[318]

## 2) 혼인법

한편 1914년까지 약 30개 주에서 새로운 혼인법이 제정되거나 종래의 법이 수정되었다. 이 과정에도 우생학자들이 깊숙이 관련되어 있다. 대부분의 혼인법에 규정된 조항의 3/4은 정신박약자나 정신이상자의 결혼을 무효화하는 것이었고, 나머지는 다양한 형태의 부적자들의 혼인을 제한하는 조항이었다. 이것의 법적 근거는 그런 유형의 사람들은 다양한 계약 체결이 불가능하다는 것이었고, 우생학이 이것을 과학적으로 증명해주었다. 이민제한법이 외부로부터의 해로운 형질의 유입을 제한하고 방어하는 것이었던 반면, 혼인법은 미국 내부에 가해진 우생학적 금지의 대표적인 사례였다. 혼인법의 제정은 이제 미국 사회에서 인종적 순수성과 국가적 원형질의 보존이 더욱 적극적으로 고민되기 시작했다는 것을 보여주는 것이었다.

골턴은 보편적인 문명화를 달성하기 위해서는 최상의 인종이 필요하며, 이를 위해서는 인종이나 민족 내부의 열등한 요인들을 제거해야만 한다고 주장한 바 있다.[319] 미국인들도 골턴의 기본적인 우생학 관념을 수용했고, 이민제한법과 마찬가지로 혼인법에서도 이와 같은 골턴의 주장이 합리적 근거를 제공하였다. 미국에서 제정된 일련의 혼인법은 골턴이 주장했던 현명한 결혼이나 선택적인 생식을 구체적으로 실현한 것이었다. 불임법은 열등한 형질을 제거한다는 네거티브 우생학의 성격이 강했다면, 미국의 혼인법은 독일의 레벤스본 Lebensborn 프로그램처럼 양질의 미국 혈통을 보존한다는 의미에서 일면 포지티브 우생학의 성격을 갖는 것이었다.

최초의 우생학적 혼인법은 1896년 코네티컷 주에서 우생학적으로 부적자인 사람들의 결혼 및 혼외정사를 금지한 것이었다. 만일 이 법을 어길 경우 그 여성이 45세 이하라면 최소한 3년 이하의 징역을 살아야 했다. 이러한 법 적용은 이후 다른 주들의 모범이 되었다. 가장 눈길을 끌었던 것은 인디애나 주의 혼인법이었다. 1905년 통과된 이 법은 정신적 장애가 있는 자, 유전적 질병이 있는 자, 습관성 알코올 중독자 등의 혼인 금지를 구체적으로 명문화하는 등 이전의 법들보다 훨씬 강화되고 확장된 측면이 강했다.[320]

이와 같은 일련의 혼인법은 사회적 부적자들, 특히 신체적 결함이 있는 자들의 혼인은 미국 인종의 자살로 이어질 것이며, 궁극적으로는 백인종의 문명화가 좌절되고 말 것이라는 사고로 발전해갔다. 우생학은 이와 같은 논리적 발전에 과학적 정당성을 제공하였다. 이후 혼인법은 인종주의적 사고와도 연관되어 신체적 장애인뿐만 아니라 서로 다른 인종 사이의 혼인 역시 엄격히 규제하는 방향으로 강화되었다. 따라서 미국의 혼인법은 인종적 질의 보호를 내걸었던 독일의 인종위생과 동일한 맥락에서 이해할 수 있는 성질의 것이다.

당시 미국 우생학의 관심은 백인 프로테스탄트들의 경제적 문제보다는 사회적 차원의 문제에 있었다. 백인 프로테스탄트들은 원 이주민이었다. 물론 그들이 영국에서 유전적으로 귀족에 속했던 것은 아니었다. 영국과 미국의 중산계급 혹은 상층 중산계급은 노르딕이나 앵글로색슨 인종의 질을 높이 평가한 반면, 나머지 인종의 질에 대해서는 평가절하했으며, 그들이 국가의 인종적 전망에 위협적인 존재로 다가올 것이라 여겼다. 우생학자들은 흑인들이 유전적으로 생물학적 열등성을 갖고 있다는 관점을 견지했다. 일부 우생학자들은 종 사이의 혼합이 어쩌면 인종적으로 유익한 결과를 산출할 수도 있다고 했다. 즉, 백인 남성과 흑인 여성의 교배는 흑인들의 피부색을 점점 희게 할 것이고 결국 이는 인종적 동화의 좋은 기회가 될 수도 있다는 것이다. 그러나 대부분의 우생학자들은 이러한 논의에 부정적이었다.[321]

미국에서는 북유럽의 백인 프로테스탄트 집단과 흑인, 유대인, 그리고 가톨릭교도 사이의 유전적 차이에 대한 가정은 우생학 운동의 중요한 특징이었다. 우생학은 흑인이나 동양인들을 열등인종으로 분류할 수 있는 과학적 근거를 제공하였고, 그 결과 흑인에 대한 차별을 규정했던 '짐 크로우 법Jim Crow Law'을 묵인하는 상황까지 만들어졌다. 특히 미국의 우생학자들은 잡종화 경향을 매우 우려했다. 19세기 후반부터 이미 미국의 많은 사상가들은 앵글로색슨의 인종적 우월성이라는 신념을 견지하고 있었고, 따라서 앵글로색슨 인종은 세계 지배를 달성할 최적자라고 생각하고 있었다.[322] 미국인들이 혼혈 문제에 관심을 가졌던 것은 지극히 당연한 것이었다.

당시 미국인들은 과학이 미국의 정체성을 담보해줄 것이라 믿고 있었고, 미국의 정체성을 확보하기 위해서는 생물학적으로 열성 형질을 가진 존재들을 제거해야만 한다는 우생학의 신조를 철저하게 신봉했었다. 이와 같은 우생학의 신조에 대한 믿음은 앞서 살펴본 이민제한법의 경우와 마찬가지로 혼혈의 위험성에 대한 논의로 확대 적용된 것이었다. 그랜트Madison Grant가 "우리의 의지와는 상관없이 두 인종의 혼혈은 장기적으로 볼 때 우리를 더 퇴보하게 만들고, 일반화시킬 것이며, 더 낮은 수준의 인종으로 전락시킬 것이다. 백인과 인디언의 혼합은 인디언이고, 백인과 검둥이의 혼합은 검둥이이며, 백인과 힌두의 혼합은 힌두, 그리고 유럽 인종과 유대인의 혼합은 유대인이 될 것"[323]이라고 주장한 것은 잡종화에 대한 우려와 미국의 정체성 측면에서 시사해주는 바가 크다.

혼인법은 인종 사이의 혼혈로 인한 국가적 원형질의 퇴화가 미국의 쇠퇴를 야기할지도 모른다는 발로에서 전개된 것이었다. 따라서 인종적 질의 보존은 국가의 운명을 좌우하는 중요한 최고의 가치로 인식되었던 것이다. 이런 점에서 본다면 사실 나치와 미국의 인종적 질 보존을 위한 우생학적 정책은 적어도 목적 측면에서는 별로 차이가 없었던 셈이다.

### 3) 불임법

미국에서 제정된 불임법은 우생학적 사고가 가장 극단적인 형태로 나타난 것이었다. 이는 인간의 특질과 습성이 유전된다는 믿음이 하나의 사회적 사실로 전화된 가장 대표적인 사례였다. 즉, 자연적 범주가 사회적 사실로 전화되는 모습과 그 결과를 미국의 불임법은 잘 보여주고 있는 것이다. 불임법은 불손한 인간의 행태적 패턴이 유전되어 사고를 일으킬지도 모른다는 우생학자들의 가정을 실천한 것이었지만, 원래 그것은 우생학자들의 창안물이 아니라 범죄를 통제하기 위한 당시의 사회적 필요에서 생겨난 것이었다.[324] 이러한 사회적 필요에서 고안된 불임법은 우생학과 연관됨으로써 신체적 결함이 있거나 범죄자가 될 경향성이 농후한 사람들의 재생산을 금지해야 할 의무를 사회에 부과하게 되었다. 만일 실업과 빈곤 등 사회적 문제가 유전성에 기인하는 것이라면, 이때 가장 합리적인 해결책은 유전의 금지일 것이고, 따라서 다양한 사회적 문제를 양산하는 유전적 결함자들이 태어나지 못하도록 하는 것이 급선무였던 것이다.[325] 20세기 초반 우생학자들의 초기 임무는 정신 능력에 문제가 있는 사람들을 규정하고, 그들의 생식을 제한하는 것이었다. 예를 들어 고다드는 정신지체에 관심을 기울였고, 생식 허용의 한계를 최소한 정신연령 12살 정도로 제한했다.[326]

당시 데이븐포트와 고다드는 결혼 제한이나 가임기 동안의 격리 등을 주장하며 강제적인 성적 불임을 지지했다. 다른 저명한 우생학자들은 유아 살해를 비롯한 더욱 엄청난 주장을 하기도 했다. 공중보건 전문가들과 의사들의 이러한 주장은 입법가나 정부 관료들에게 영향을 미쳤고, 35개 주에서 강제 불임법이 제정되었다. 대부분의 불임은 정신질환이나 정신지체와 관련되었고, 일부 주에서는 주정부 프로그램으로 범죄자, 간질, 매춘부를 포함했다. 1914년 데이븐포트의 ERO는 각 세대마다 하위 10% 인구의 불임을 권고하기도 했다.

만일 이 일이 시행되었다면, 수십 년간 적어도 수많은 사람들이 불임의 대상이 되었을 것이다. 사회는 확실히 가치 없는 하위 10% 인구의 제거를 지지하고 있으며, 대중 여론은 다수가 이런 조치를 환영하고 있었다.[327]

첫 번째 불임법은 1907년 인디애나 주에서 통과되었고, 이후 불임법은 1914년 전국인종개선회의The National Conference on Race Betterment를 통해 확산되어 1935년까지 28개 주에서 채택되었다. 이때까지 공식적인 통계만 약 16,000명 이상이 강제 불임을 당했고, 1974년까지 수십만 명이 불임을 당했다.[328] 물론 불임은 공식적인 법 제정 없이 이미 시행되고 있었다. 1899년에서 1907년 사이 대략 500여 명의 남성이 불임되었는데, 이는 그들이 구치소를 가득 메우고 있었기 때문이었다.[329] 이들은 사회적으로 비효율적인 존재들이었던 셈이었다. 이처럼 당시 미국에서 제정된 대부분의 불임법에서는 습관성 범죄나 강간 같은 강력 범죄와 더불어 간질, 정신이상, 천치 등의 선천성 장애 등 사회적 비용의 증가나 사회적 비효율과 관련이 있는 다양한 신체적 · 사회적 결함자를 강제 불임의 대상으로 간주했다. 초기의 많은 우생학자들은 바람직하지 않은 사회적 행동을 한다고 규정된 범죄자나 매춘부 같은 사람들의 기질이 유전된다고 생각했다. 미국의 불임법은 광범위한 견지에서 유전성 맹인, 청각장애 그리고 신체적 장애를 가진 이들의 생식을 제한하려고 했다.

1911년 아이오와 주에서 통과된 불임법을 예로 보면, 이 법은 성범죄로 2회 유죄판결을 받은 자, 강력 범죄로 3회 유죄판결을 받은 자, 단 한 번이라도 미성년 백인 소녀와의 매춘을 강요한 자는 무조건 불임을 시켰다. 그리고 이들 외에도 약물 중독자, 성도착 환자, 간질 등 정신병과 관련이 있는 장애자들 또한 강력 범죄자들과 동일하게 불임의 대상으로 간주했다.[330] 이는 사회적 중범죄와 단순한 신체적 장애를 동일한 잣대로 파악한 것에 기인한 결과이다. 단지 정신적 장애가 있다는 이유로 생식에 제한을 당한 셈이다. 일부 우생학자들은 미국 남부의 소작인sharecropper에 대한 대량 불임을 제안하기도 했다.[331] 이와 같은 기존의 불임법은 우생학자들의 사회 개혁에 대한 점증하는 목소리와 더불어 더 강화되고 구체적인 방향으로 새롭게 제정되기 시작했다. 1935년까지 불임법이 제정된 주가 28개였고, 7개 주는 처리 중에 있었다. 물론 1907년 이후 불임법에 반대했던 주가 7개였고, 처음부터 불임법을 발의하지 않았던 주도 6개나 되었지만, 전체적인 미국 내 흐름은 불임법 제정으로 기울고 있었다.

제1차 세계대전을 전후한 시기에 우생학자들은 박애주의적 사회 개혁을 커다란 공포로 인식했는데, 이는 생활환경의 개선이나 질병 치료 등을 통한 부적절한 개인들의 생존과 재생산에 거부감을 갖고 있었기 때문이다. 우생학자들이 보기에 자선 활동으로 인한 사회적 환경의 변화는 다수의 결함이 있는 개인들을 지속적으로 생산할 것이었다. 따라서 자선 활동은 부적자들의 생존과 번식을 보장해줄 것이고, 자연스럽게 자연선택이라는 자연의 법칙을 전복시킨다고 보았다. 결국 이는 미국 장래에 위협이 되는 것이었다. 우생학자들은 자선 활동보다는 우생학적 조치가 가장 윤리적이고 문명화된 행동이라며, 사회적 부적자들의 출산을 통제하여 문명화를 달성해야 한다고 강력히 주장하고 나섰다.[332] 비록 1936년 미국 신경학협회the American Neurological Association의 특별위원회가 과도한 우생학 조치에 대해 비판을 했지만, 협회도 특정한 유전성 정신질환이나 정신지체, 간질

등에 대한 불임은 권고하는 입장이었다.[333]

이러한 주장은 실질적인 경제적 필요에서 야기된 측면도 강했다. 사회적 부적자들에 의해 유발된 사회적 부담을 경감시키기 위한 방안을 모색하고자 했던 것이다. 이들 중에서 가장 문제가 심각했던 대상은 정신박약자였다. 가령 버지니아 주에서는 정신박약자가 범죄자의 1/4, 매춘 여성의 40%, 구빈시설 수용자의 절반을 차지했다. 코네티컷 주에서는 주정부 예산의 25%가 이들의 보호와 치료를 위해 소요되고 있었다. 많은 사람들은 결함이 있는 사람들을 위해 과도한 세금을 내는 것에 불만을 갖고 있었고, 따라서 불임에 대한 요구는 백인들이 신체적 장애자들에게 갖고 있던 적대성과 정부의 세금 및 복지 정책에 대한 불만이 생물학적 언어로 표출된 것으로 볼 수 있다. 이러한 필요에서 제기된 일련의 불임법 제정에도 ERO와 로글린의 노력이 크게 영향을 미쳤다. 로글린은 이른바 우생학적 기본 불임법Model Sterilization Law을 스스로 입안하기도 했다.[334] 이 법은 각 주정부가 계획적인 인구 조절을 위해 강제 불임을 시행토록 권고하는 내용이었다. 그는 사회적 부적자 중의 정신박약자를 수량화하고, 통계 자료를 근거로 사회적 부담을 제거하는 가장 좋은 수단은 불임밖에 없다고 주장했다. 이러한 장애를 방임하는 것은 일종의 범죄라고 생각했기에 ERO를 비롯한 많은 우생학 관련 단체들은 안락사와 같은 해결책을 비롯해 다양한 방안을 제시했지만, 비용 면에서 불임 시술만큼 효과적인 방안은 없다고 생각했던 것이다.

물론 로글린의 기본 불임법은 일부 세력들에 의해 위헌이라고 공격받기도 했지만, 1927년 버지니아 주의 '벅 대 벨 사건Buck v. Bell Case'을 통해 사회적 부적자에 대한 불임이 합헌임이 결정되면서 강제적인 불임 시술은 더욱 공공연하게 진행되었다. 연방대법원이 버지니아 주에서 올라온 한 상고 사건에서 불임 시술은 주 경찰 권력의 지배하에 있다고 합헌 판결을 내린 것이다. "공공복지 사회는 시민들에게서 그들의 생명을 요구할 수도 있다는 사실을 우리는 종종 보아왔다. 하물며 우리가 완전히 무능력의 늪에 빠지는 것을 방지하기 위하여 이미 국력을 쇠약하게 한 사람들에게서 이 같은 경미한 희생조차 요구할 수 없다면, 그것이 오히려 이상한 일이다. 직접 관련된 불임 당사자도 종종 그렇게 느낄 것이다. 명백한 정신박약으로 부적절한 사람들이 대를 잇도록 내버려두기보다는 사회가 나서서 이를 금지시킬 수 있다면 그야말로 좋은 일이다. 〔……〕 더 나은 세상을 위해 그의 자손이 범죄성으로 인해 퇴화되는 것을 기다리거나 우둔함으로 인해 굶어 죽게 놔두기보다는 사회가 나서서 그들과 같은 부적격자들이 지속되지 않도록 명확한 방법을 제시해주는 것이 필요하다. 〔……〕 정신박약자는 3대를 이어간 것으로 족하다"[335]라는 이 사건의 판결문은 우생학이 국가의 공적 정책으로 기능할 수 있음을 보여준 것으로 중요하다. 그런데 이러한 판결은 정신력 결핍이라는 요인뿐만 아니라 사회적·성적 일탈을 불온하게 생각하는 재판부의 견해 때문에 가능한 것이었다.[336] 미국의 불임법 제정은 미국의 우생학 운동이 극단적이고 비인도주의적인 것이었음을 명확히 보여주는 사례였다. 사실상 미국의 불임법은 미국의 전통적 이상 중 하나라고 할 수 있는 개인의 권리 보장과 자유 존중이라는 사상을 심각하게 훼손한 것이었고, 따라서 이는 분명 자유민주주의와는 거리가 먼 조치였다. 하지만 대중적 지지와 더불어 법적 정당성까지 갖게 된 미국의 불임법은 1935년까지 28개주에서 채택되어 공식적으로 약 16,000명

이상에게 강제적인 불임 시술을 가했고, 1974년 폐지될 때까지 수십만 명을 대상으로 불임을 시술했다.[337] 요컨대 미국에서 우생학은 과학적인 계획과 통제, 경제적 효율, 그리고 이민 문제에 대한 합리적 해결이라는 현실적 당면 과제와 조응함으로써 대중적 정당성을 획득할 수 있었다. 유전을 근거로 인간의 사회적 위치를 서열화하고, 기득권 계층의 우월성을 설파하는 등 상대적으로 상위에 위치한 사람들의 논리로 기능했던 미국의 우생학은 국가 정체성을 구성하는 중요한 요소이기도 했다. 우성과 열성, 바람직한 것과 그렇지 못한 것, 적합한 것과 부적합한 것, 미국적인 것과 비미국적인 것을 구분하고, 후자들을 배제시키는 것이 19세기 말 이래 끊임없이 지속된 미국의 국가 정체성 형성의 방법이었으며, 우생학은 여기서 중추적인 역할을 담당한 측면이 있다. 우생학이 주장했던 인종 개량의 이념은 그것이 열성인자의 제거이건 우성인자의 번식이건 모두 더 우수하고 강인한 인종으로 만들어 가장 강력한 국가를 건설하려는 미국적 이상의 표현이었던 셈이다.[338]

이렇게 실천적인 활동과 구체적인 입법 과정의 참여를 통해 미국에서 발전을 구가하던 우생학은 1930년대에 접어들어 쇠퇴하기 시작했다. 사실 초기 미국 우생학 운동이 설정했던 전제들은 오늘날의 유전학 관점에서 보면 틀린 전제들이었다. 더욱이 유전학의 발전에 따라 초기 우생학자들의 유전론적 입장은 거부되기 시작했고, 이러한 우생학자들의 수세 국면을 돌파해준 것이 제1차 세계대전이었다. 따라서 제1차 세계대전 이후의 우생학은 생물학적 적합성보다는 도덕적 적합성을 극단적으로 추구하는 방향으로 전개될 수밖에 없었다. 이런 상황에서 1929년 촉발된 대공황은 우생학의 쇠퇴를 부추기는 중요한 사회적 분기점이 되었다. 대공황은 미국인들에게 생물학적 차이보다는 사회적 환경의 중요성을 인식시켰던 사건이다. 대공황은 지적·사회적 능력과는 무관하게 모든 미국인들이 사회적 고통을 동일하게 감수해야만 한다는 사실을 각인시켰다. 이 같은 상황은 우생학적 주장들이 설득력을 잃기에 충분했다. 미국의 우생학이 정치사회적 환경 변화의 산물임을 다시 한 번 보여주는 좋은 예증이다.

대공황의 여파로 인한 유전론적 우생학의 쇠퇴는 생물학 사회 내부에서 일어난 유전학의 발전으로 과학적 취약성을 노정시키며 서서히 침몰해가기 시작했다. 그러나 이는 이미 예정된 귀결이었다고 볼 수 있다. 사실 멘델주의에 기댄 이념적 우생학에 대한 반발은 생물학 내부에서 아주 오래전부터 꾸준히 제기되고 있었던 상황이었다. 미국의 경우, 앞서 살펴보았듯이 멘델주의 유전학을 가장 먼저 도입한 분야는 농업 분야였다. 당시 미국 사회는 산업화로 인한 도시화의 물결이 지배적인 상황으로 전개되면서 농업 분야에서도 혁신적인 개량을 통해 산업적 가치를 도모하는 데 관심이 높았다. 그들은 미국의 자연적 환경에 적합한 새로운 농작물을 개발하기 위해 다윈주의적 자연선택과 이종교배에 관심을 가졌다. 이러한 연구들은 농업 육종가와 대학의 생물학자 그룹 사이의 밀접한 연관 속에서 발전한 것으로 보인다. 멘델주의 유전학이 유입될 당시 미국에서는 육종을 통해 농업 생산력의 극대화를 꾀하고 있었고, 이로부터 형질 보존과 품종 개량의 관심이 유전과 유전학에 대한 관심으로 전이되었다. 상황이 이렇다보니 육종과 유전은 개념적으로 혼동될 수밖에 없었다.

이러한 혼동은 일부 유전학자들의 노력으로 조금씩 깨져나가기 시작했다. 유전학자들의 연구를 통해서 발현된 형질patent traits과 잠복된 형질latent traits에 대한 구분이 이루어지기 시작했던 것이다. 이 문제는 골턴에게도 골칫거리였다. 앞서 살펴보았듯이 처음에 다윈의 범생설을 수용했던 골턴은 이후 혼합유전에 관한 실험을 통해 유전 가능한 형질은 발현된 형질이 아니라 잠복된 형질이라는 결론에 도달했었다. 즉, 겉으로 드러나는 것은 일부이고, 부모들 특질의 대부분은 잠복되어 있다는 것이다. 마치 바이스만의 생식질 연속설을 예측한 듯한 골턴의 결론은 이후 요한센에 의해 더 구체화된다.[339] 요한센은 잠복된 형질의 유전성을 밝히기 위한 실험을 통해 유전과 변이의 문제에 다가서기 시작했다. 동종교배와 이종교배, 역교배back cross(잡종 1대를 그 선대와 교잡하는 것) 등 각종 실험을 통해 요한센은 표현형phenotype과 유전형genotype을 구분했다.[340] 이러한 구분을 통해 그는 표현형만으로는 생물학적 정체성에 대한 가치판단을 내리기에 부적절하고, 따라서 내부에 숨겨져 있는 잠복된 유전적 정체성을 파악할 필요가 있다고 판단했다. 결론적으로 그는 표현형은 환경이나 가시적인 성질을 나타내는 것이고, 유전형은 외부적 환경과는 무관하게 항구적으로 지속되는 일종의 유전 정보라고 파악했다.[341]

이어 모건Thomas H. Morgan(1866~1945)은 초파리의 돌연변이 연구를 통해 요한센의 결론을 보다 확실하게 확인해주었다. 사실 모건은 우생학 운동 초기 강력한 우생학 운동 집단인 미국 육종인협회에 소속된 학자였다. 그러나 1915년경 그는 우생학 운동에 대한 관심을 접고 유전학자로서의 길을 가게 된다. 실험을 통해 그는 유전자 안에 있는 내재된 형질implicit traits과 원형질 안에 있는 외형적 형질explicit traits을 구분했다. 이러한 구분을 통해 그는 이전과는 다른 유전 개념을 만들어가기 시작했다. 무엇보다 모건은 유전과 환경 사이의 상호작용이 그렇게 단순하지 않으며 매우 복잡한 측면이 있기 때문에 생물체의 특질을 설명하는 것은 아주 어려운 일이라고 생각했다. 이를테면 멘델주의적 견지에서 단일 유전자에 의한 하나의 유전적 구성은 성립할 수 없다고 본 것이다. 따라서 모건은 생물체의 특질을 규정하기 위해서는 유전적 구성뿐만 아니라 그것이 관계를 맺는 환경적 구성 요소들에도 주의를 집중할 필요성이 있음을 주장했다.[342] 이와 같은 유전학 내부의 발전은 이미 오래전부터 과학적 담론으로서의 우생학이 갖는 과학적 취약성을 드러내주고 있었다.

이렇듯 과학적 근거를 상실한 우생학은 제1차 세계대전을 거치면서 이데올로기적 도구로 전락했고, 미국의 정치사회적 환경 변화는 우생학의 대중적 설득력을 보다 강화해주었다. 그러나 1930년대 접어들어 인간유전학이 주도적인 학문 분야로 자리를 잡아 큰 흐름을 형성하면서 우생학은 더 이상 과학적 정당성을 주장할 수 없었다. 이제 나쁜 유전자가 모든 부적합한 형질들을 유발한다는 우생학적 관념은 유전학의 발전에 따라 거부되었다. 유전학의 발전은 많은 형질들이 상이한 유전자들에 의해 영향 받을 수 있으며, 환경도 유전적인 잠재성이 무엇이든지 간에 유기체의 성장에 영향을 미칠 수 있다는 것을 상기시켜 주었다. 이러한 상황은 많은 학자들이 우생학의 과학적 부당성을 공공연히 비판하는 계기를 조성해주었다. 아이러니하게도 멘델주의 유전학의 발전으로 유전 문제가 강조되면서 발전의 모티브를 얻었던 우생학은 유전학이 발전함에 따라 쇠퇴해가는 기묘한 운명에 놓이게 된 것이다.

이런 상황에서 발생한 제2차 세계대전과 나치의 대학살은 미국 우

**〈표〉 유전형질에 대한 인식 변화**

| 골턴 | 요한센 | 모건 |
|---|---|---|
| Patent | · Phenotype<br>· historic<br>· biological<br>· small variability<br>· through interaction with surrounding<br>· natural and artificial selection | · Explicit identity<br>· gene & environment<br>· protoplasm<br>· medicine |
| Latent | · Genotype<br>· ahistoric<br>· chemical<br>· large variability<br>· through internal reaction<br>· pure line breeding and mendelian analyzes | · Implicit identity<br>· genes<br>· chromosome<br>· genetic |

생학의 대중적 성공을 여지없이 무너뜨려버렸다. 나치는 최상의 인간만이 자손을 생산해야 한다는 사고를 가지고 있었다. 레벤스본 프로그램이 이러한 목적을 위해 시작되었다. 이들은 뚜렷한 아리안형의 인간이 존재한다는 믿음을 뒷받침하는 과학적 근거가 있다고 막연히 전제했다. 그러나 실제 최상의 인간을 선택하는 기준은 대단히 엉성하고 주로 외형적인 요인에 치우친 것이었다.[343] 독일의 인종위생은 이와 짝을 이루는 것이었다. 노르딕 인종 유형이 있다고 믿은 나치는 히틀러 집권 이후 미국의 불임법을 모델로 작성한 불임법

(1933)을 제정하여 12년간 노르딕 인종이 아닌 수백만 명의 무고한 인명을 앗아갔다. 바로 이 같은 비인간적인 나치의 잔학성이 대중들의 심리로부터 우생학을 결정적으로 분리시켰던 것이다. 불임법의 모티브를 제공하였던 ERO의 활동 역시 회의적으로 비추어질 수밖에 없었다. 결국 미국 우생학 운동의 산실이자 운동의 구심이었던 ERO가 1939년 10월 공식적으로 폐쇄되면서, 한 시대를 풍미했던 우생학은 생명력을 점차 잃어가기 시작했다.

이제 우생학의 중심은 독일로 이전되기 시작했고, 영국이나 미국에서 전개된 형태와는 또 다른 형태의 우생학이 전개되었다. 독일의 역사적 특수성과 사회적 환경이 만들어낸 독일의 인종위생운동은 영국이나 미국의 그것보다 훨씬 더 포괄적이고 극단적인 방향에서 전개되었다.

# 5 독일의 우생학

독일 인종위생Rassenhygiene[344]은 원래 생의학적 차원에서 건강보건 프로그램의 일환으로 시작된 것이었으나, 결국 강제 불임sterilization, 안락사euthanasia, 그리고 집단 학살로 귀결됨으로써 과학의 정치화 현상이 보여줄 수 있는 가장 부정적인 결과를 낳았다. 독일 인종위생은 19세기 말 독일 사회의 급격한 산업화 과정에서 파생된 제반 사회문제 및 노동자계층과 엘리트계층 사이의 상대적인 출산율 차이를 극복하려는 생의학적 차원의 조치였다. 독일 인종위생론자들은 독일인들의 생식을 과학적으로 관리하고 조절함으로써 독일의 문화적·정치적 쇠퇴를 막으려고 했다. 독일 인종위생론자들은 이념이나 정치적 지향에 관계없이 독일의 국가적 효율을 높이기 위해 생물학적 적합성을 논하거나 부적자를 제거해야 한다는 주장을 펼쳤다.[345] 때문에 초기의 독일 인종위생은 생물학에 엄밀한 지적 기반을 두었고, 인종적이고 정치적인 색깔은 두드러지지 않았다. 그러나 초기의 긍정적인 목적에도 불구하고 독일의 역사적 상황은 인종위생을 극단적인 방향으로 내몰아갔다. 독일 인종위생은 제1차 세계대전에서의 패배와 대공황의 여파로 점점 인종주의적 색채를 띠게 되었고, 나치의 집권 이후 극단적인 정치적 운동으로까지 발전했다.[346] 이 때문에 독일 인종위생 연구의 중심에는 늘 나치의 인종 학살이 자리 잡아왔다. 물론 이와 같은 단선적인 연결은 다양한 함의로 설명할 수 있는 독일 인종위생의 모습을 단순화시킬 가능성도 많지만,[347] 독일 인종위생이 가졌던 계급 편향적 성격과 인종주의적 차별을 정당화할 수는 없다. 독일 인종위생은 과학 이론이 사회적 상황이나 정치적 이념과 매우 밀접한 연관을 맺으며 왜곡될 수 있음을 보여준 역사적 사례였다는 점에서 과학기술의 시대를 살아가는 우리들에게 시사하는 바가 크다.

여기서는 독일 인종위생의 이론적 토대가 된 다윈의 진화론이 헤켈에 의해 독일에 수용되어 변용되는 과정, 그리고 그것이 독일의 역사적 특수성과 조응하여 변화해가며 궁극적으로 나치에 이르러 극단적인 형태의 우생학적 조치로 귀결되는 역사적 궤적을 살펴볼 것이다. 이는 과학과 사회 또는 과학과 정치의 상보적인 관계를 살펴볼 수 있는 좋은 역사적 사례를 제공할 것이다.

## (1) 헤켈과 집단주의적 투쟁

독일에서 다윈의 진화론은 헤켈에 의해 급속히 사회로 확산되기 시작했다. 당시 다윈의 『종의 기원』 출간은 독일에서 생물학적 결정론과 과학적 인종주의의 서막을 알리는 것이었다. 앞서 밝혔듯이 다윈은 인간 위치의 문제에 대해 기독교와 다른 의견을 피력했고, 적응 이론에 근거해 진화 이론을 설파했다. 유럽과 미국의 학자들은 다윈의 진화론을 인간에 적용하는 문제를 고민했고, 다윈의 자연선택설은 인간의 도덕이나 윤리마저도 설명할 수 있는 도구가 되었다. 미국에서 다윈의 진화론은 최적자의 생존을 보증해주는 이론으로 기능했고, 이는 산업자본주의의 정당성과 기업가들의 도덕적 합리화를 도모해주었다. 미국의 경우, 경제적 분야에서의 생존경쟁은 자연의 법칙에 의거한 사회적 존재들의 필연적 결과였고, 생존경쟁이 벌어지는 사회도 자연에서 이루어지는 변이와 자연선택에 의한 진화처럼 진보해가는 것으로 받아들여졌다. 미국에서 다윈의 진화론은 사회적 성공과 물질적 번영의 정당성을 제공하는 메커니즘으로 작용했던 것이다. 독일에서도 다윈의 진화론은 미국과 유사한 기능을 수행했다. 독일의 사회다윈주의자들도 정치적 구조와 사회적 위계를 자연의 법칙으로 설명했다.[348]

　당시 독일은 이미 산업화에 성공했던 영국과는 달리 봉건적 유제가 많이 남아 있었고, 전통적으로 특권세력이었던 토지귀족과 가톨릭교도들의 사회적 영향력이 막강했었다. 따라서 독일에서 다윈의 진화론은 영국이나 미국과는 다소 다른 내용과 성격으로 변용되었다. 보통 영국이나 미국의 경우, 다윈의 진화론은 개인주의적 생존경쟁 논리에 기초하여 산업자본가, 즉 자유방임주의자들의 정당화 도구로 기능했었다. 따라서 영국이나 미국에서 전파된 생존경쟁과 최적자생존 논리는 현실체제 유지를 옹호하는 세력들의 명분으로 이용되었다. 반면 독일에서 다윈의 진화론은 전통적인 기득권 세력에 대한 투쟁 과정에서 부르주아를 위한 일종의 무기 역할을 했다. 독일에서 다윈의 진화론은 단순히 현상 유지를 도모하기 위한 수단이 아니라 새로운 기득권을 열망하는 사람들의 도구였던 것이다. 이러한 사실은 다윈주의의 독일 수용 과정에서 엿볼 수 있는 특수한 상황이다.

1860년대 이후 독일에 수용되기 시작한 다윈의 진화론은 독일 사회 전 분야에서 즉각적인 논쟁을 불러일으켰다. 독일의 다윈주의 수용 세력과 반대 세력은 영국이나 미국과 다소 차이가 있다. 즉, 다윈주의를 수용했던 세력은 연령적으로 젊고, 지방에 근거를 둔 유물론적인 소장학자들이 많았다. 반면 다윈주의에 적대적이었던 세력은 상대적으로 연령이 많고, 가톨릭 전통에 충실한 원로 인사들이 많았다.[349] 따라서 독일에서 다윈의 진화론은 사회적 헤게모니를 둘러싼 신구 세력 사이의 갈등을 적나라하게 보여주는 기제였다.

당시 독일은 제국주의 경쟁에서 뒤쳐져 있었고, 사회 내부적으로도 좌우파 사이의 정치적 갈등이 극에 달하던 상황에 있었다. 이러한 상황에서 수용된 다윈의 진화론은 영국이나 미국과 달리 개인주의적 생존경쟁에 입각한 자유방임주의의 옹호가 아니라 독일의 국가적 생존이라는 논리, 즉 집단주의적 생존경쟁에 입각한 군국주의적 성격의 논리로 활용되었다. 따라서 독일은 다윈의 진화론이 수용될 당시부터 종 사이의 생존경쟁이 중요한 화두였고, 이와 연관된 인종의 퇴화 문제는 국가적 생존과 직접적으로 연관이 있다는 사회적 인식을 창출시켰다.[350]

또한 영국과 미국에서 생존경쟁과 최적자생존의 논리가 개인적 차원에서 집단적 차원의 논리로 발전했다면, 독일에서는 그 논리가 줄곧 집단적 차원에서 다루어진 측면이 많았다.[351] 이는 1870년대를 전후한 시기에 독일의 지상 과제가 국가 통일이었다는 사실과 당시 유럽대륙에서 태동하던 민족주의 물결의 여파이기도 했다. 이와 연관하여 영국과 미국에서 다윈보다 스펜서의 함의가 더 큰 영향력을 끼쳤던 것과는 달리 독일에서는 다윈 자체의 영향력이 더 컸다. 독일의 다윈주의 저작 속에서 스펜서는 드물게 발견될 뿐이었고, 독일의 다윈주의자들은 자신들의 지적 권위와 정당성을 다윈으로부터 구했다.[352]

독일 역시 영국이나 미국과 마찬가지로 지식계에서 자연주의적 흐름이 대세를 이루고 있었고, 이는 독일에서 과학 이론과 사회사상 사이의 경계를 허물어갔다. 다윈의 진화론은 독일에서도 사회를 해석하는 도구였던 것이다. 독일에서 다윈의 진화론은 하나의 규범적 지식으로서, 또 사회적 실천의 무기로서 사용되었고, 다른 나라들과 마찬가지로 독일에서도 다윈의 진화론은 사회 진보의 이름 아래 시대를 풍미하는 하나의 도그마가 되었다.

독일 사회에 수용된 다윈의 진화론은 독일의 특수한 역사적 상황과 결부하여 민족주의와 제국주의 담론과 결부되어 군국주의적 집단경쟁의 이론적 합리화를 제공하였고, 이에 따라 독일에서 다윈의 진화론은 인종의 생존과 퇴화를 해결할 수 있는 이론적 수단이 되었다.[353] 특히 당시 독일에서는 내부적으로 퇴화에 대한 공포가 매우 컸는데, 이는 약자에 대한 의학적 치료가 생존경쟁에 의한 자연선택 과정을 왜곡시킴으로써 국가의 생존을 위태롭게 하고 있으며, 더군다나 이들이 사회적 적자보다 출산율이 높은 현상은 사회적 퇴화를 촉진할 것이라는 인식에 기초를 두고 있었다.[354] 이렇게 본다면 독일에서는 다윈의 생존경쟁 관념 가운데 종 사이의 생존경쟁 논리가 수용되어, 민족주의와 국가적 효율의 논리를 뒷받침하는 논거로 작용했다는 것을 알 수 있다. 따라서 독일은 영국이나 미국보다 우생학적 사고가 집단적 생존의 문제로 귀결될 소지가 매우 컸고, 이는 독일의 특수한 사회경제적 상황과 조응하여 다른 나라들에 비해 더 극단적인 차원의 우생학적 조치가 전개될 수 있는 개연성이 많았다. 이제 독일에서는 집단주의적 생존경쟁과 최적 집단의 생존 논리가 중심적으로 설파되기 시작했다.

물론 독일에서 다윈의 진화론이 사회적 문제의 해결책으로 제시되는 것이 수월했던 것만은 아니다. 앞서 밝혔듯이 독일은 다른 나라에 비해 상대적으로 종교적 보수성이 강했던 나라였기 때문에 다윈 진화론의 수용과 그 활용은 상당한 애로점이 많았다. 설사 다윈의 진화론이 적어도 학문적 차원에서는 어느 정도 용인될 수 있었는지 모르지만, 다윈의 진화론을 사회적 논제들의 해결책으로, 또 사회적 논제들을 해석하는 이론적 준거틀로 활용하는 것은 쉬운 일이 아니었다. 하지만 대세는 거스를 수 없는 법이었는지, 독일에서도 다윈의 진화론은 학문적 차원에서도, 또 사회적 논제들에 대한 해석틀로서도 서서히 수용되었고, 이는 다양한 이념적 스펙트럼 속의 많은 사람들이 진화론이라는 지적 렌즈를 통해 사회를 해석하고, 실천을 모색하는 계기가 되었다. 특히 독일에서 다윈의 진화론은 당시의 역사적 상황과 접목되어, 군국주의를 찬양하고, 전쟁을 미화하며, 국가적 생존을 위한 이론적 무기로서 필수적인 과학 이론으로 자리를 잡아갔다.

독일에서 다윈의 진화론을 대중적으로 확산하는 데 중요한 역할을 했던 사람은 헤켈이었다. 그는 영국의 스펜서, 미국의 섬너와 유사한 영향력을 행사하며, 생존경쟁과 최적자생존의 논리를 독일 사회에 정착시킨 인물이었다. 이 때문에 헤켈은 다윈주의의 사도로, 또 종교에 대한 과학의 승리를 이끌어낸 해방자로 불린다.[355] 당시 헤켈은 예나Jena 대학의 생물학교수였고, 다윈의 『종의 기원』을 읽고 난 후 곧바로 진화론의 지지자가 되었다. 헤켈은 다윈의 진화론을 통해 생물학에 경도된 이후, 인간 의지의 자유문제를 제외한 모든 논제들이 진화론에 의해 해결될 수 있다고 생각했다. 기실 진화론은 헤켈에게 도깨비 방망이와도 같은 만능의 이론적 도구였다. 이런 점에서 헤켈이 독일에서 가장 열렬한 다윈주의의 지지자이며, 나아가 독일 다윈주의의 대명사가 된 것은 지극히 당연한 일이었다.[356] 헤켈은 태생적으로 정치적으로 급진적인 성향을 갖는 인물이었고, 1866년 이후 독일자유당National Liberal Party에 가입한 뒤로는 비스마르크Otto Eduard Leopold von Bismarck(1815~1898)의 열렬한 지지자가 되어 극단적인 민족주의자로서의 면모를 드러내기 시작했다.[357] 따라서 헤켈의 관심은 집단, 즉 독일 민족의 생존에 있었고, 이것이 헤켈이 다윈 진화론 가운데 집단 사이의 생존경쟁에 관심을 갖는 이유였다.

헤켈은 다윈과 달리 일고의 주저함도 없이 진화의 문제를 인간에 적용했다. 헤켈은 인간도 동물과 동일한 방식으로 진화하는 존재에 불과하다고 믿었고, 이는 『창조의 자연사*Naturliche Schopfungeschichte*』(1868)에서 인간 진화와 생존경쟁의 상관성을 다루면서 더 명확하게 드러났다. 그는 "인간은 평화보다는 경쟁의 공간에서 삶을 영위하는 존재이고, 인간은 경쟁의 과정에서 정복당하거나 파괴되어 사멸해간다. 경쟁은 목적이나 의지에 관계없이 인간의 생존을 도모하는 추진력이다. 이런 면에서 인간도 동물계의 일부이고, 예외적인 존재는 아니다"[358]라고 주장하였다. 특히 헤켈은 다윈의 세 가지 생존경쟁 개념

중 서로 다른 종 사이의 집단적 생존경쟁을 강조했다. 따라서 헤켈의 경쟁 논리는 필연적으로 독일 군국주의의 이론적 근거로 작용할 수 있는 여지가 많았다.

다윈도 헤켈의 논리에 수긍하는 견해를 피력한 바 있는데, 다윈은 자신의 『인간의 유래』가 이미 헤켈이 논의한 것에 지나지 않은 것이라 생각하기도 했다. 그래서 만일 자신이 헤켈의 저작을 미리 읽었다면, 자신의 책을 집필하지 않았을 것이라고도 했다. 다윈은 헤켈을 위대한 자연주의자라 칭하고, 자신의 연구보다 헤켈의 연구가 더욱 풍부한 논의를 개진하고 있다고 극찬했다.[359]

헤켈 역시 다윈, 스펜서, 그리고 섬너처럼 맬서스의 견해를 따랐다. 헤켈은 인구 압력은 부족한 자원을 둘러싼 생존경쟁의 원인이 되며, 이는 인간도 예외가 아니라며 다윈의 이론을 인간 사회에 곧바로 적용했다. 헤켈은 인간 사회에서의 생존경쟁은 고등한 형태로의 발전을 도모하여 인류 역사 발전의 동력으로 작용한다고 보았던 것이다. 따라서 헤켈은 경제적 생존을 둘러싼 인간 사회에서의 생존경쟁은 매우 보편적이고 필연적인 것이며, 노동자들의 생존에도 유리하게 작용한다고 생각했다. 결국 헤켈은 생존경쟁을 인류의 모든 부분을 고양시키는 메커니즘으로 파악했던 것이었다.[360] 이와 같은 신념에 기대어 헤켈은 집단적 차원의 생존경쟁을 주장하며, 민족주의, 제국주의, 그리고 인종주의 등을 정당화하는 이론적 기반을 구축하려고 했다. 그는 코카서스 인종을 최상위의 인종으로 상정하고, 인종을 열 단계로 구분하여 인종적 가치를 평가했다. 헤켈이 시도했던 인종 분류와 생물학적 결정론에 기댄 인종 사이의 육체적·행동적 차별성은 후일 나치가 주도한 반유대주의anti-Semitism의 이론적 근거로 활용되었다.[361] 헤켈은 집단적 차원의 생존경쟁과 인종적 위계 사상을 바탕으로 범 게르만동맹Pan-German League을 창설하는 데 주도적으로 참여하고, 독일 해군동맹German Naval League이나 독일 식민지협회German Colonial Society에도 참여하여 민족주의와 제국주의의 열렬한 지지자가 되었다. 이는 강력한 국가의 건설이 민족의 생존과 결부되어 있다고 믿는 헤켈에게는 당연한 선택이었을 것이다.

헤켈은 강력한 국가를 건설하기 위해서는 일원화된 중앙 집중적인 조직이 필요하며, 개인주의적 논리는 오히려 해가 된다면서 스펜서주의적 개인주의를 비판하기도 했다. 따라서 강력한 국가는 영국식 개인주의가 지배하는 그런 국가가 아니라, 강력한 리더십에 의해 일원화된 중앙 집중형 국가를 의미하는 것이었다. 더욱이 헤켈은 스펜서의 논리와는 정반대로 군사사회의 중요성을 역설하며, 국가적 차원의 생존경쟁이 역사 발전의 핵심적 동력이라고 주장했다. 정부의 역할은 시민들을 개선하여 국가적 생존경쟁에 필요한 존재들로 성장시키는 것이고, 진화 또는 진보의 방향도 목적에 따라 결정할 수 있는 성질의 것으로 보았다.[362] 이러한 헤켈의 군국주의적 논리는 후일 히틀러에게 심대한 영향을 미쳤고, 나치의 지배 이데올로기를 정당화하는 좋은 논거가 되었다.

한편 헤켈은 다원주의를 통해 자신의 철학적 일원론Monism을 완성하고자 했다.[363] 헤켈의 일원론은 기독교, 형이상학, 그리고 모든 형태의 비합리적 사상을 거부하는 과학주의에 다름 아니었고, 따라서 헤켈의 일원론은 유물론적 색채가 짙었다. 헤켈은 이른바 일원론자동맹Monist League을 결성해(1906) 자신의 유물론과 군국주의를 대중에게 전파하려고 했다.[364] 여기에는 독일의 저명한 지식인들이 대거 참여함으로써 헤켈의 논리는 과학적·정치적 차원의 권위를 행사할 수 있었다. 후일 독일 인종위생의 창시자 중 한 사람인 샬마이어Friedrich Wilhelm Schallmayer(1857~1919)도 헤켈의 열렬한 지지자로서 일원론자동맹에 참여했는데, 이는 일면 독일 인종위생의 보수성을 유추해볼 수 있는 대목이라 할 수 있다.

당시 일원론자동맹의 회원들은 헤켈의 논리가 모든 부문에 적용될 수 있는 보편적인 성질의 것이라 생각했고, 따라서 헤켈의 논리는 인간 진화뿐만 아니라 정치, 종교, 도덕, 그리고 윤리에 이르기까지 포괄적으로 적용될 수 있다고 믿었다. 이들은 사실과 당위의 문제를 혼동했던 헤켈이 범한 '자연주의적 오류'를 간과함으로써 손쉽게 생물학과 정치학을 통합시켜 독일 민족의 집단주의적 경쟁에서의 승리를 최우선의 목표로 상정하였다. 즉, 일원론자동맹의 결성 목적은 사회에 대한 생물학적 개혁을 통해 독일 민족의 생존과 안녕을 달성하는 데 있었다. 헤켈은 생존경쟁에 의한 독일 민족의 생존이 가장 이상적인 진화의 산물이고, 생물학, 정치학, 그리고 도덕성이 진화의 과정에서 융합되어 독일 내부의 정치적·사회적 장애를 제거해줄 것이라 믿었다.[365] 결국 헤켈에게 다윈의 이론은 단순한 생물학 이론으로서만이 아니라 새로운 도덕적 가치와 그에 기초한 사회질서를 창출하는 지적 토대로 받아들여졌고, 이는 다윈의 자연선택설이 모든 부분을 포괄하는 일반적 법칙으로 활용되는 이유가 되었다.[366]

군부에 의해 통일된 독일은 헤켈과 그의 옹호자들이 활동하기에 좋은 환경을 조성해주었고, 실제로 그들은 막강한 영향력을 발휘하였다. 그들은 진화 이론을 기초로 제국주의적 침략과 인종주의적 편견을 합리화했고, 집단 사이의 생존경쟁은 사회적 진보 달성의 가장 중요한 요소라고 웅변하였다. 후일 헤켈과 일원론자동맹의 구성원들이 설파한 논리는 독일 국민의 천부적인 우월성과 그들의 필연적인 승리를 예찬함으로써 나치 이데올로기의 출현에도 중요한 역할을 했다. 헤켈은 당시 제국주의적 경쟁에 참여한 독일인들에게 세계적 헤게모니의 획득이라는 다소 이상주의적인 전망을 과학적으로 정당화하는 데 기여했다.

헤켈은 자신의 민족 철학과 다윈주의적 진화 원리를 결합하여 과학과 정치적 운동을 조응시켰다. 헤켈은 생물학적 결정론에 근거해 인간 사회를 규정하고, 정치적 문제를 해석했던 것이다. 헤켈이 다윈의 자연선택설을 종교적 도그마처럼 인식하고, 그것을 정치사회적 영역으로 이전시킴으로써 독일에서 과학적 진화론은 독일 특유의 인종적 편견이 가미된 민족주의와 결합할 수 있었던 것이다.[367] 이는 생물학적 결정론과 인종주의가 녹아들어가는 통로 역할을 하였고, 이는 인종주의적 도그마로 무장한 나치의 출현에도 일정 부분 기여했다. 이런 점에서 어쩌면 헤켈은 생물학과 정치를 혼합하려 했던 나치의 선구자였는지도 모른다. 정치사회적 문제를 생물학이라는 자연의 법칙에 의거해 해결하려 했던 헤켈의 시도는 나치 정책과 너무도 유사하기 때문이다. 실제로 헤켈이 주장했던 민족 투쟁Volkish Kampf의 관념은 히틀러가 제창한 나의 투쟁Mein Kampf의 이론적 근거로 활용되었다. 히틀러는 진화론적 경쟁을 자기 이론의 모티브로 삼았고, 여기에 독일 민족의 생물학적 우월성이라는 신화를 결부시켰다. 이에 근거해 히틀러는 생존경쟁과 그에 따른 최적 인종, 즉 독일 민족의 생존을 최우선의 지상 과제로 삼았고, 헤켈의 논리는 이것을 정당화해주었던 것이다. 히틀러는 민족 투쟁과 자신의 투쟁을 일체화시킴으로써 스스로를 신성한 독일 민족의 상징적 존재로 부각시킬 수 있었다.

헤켈의 독일 민족의 우월성이라는 논리는 다른 민족의 열등성과 쌍을 이루는 것이었다. 헤켈은 민족마다 다른 생존 가치를 지니고 있으며, 독일 민족의 가치를 다른 민족의 열등성과 대비하였다.[368] 헤켈은 만일 열등한 유전적 혈통이 자연선택의 법칙에 의해 제거되지 않고, 사회적 조치에 의해 인위적으로 생존하게 된다면 민족의 생물학적 질은 퇴화하고 말 것이라고 경고했다. 헤켈에게 중요한 것은 독일 민족의 우월성과 생물학적 순수성을 유지하는 것이었고, 따라서 사회정책은 열등한 인간 혈통을 제거하는 것을 목적으로 삼아야만 하는 것이었다. 헤켈은 독일 민족의 인종적 순수성 유지는 단순히 선택적인 생식만으로는 부족하고, 오직 다른 민족의 제거만이 독일 민족의 인종적 순수성을 담보해줄 것이라 주장했다. 헤켈에게 열등한 인종은 진화의 측면에서도, 또 독일 민족의 인종적 순수성 유지를 위해서도 사멸해야만 하는 그런 존재에 불과했다.[369] 나아가 헤켈은 공동체의 이익을 위해서는 유아 살해도 가능하며, 인위적으로 삶을 유지하고 있는 치료 불능의 정신병자나 암환자들을 제거하는 것은 오히려 이들을 악의 수렁으로부터 구원해주는 일이라고도 주장했다. 뿐만 아니라 교화가 불가능한 범죄자를 사형하는 것 역시 공동체의 질적 진보를 위해 필수적이며, 이는 해로운 생물학적 질이 유전될 가능성을 차단하는 매우 효과적인 일이라고도 역설했다.[370]

공동체의 진보에 장애가 되는 모든 존재들을 제거하는 것을 이상적인 진화의 산물이자 최고의 덕목으로 삼았던 극단적인 헤켈의 논리는 미국의 섬너가 그랬던 것처럼, 독일의 인종위생에 중요한 지적 토대가 되었다. 이와 같은 헤켈의 논리는 극단적인 네거티브 우생학이라 할 수 있을 것인데, 이는 독일 인종위생의 성격을 가늠할 수 있는 중요한 바로미터가 될 것이다. 실제로 독일 인종위생의 주창자였던 프뢰츠Alfred Ploetz(1860~1940)는 헤켈의 논리와 동일하게 부적자의 제거를 주장했고, 샬마이어도 헤켈의 논리에 동조했으며, 나치의 생물학적 결정론과 반유대주의도 헤켈에게서 자양분을 얻었다. 이렇게 본다면 헤켈의 논리, 인종위생, 그리고 나치 정책 사이의 이론적 연관은 이미 오래전부터 예고된 것이었다고 볼 수 있을 것이다.

이후 헤켈의 논리는 바이스만의 이론과 결합하여 독일에서 라마르크주의를 일소하고, 인종위생이 탄생할 수 있는 지적 분위기를 형성하였다. 헤켈과 바이스만의 이론은 생존경쟁과 최적자생존이라는 논리를 정당화하고, 유전의 영향을 절대시하는 사회풍조를 만들었다. 헤켈의 논리는 사회적 진보에 대한 열망과 결합되어 인종의 질적 개선을 정당화하고, 인종위생만이 유일한 대안이라는 공감대를 형성하는 기폭제가 되었다. 이제 산업화가 야기한 다양한 사회문제들 속에 갇힌 부적절한 군상들은 제거해야만 할 사회적 부적자로 인식되었고, 이들에 대한 제거만이 사회적 진보를 위한 합리적 대안이 될 수 있다는 관념이 보편화되었다.


## ⑵ 인종위생의 탄생

다윈과 결합된 헤켈의 논리는 독일 대중에게 깊이 침투해 들어갔다. 집단적 차원의 생존경쟁과 최적자생존의 논리는 독일의 급속한 산업화 국면과 조응하여 독일 인종위생이 탄생되는 밑거름이 되었다. 독일의 급속한 산업화는 다른 나라들과 마찬가지로 다양한 사회적 문제들을 노정시켰고, 사회적 문제의 해결책을 과학에서 찾으려 했다. 생존경쟁과 최적자생존의 논리는 또 다른 차원에서 논의되기 시작했다. 이제 독일 사회는 다윈과 결부된 헤켈의 논리를 기반으로 소극적 차원에서 최적자의 생존을 정당화하던 국면에서 부적자의 제거라는 더 적극적인 선택의 국면을 맞이하게 된 것이다.

앞서 다윈주의의 수용 과정에서 살펴보았듯이 독일은 자본주의적 발전이 추진되는 과정에서도 여전히 구시대적인 봉건제적 유제가 잔존하고 있었다. 특히 통일 이후 급속한 산업화와 도시화가 진행되면서 야기된 기존의 기득권 세력과 신흥 귀족이라 할 수 있는 산업귀족 사이의 갈등은 쉽게 해소되지 않는 상황이었다.[371] 더불어 통일 직후 야기된 급진적인 노동운동의 성장과 사민당SDP의 집권은 중산계급을 비롯한 기득권 세력에게 극심한 우려와 공포를 유발시켰다. 이러한 상황에서 발생한 다양한 사회문제soziale Frage는 독일 사회의 혼란을 더욱 부채질했고, 다양한 이해관계를 가진 여러 세력들은 나름대로의 해결책을 제시하기에 바빴다.

독일의 중산계급은 다양한 사회문제에 대한 해결책을 도모하는 과정에서 계급별 출산율에 주목했다. 중산계급과 노동계급 사이의 출산율 차이는 현저했고, 지속적인 대외 전쟁은 두 계급 사이의 인구 비율의 간극을 계속 벌어지게 했다. 즉, 유능한 존재들은 전쟁터에서 죽어갔지만, 그렇지 못한 존재들은 병역의 의무로부터 제외되어 생식이 자유로웠던 것이다. 독일 중산계급은 사회복지 제도가 육체적 부적격자의 생존과 생식을 허용함으로써 인종적 퇴화마저도 유발한다고 비판했다. 중산계급의 출산율 감소와 사회적 부적자의 다산은 인종 자살에 대한 공포를 야기하기도 했다. 더 큰 문제는 사회적 부적자가 범죄, 매춘, 자살, 알코올중독, 정신이상, 정신박약 등 국가적 효율을 잠식하는 사회문제들을 양산한다는 것이었다. 특히 정신이상이나 정신박약의 문제는 통일 독일의 재정 부담을 증가시킬 것이기 때문에 시급하게 처리해야 할 것으로 판단하고 있었다.[372] 중산계급의 출산율 감소와 인종적 퇴화의 위험성 증대, 그리고 경제적 부담의 증가 등은 독일 인종위생이 발전할 수 있는 사회적 토양을 형성하였다.

인종위생론자들은 제국의 안정성을 도모하고, 국가적 효율을 증진하기 위해서는 유전적 적합성을 달성하는 것이 중요하다고 주장했다. 그래서 인종위생론자들은 공중보건, 사회위생, 유전적 퇴화자의 제거, 그리고 중산계급의 출산율 장려 등 유전적 적합성을 달성하기 위한 매우 포괄적인 내용의 대중운동을 전개했다.[373] 이제 독일에서 우생학은 포괄적 차원에서 전개되는 일련의 의학적 치료의 핵심적 과학이 되었고, 이로써 우생학은 개인에 대한 의학적 치료를 통한 건강 증진이나 공동체의 질을 위한 공중보건은 물론이고 인종위생 모두를 포괄하는 매우 다층적이고 다면적인 성질의 과학이자 이념 그리고 사회정책이 되었다.

학문으로서, 대중운동으로서, 또 사회정책으로서 인종위생의 체계화는 인종 이론의 체계화와도 밀접한 연관성을 가지고 있다. 사실상 실증적 과학으로서의 인종위생과 인종적 이데올로기를 구분하기란 매우 어려운 일이다. 당시 인류학자들은 대개 인종적 제국주의에 긍정적이었다. 이런 상황에서 인종위생은 견고한 학문적 범주에서 주장될 수 있는 편리한 중도의 길을 제공하였다. 인종위생은 유전에 대한 생물학 이론을 이용함으로써 인류학이 과학적 진술을 할 수 있는 기회를 제공하였던 것이다. 인종위생론자들도 인류학에 근거해 아리안 인종의 우월성을 지지하고, 인종적 엘리트를 생식하는 문제에 골몰했었다.[374)

당시 독일의 인종위생론자 중에는 특히 의사들이 많다. 의사들 역시 전문직 중산계급에 속했고 계급적 편견을 갖고 있었지만, 이념적 차원의 해결책보다는 의학적 해결책을 제시했다. 그들은 국민보건이 국가적 효율의 필요조건이라고 역설하면서 의료 전문가로서의 책임성을 강조했다. 유전학의 발전에 따라 인간의 육체적·정신적 특질의 유전에 대한 논의가 증폭되었고, 이 과정에서 의학을 전문적으로 공부한 의사들이야말로 국가의 더 나은 건강을 지도할 수 있는 책임 있는 존재라는 인식이 더욱 강화되었다. 당시 독일 의학계의 주된 관심은 신경학이나 정신의학 분야 질병의 원인을 규명하는 데 있었고, 이에 따라 병원체를 연구하는 분야가 주목을 받고 있었다. 이는 정신질환, 정신박약, 범죄성, 간질, 히스테리, 그리고 결핵 등의 원인을 밝히는 문제로 옮겨갔고, 그것들의 원인을 유전성에 기인하는 것으로 결론지었다. 독일 의사들은 유전성 질병을 의학적으로 치료하는 것이 자신들의 책무이고, 이것이 국가적 효율을 증진시키는 최선의 방법이라 여겼다.[375) 이것이 우생학이 발전했던 다른 나라들에 비해 상대적으로 많은 수의 의료 종사자들이 인종위생에 동참하고, 나치 시기 의료 종사자들이 인종 학살의 주된 담지자로 기능하게 된 까닭이다.

독일 인종위생은 이와 같은 여러 상황이 혼재된 상황에서 탄생했다. 20세기 초 독일 인종위생은 영국이나 미국의 그것보다 훨씬 더 포괄적이고 통합된 형태로 전개되었다. 당시 인종위생은 최첨단의 과학 이론으로 인식되었고, 인종위생론자들은 대학에서 주로 교육을 받고 학계의 주도적인 지위를 차지하고 있었다. 그렇기에 인종위생 자체도 문제였지만, 엘리트 교육을 받고 사회의 주도 계층으로서 그들의 의식 속에 내재된 정치적·사회적·인종적 편견은 더 심각한 문제였다고 볼 수 있다. 실제로 그들의 의식 속에 내재된 다양한 편견은 악의에 찬 전제를 설정하며 역사에 지우기 힘든 흔적을 남기고 말았다.[376] 이는 과학 활동의 행위자인 과학자의 이념이나 의도가 얼마나 중요한지를 우리에게 깨닫게 해준다.

인종위생을 창안하고, 체계화시킴으로써 사회적 실천의 토대를 마련했던 인물은 프뢰츠와 샬마이어였다. 이들은 독립적으로 활동했지만, 각자의 영역에서 인종위생의 확대를 위해 다양한 활동을 벌였다. 프뢰츠는 중산계급 출신으로 한때 사회주의에 경도된 적이 있었다. 이는 그가 이상주의적 공동체의 건설을 추구하려는 활동의 모티브가 되었고, 후일 민족주의와 결부하여 인종위생을 창안하게 되는 하나의 동기로 작용했다. 그는 사회주의적 공동체 건설이라는 야망을 실현하기 위해 미국으로 건너갔고, 그곳에서 협동공동체를 건설했다. 그러나 협동공동체의 건설은 수포로 돌아갔고, 인종적 질의 개선이 사회주의적 공동체의 건설에 필수적인 요소임을 깨닫게 되었다. 결국 그는 인종의 보존과 개선이 시급한 과제이며, 게르만 민족의 영광을 재현하는 유일한 길이라 믿게 되었다. 이후 프뢰츠는 인종주의적 관점을 뒤로 한 채, 일차적으로 인종위생의 과학적 신뢰성과 의료과학으로서의 정당성을 확보하는 데 주력했다.[377] 즉, 프뢰츠는 인종위생의 과학성을 담보하는 것이 자신의 이상을 실현할 수 있는 매우 중요한 요소라 보고, 전략적인 선택을 했던 것이었다.

사회주의적 공동체 건설에 실패한 프뢰츠는 포렐Auguste Forel (1848~1931)의 제자가 되어 의학을 공부했고, 스위스의 한 정신병원에서 인턴 생활을 하기도 했다. 이는 후일 그가 정신계 질환, 특히 알코올중독의 문제에 관심을 기울이는 계기가 되었다. 또한 그는 프랑스에서 의학 과정을 이수했고, 미국 우생학의 산실이었던 스프링필드spring field에서 실험적 연구 활동에 전념하기도 했다.[378] 일련의 학문적 훈련을 통해 프뢰츠는 자신의 인종 보존과 개선에 대한 신념을 이론적으로 정립해나갔고, 이 과정에서 그는 독일 인종위생의 이론적 토대를 마련할 수 있었다.

프뢰츠의 핵심적 주장은 골턴의 역선택 사고와 동일했다. 그는 사회적 부적자들에 대한 정부의 보호는 자연선택의 방향을 왜곡시켜 국가 전체의 생물학적 적합성을 훼손할 것이고, 반대로 정부가 국민 보건을 방임할 경우 생물학적 부적자의 수가 증가하여 사회적 비용 증가를 초래한다는 것이었다. 프뢰츠의 주장에서 주목할 부분은 그의 관심이 개체가 아니라 집단, 즉 인종 전체의 생물학적 적합성에 있었다는 사실이다. 인종은 가치의 범주에 속하는 것이고, 정부는 개체가 아닌 인종 전체에 봉사해야만 한다는 것이다.[379] 프뢰츠가 주도했던 독일 인종위생의 성격은 필연적으로 집단적 경향성을 갖고 있었던 것이다.

프뢰츠는 인종 전체의 유전적 질을 향상시키는 것이 가장 인도주의적인 실천이라 여겼고, 그는 이것을 인종위생이라 부르며 우생학 Eugenik과 동의어로 사용했다. 여기서 중요한 사실은 그가 인종을 단순히 생물학적 차원의 개념으로서만이 아니라 사회적인 성격을 갖는 것으로 해석했다는 사실이다. 따라서 이는 생물학적 사고와 사회에 대한 인식이 결부되는 계기로 작용했다.[380] 특히 프뢰츠는 역선택의 사고에 근거해 정부 정책을 비판했다. 정부 정책은 사회적 역선택을 유발하여 인종 전체의 퇴화를 야기할 것이기 때문이었다. 따라서 그는 역선택을 야기할 수 있는 전쟁이나 혁명을 피해야 하고, 빈궁자에 대한 지원은 가임기 이후에 제공함으로써 부적절한 존재들의 생식을 제한해야 한다고 주장했다.[381] 이를 통해 그는 인종의 생식질에 해가 될 수 있는 모든 소지를 미연에 제거하는 것이 필요하다고 보았다. 그에게 중요한 것은 오직 공동체의 질을 보존하는 데 있었던 것이다.

이 과정에서 프뢰츠가 가장 관심을 기울였던 것은 사회적 약자에 대한 의학적 치료 문제였다. 생존 가망성이 없는 중증 질환자들이 의료 혜택에 의해 생존을 유지하는 것은 개인에게는 이로울지 모르나, 인종 전체의 질에는 위험 요소가 될 수 있다는 것이다. 그의 주장은 헤켈의 영향을 받은 독일 사회다윈주의자들의 관념과 결합되었다. 독일의 사회다윈주의자들은 인도주의적 사회정책이 자연선택을 왜곡하여 부적자들의 출산율을 높이고 있다고 주장했던 터였다.[382] 프뢰츠도 생존경쟁에 의한 최적자생존의 논리에 천착하여 인종 전체의 생물학적 적합성을 도모했다는 점에서 헤켈의 논리와 친화성을 갖고 있다.

문제는 당시 프뢰츠가 인종위생을 창안하며 규정한 인종의 개념이 매우 모호하고 포괄적이었다는 사실에 있다. 그는 단순히 생식 가능한 모든 존재들을 인종이라 규정했는데, 이는 소규모의 공동체부터 인류학적 의미의 인간종 전체를 포괄하는 개념일 수도 있었다. 따라서 그가 사용했던 인종위생은 모든 인종의 유전적 개선을 포괄한 것으로 볼 수 있기 때문에 골턴의 우생학보다 훨씬 넓은 범주의 용어라 볼 수도 있다. 초기 독일 인종위생 성격의 일면을 엿볼 수 있는 대목이다. 이 때문에 일부 인종위생론자들은 인종위생이란 용어의 개념적 불명확성을 비판하며, 차라리 골턴이 사용했던 우생학이란 용어를 사용할 것을 주장하기도 했다. 이런 점에서 모호한 인종 개념에 기초한 초기 인종위생은 포괄적인 의미의 건강 프로그램의 일환으로 받아들여져 예방의학의 일종으로 인식될 수 있는 측면이 있었다.[383] 그렇기 때문에 당시 독일에서 인종위생은 정치적 이념에 관계없이 수용되었고, 사회주의자들도 우생학과 구별되지 않는 개념으로 사용되던 인종위생을 정부 차원에서 전개하는 가족계획 사업 정도로 인식하고 있었다. 소련의 사회주의자들이 독일의 인종위생이나 렌츠의 논문과 저작들을 매우 호의적으로 소개한 것은 이 때문이었다.[384] 하지만 역으로 포괄적인 의미의 인종위생은 오히려 이해관계에 따라 자의적으로 판단될 소지가 컸고, 결국 이는 나치의 극단적 인종위생 정책까지도 단순히 예방의학적 차원의 의료적 처치로 받아들여질 수 있는 분위기를 만들었던 측면이 있다.

당시의 유럽 인종주의의 흐름에서 볼 때, 프뢰츠가 상정했던 인종은 사실상 백인종이었을 것이고, 특히 게르만 인종을 의미했을 것이다. 하지만 프뢰츠가 인종위생을 주장하며 내세운 인종주의적 입장이 원래부터 반유대주의와 직접적으로 연관된 것으로 보기 어려운 측면도 있었다. 즉, 그에게 정작 중요했던 것은 다윈이 말한 자연선택을 인종적 진보의 보편적인 법칙으로 상정하고, 그것을 통해 포괄적인 인종의 유전적 개선을 도모하는 것이었기 때문이다.[385] 초기의 독일 인종위생론자들은 프뢰츠의 주장을 기초로 인종에 대한 인위적 간섭이 필요하고, 이는 생의학적 방법론을 통해 실천 가능하다고 인식하기 시작했다. 물론 결과적으로 프뢰츠의 인종 개념과 다윈의 자연선택설 수용은 아리안 인종주의로 귀결되었고, 생의학적 방법론은 그것을 정당화하는 도구에 지나지 않았다.

프뢰츠는 개인위생individual hygiene, 사회위생social hygiene, 그리고 인종위생을 각각 구분해서 다루기도 했다. 그는 사회위생이나 인종위생은 개인위생과 근본적으로 대립 관계에 있다고 보았다. 왜냐하면 개인위생은 바람직하지 않은 형질의 제거라는 인종위생에 배치되는 것이기 때문이다. 중요한 것은 생식 통제를 통해 위험한 유전적 형질의 유포를 배제하는 것이다. 프뢰츠는 만일 나약자들이 생식되지 않는다면 더 이상 사멸도 필요 없다고 결론지었다.[386] 프뢰츠도 골턴과 마찬가지로 자신의 신념이 과학성이 있는 학문적 차원의 것임을 보여주기 위해 우생학 학술지 「인종 및 사회 생물학의 기록 보관소Archiv für Rassen-und Gesellschaftsbiologie」(1904~1944)를 창간하기도 했다.[387] 이 학술지는 인종위생의 과학적 정당성을 확보하기 위해 프뢰츠가 전략적으로 창간한 것이었다. 그는 가정과 민족의 복지가 필요함을 역설했고, 이는 과학을 통해서 달성될 수 있으며, 인종생물학이 바로 그런 과학이라고 주장했다. 인종생물학은 인간 사회와 결부되어 있는 것이고, 이는 인종 개선과 유지를 위한 최적의 조건을 달성하는 학문이라는 것이다. 프뢰츠는 인종위생운동의 초기에는 설사 개인적으로 반유대주의나 범 게르만동맹에 긍정적이었을지 모르지만, 이는 인종위생운동을 영향력 있는 사회운동으로 발전시키는 데 장애가 될 것이라며 오히려 반유대주의에 대해서는 언급하지 않았다. 따라서 그는 이 학술지를 생물학자들과 대중 보건 전문가들과의 관련 속에서 성장시킴으로써 인종위생을 학문적 기반 위에 올려놓으려 했다. 이를 위해 그는 의도적으로 아리안주의를 공개적으로 비판하기도 했다.[388)

이어 그는 뤼딘Ernst Rüdin(1874~1952), 노덴홀츠Anastasius Nordenholz(1862~1953), 그리고 투른발트Richard Thurnwald(1869~1954) 등과 함께 세계 최초의 우생학 조직인 인종위생협회Gesellschaft für Rassenhygiene를 설립했다(1905). 이 협회는 회원들에게 인종위생에 솔선수범할 것을 당부하며 부적자일 경우, 결혼을 하지 않겠다는 서약을 받고 가입을 허용했다. 초기의 협회는 독일인들의 건강 증진을 목표로 포지티브 우생학을 주장하기도 했다. 일부 회원들은 부적자에 대한 불임과 같은 네거티브 우생학을 주장하기도 했지만, 당시 독일 인종위생론자들이 정신질환자에 대한 안락사나 낙태를 거부하는 상황에서 그다지 설득력이 없었다.[389) 따라서 초기의 독일 인종위생은 독일의 국가주의와 결부된 공중보건 프로그램으로서의 성격이 짙었다. 이후 독일의 인종위생은 프뢰츠의 사고에 천착하여 다양한 방식의 실천적 활동을 벌여나갔다.

앞서 보았듯이 프뢰츠의 사고가 독일 인종위생의 이론적 토대이자 실천적 근거로 기능했지만, 정작 독일에서 최초의 우생학적 논문을 작성한 인물은 샬마이어였다. 그도 프뢰츠처럼 중산계급 출신이었고, 정신병원에서 인턴 생활을 하는 등 사회적 경험도 유사했다. 다만 샬마이어는 프뢰츠의 실천적 활동보다는 이론적 차원의 인종위생에 관심이 많았다. 물론 그도 의학적 간섭이 인종적 퇴화의 중요한 원인으로 파악한다는 전제는 공유하고 있었다. 샬마이어는 헤켈의 추종자였다. 샬마이어는 헤켈의 역선택 주장에 깊이 천착하여 의학적 간섭의 문제를 고민했다. 샬마이어는 독일 최초의 우생학 논문으로 평가받는 「문명화된 인간의 공포스런 육체적 퇴화에 관한 논고 *Über die drohende körperliche Entartung der Kulturmenschheit und die Verstaatlichung des arztlichen Standes*」(1891)에서 의학적 간섭이 사회적 약자와 환자들을 구원함으로써 자연선택을 통한 완전성의 추구를 불가능하게 만들고 있다고 비판했다. 따라서 샬마이어는 사회적 지원 없이 생존 불가능한 존재들의 생존과 생식은 제한되어야 한다고 주장했다. 그는 유전적 질을 통제할 수 있는 더 적극적인 제도가 필요함을 주장했다. 그도 헤켈을 좇아 사회적 부적자들에 대한 정부의 지원을 중단할 것을 촉구하고, 이는 단지 생존 기회의 축소를 의미할 뿐 그들을 사지로 내모는 것은 아니라는 논리를 폈다. 샬마이어의 주장은 헤켈의 과학적 권위와 결합하여 독일 사회에 인종위생을 위한 생의학적 제도의 필요성을 대중화시키는 데 중요한 역할을 했다. 또한 그는 우생학적 목적의 교육과 선전의 중요성을 피력했는데, 이는 나치의 등장 이전 독일 인종위생의 주요한 실천 방식이 되었다.[390]

샬마이어의 생의학적 제도화라는 주장이 대중화되는 데는 헤켈의 영향과 함께 크루프 현상 공모the Krupp Preisausschreiben(1900)가 중요한 역할을 했다. 이 현상 공모는 국가 발전과 법 제정에 있어 진화론의 역할을 주제로 하는 공모였다. 헤켈의 신봉자였던 샬마이어는 제도권 학교에서 다윈주의를 교육할 것을 주장하는 논문을 공모했다. 이 논문으로 샬마이어는 수상을 하게 되었고, 그의 논문은 그 밖의 수상 논문들과 함께 『자연과 국가: 과학적 사회 연구를 위한 공헌 *Natur und Staat: Beitrage zur Naturwissenschaftlichen Gesellschaftslehre*』이란 책으로 출간되었다.[391] 당시 샬마이어가 공모했던 논문의 주된 내용은 인종위생의 실천적 방향과 정치적 목적에 관한 것이었다. 샬마이어는 「국가 발전과정에서의 유전과 선택 *Vererbung und Auslese im Lebenslauf der Volker*」(1900)이란 논문에서 다윈의 진화론은 모든 생물에게 적용 가능한 원리라고 주장했다. 그는 다윈의 진화론과 바이스만의 유전론을 결합하여 유전과 자연선택의 중요성을 설파하고, 국가의 장래는 인간 자원에 대한 합리적 관리에 달려 있다는 주장을 개진했다. 그는 유전과 자연선택의 원리에 기초하여 인간 개선을 도모할 것을 주장하면서도 자발적인 사회적 부적자의 생식 제한이 바람직하다는 의견을 냈다.[392] 하지만 그 역시 중산계급으로서, 또 독일 민족으로서 헤켈과 동일하게 중산계급이나 독일 민족이 아닌 다른 집단의 사회적 부적합성을 논함으로써 자신의 이념적 지향을 숨길 수 없었다.

프뢰츠와 샬마이어의 주장은 모든 사회적 문제의 생의학적 해결 가능성을 독일 사회에 제시하였다는 점에서 큰 의미가 있다. 특히 이들은 결핵, 성병, 그리고 알코올중독 등 사회적 질병에 관심을 기울였는데, 그 판단은 매우 자의적이고 계급적·인종적 편견이 융해된 것이었다. 그들은 사회적 환경을 더럽힐 수 있는 모든 종류의 인간 행동의 특성을 질병으로 규정하고, 이를 국가의 유전적 건강과 결부시켰다. 따라서 이들의 주장에 기초한 여러 사회정책이나 실천은 국가의 유전적 건강을 악화시키는 병원균을 제거하기 위한 활동으로 인식될 수 있었고, 이는 후일 나치에게서 볼 수 있는 불임이나 안락사도 그저 단순히 사회에 해가 되는 병원균을 제거하는 것에 불과하다는 자가당착적 논리를 정당화하는 근거가 되었다.

　당시 프뢰츠와 샬마이어는 자신들의 주장을 학문적 차원에서 정립하고, 동의를 구하기 위해 사회과학계나 생물학계와 밀접한 관계를 유지하려 노력했다. 이는 인종위생협회에 가입한 수보다 훨씬 더 많은 이들이 우생학 또는 인종위생에 동조하는 이들이 생겨나는 계기가 되었고, 인종위생협회 내부에서도 다양한 그룹의 사람들이 섞여 있어 인종위생의 목표나 실천방법을 둘러싸고 논쟁이 끊이지 않았다. 프뢰츠는 인종위생의 학문적·대중적 지지를 위해 인종위생운동 초기부터 아리안 인종주의자, 일원론자들, 인류학자들, 생물학자들, 공중보건 전문가들, 사회과학자들, 그리고 여성주의자들을 하나로 통합하려는 길을 모색했었다.[393] 이러한 프뢰츠의 노력은 인종위생 내부의 논쟁을 촉발시키기도 했지만, 역으로 많은 이들이 인종위생에 관심을 기울이는 계기가 됨으로써 인종위생의 학문적 정체성은 물론이고 대중적 인지도를 상승시키는 결과를 낳았다.

　이와 같은 흐름 속에서 멘델의 법칙이 독일에 수용되자, 프뢰츠나 샬마이어가 범주화했던 사회적 질병은 유전성 질환과의 상관성 속에서 다루어지기 시작했다. 이로써 인종위생과 멘델주의의 융합은 더 급속히 진행되었고, 이를 가속화하기 위해 프뢰츠는 코렌스Carl Erich Corren(1864~1933)의 멘델주의에 천착한 실험적 결과를 소개하고, 멘델의 법칙을 재발견했던 체르막Erich von Tschermak(1871~1962)이 멘델주의와 골턴의 선조 이론에 대한 글을 인종위생협회의 저널에 발표하도록 주선하기도 했다.[394] 구체적으로 정신질환, 정신지체, 알코올중독, 범죄성, 매춘, 빈곤 등 사회적 조건의 부산물일 수 있는 다양한 상태들이 멘델의 유전법칙에 의해 설명됨으로써 이제 그러한 상태를 소유한 존재들은 사회적 부적자로서 자연선택의 법칙에 의해 제거될 운명에 놓이게 되었다.[395] 이 과정에서 의사들의 역할이 두드러졌다. 당시 독일의 의학 교육에서는 실험 생물학을 정규과목으로 채택하고 있었고, 따라서 의사들은 유전학을 임상 실험에 활용할 수 있었다. 의학 연구자들은 병력 조사나 환자 관찰 등을 통해 질병의 발생과 유전 사이의 관련성을 실험적으로 검증함으로써 집단 전체의 건강이 중요함을 역설하려 했다. 그러나 이들의 사례 연구는 몇몇 사례를 집단 전체의 성향으로 일반화하는 중대한 오류를 범했고, 이러한 잘못된 결론을 토대로 개체의 생식 권리를 제한하는 심각한 잘못을 저지르고 말았다.[396]

독일의 인종위생론자들이 멘델의 법칙을 즉각적으로 수용하여 실천적 활동에 적용했던 것은 인종위생의 주창자 대부분이 바이스만의 제자들이었다는 사실과도 관련이 있다. 독일 인종위생의 주된 담지자들이라고 할 수 있는 샬마이어, 렌츠, 그리고 피셔Eugen Fisher (1874~1967) 등은 모두 바이스만의 제자였고, 이런 이유로 바이스만은 인종위생협회의 명예의장으로 추대되기도 했다. 물론 독일 인종위생론자들의 멘델법칙 수용 과정에서 더욱 중요했던 것은 정치적 차원의 문제였다. 당시 독일에서 사회주의에 우호적이었던 사람들은 대개 라마르크주의를 지지했고, 반대로 사회주의에 반대하는 사람들은 주로 멘델주의를 수용했다. 이는 나치 시기에도 대동소이했고, 따라서 나치는 라마르크주의를 마르크스주의나 자유주의와 동일한 개념으로 인식했다. 반면 구소련에서는 멘델주의를 부르주아의 사도로 규정하기도 했다. 구소련의 사람들은 획득형질의 유전이 새로운 사회주의적 인간의 형성을 가능하게 해줄 것이라 믿었다.[397] 이와 같은 맥락에서 유전 이론, 크게 보면 과학 이론의 수용도 정치적 입장에 따라 다를 수 있음을 우리는 살펴볼 수 있다. 독일에서 멘델주의는 보수적인 입장에 서 있는 이들에게 수용됨으로써 창시자의 의도와는 관계없이 변색되었다.

이러한 현상은 과학과 이념 또는 과학과 정치 사이의 상호관련성을 규명하는 데 매우 중요하다. 즉, 정치는 이념적 목적에 따라 진실을 외면하고 왜곡된 차원에서 과학 이론을 수용할 수 있고, 반대로 과학은 정치적 지지와 후원을 통해 사회적 권위와 인식론적 정당성을 부여받을 수 있다는 점을 시사해주기 때문이다. 사실 1918년 이전까지 획득형질이 유전되는지 아닌지는 불분명했음에도 불구하고 보수주의자들은 바이스만의 이론을 근거로 유전론적 입장을 지지했었다. 그것은 승자의 논리를 필요로 하는 자신들의 정치적 목적에 유전론이 더 부합했기 때문이었다. 후일 나치도 이러한 논리에 의해 천성의 중요성을 논하며 극단적인 유전론적 사고를 보였다. 따라서 멘델주의의 지지자들과 나치의 협력자들은 한 배를 탈 수 있었고, 이것이 독일 인종위생이 나치와 결합할 수 있었던 중요한 요인 중 하나였다. 요컨대 독일의 유전 결정론적 사고는 헤켈의 논리를 추종하는 일원론자동맹과 그것을 지지하는 사회다윈주의, 그리고 인종위생 등에 의해 강화되고 극단화된 것이었다. 이렇게 본다면 나치의 사회적 편견과 그에 의한 인종적 차별, 그리고 대량 학살은 이미 예견된 것이었는지도 모른다.

## (3) 인종위생의 성장과 전개

프뢰츠와 샬마이어에 의해 개진된 독일의 인종위생 사상은 크루프 현상 공모 이후 더 대중적인 차원으로 확장되었다. 앞서 보았듯이 프 뢰츠는 최초의 인종위생 학술지를 창간하고, 인종위생협회를 창설하 였다. 이를 통해 독일 인종위생은 인종의 유지와 보호를 위한 최적 원리를 구하고자 했다. 베를린에서 개최된 독일 인종위생협회의 결 성식에는 다른 나라의 우생론자들이 참여하여 국제적 차원의 우생학 운동을 모색하기도 했다.[398] 당시 인종위생협회는 모든 정파로부터 지지를 받았는데, 이는 인종위생협회의 공식적인 모토가 포지티브 우생학이었기 때문이었다. 그러나 이는 표면적인 것이었고, 협회 내 부에서는 지속적으로 인종주의적 담론과 연계된 우생학 논의가 개진 되었다. 협회의 핵심적 목표는 창립 초기부터 국가적 효율 증진과 게 르만 인종의 우수성 보호에 있었다. 후일 협회는 가입 조건을 아리안 계 인종으로 한정했고, 인종주의적 측면의 실천 활동을 벌여나갔 다.[399] 협회의 구성원은 대부분 중산계급 출신이었고, 특히 의사들의 참여가 두드러졌다.

제1차 세계대전 이전의 독일 인종위생은 골턴의 방식처럼 가계 정 보의 수집을 일차적인 활동으로 설정했고, 인종위생론자들은 부적자 로 인한 사회적 비용의 문제와 인구 문제에 주의를 기울였다. 일부 인종위생론자들은 부적자를 비생산적인 존재로 규정하여, 국가적 효 율을 증진하기 위해서는 미국처럼 강제 불임법을 제정해야 한다고 주장했다. 이들이 부적자의 제거 등 일련의 인구문제에 관심을 기울 인 것에는 이유가 있었다. 19세기 말 20세기 초 독일의 인구는 양적

| Occupation | 1907 (international Society) | | 1913 (German Society) | |
|---|---|---|---|---|
| | N | Percent | N | Percent |
| Physician and Medical students | 27 | 32.5 | 136 | 33.4 |
| Nonmedical academics | 14 | 16.9 | 76 | 18.7 |
| Writers and artists | 10 | 12.1 | 22 | 5.4 |
| Civil servants and teachers | 3 | 3.6 | 29 | 7.1 |
| Miscellaneous | 7 | 8.4 | 78 | 19.2 |
| Wives | 22 | 26.5 | 66 | 13.8 |
| Totals | 83 | 100.0 | 407 | 100.0 |

*Source : International Gesellschaft für Rassen-Hygiene 1907; Deutsche Gesellschaft für Rassen-Hygiene 1913, Weiss, *The Race Hygiene Movement in Germany 1904~1945*, p. 25.

측면에서 증가했지만, 점진적인 출산율 하락을 보이면서 감소 추세를 보이기 시작했다. 특히 유아사망률의 증가는 독일 인구에 심각한 영향을 끼치고 있었다. 이런 상황에서 사회적 부적자의 출산율은 지속적으로 상승하는 경향을 보였고, 이는 일부 신맬서스주의자들의 산아제한운동으로 발전했다. 일부 자유주의자들과 사회주의자들도 산아제한 정책을 통해 노동계급의 생활 조건을 개선할 수 있다고 생각했고, 여권론자들도 산아제한을 여성의 권리 신장으로 인식하기 시작했다.[400] 하지만 독일의 산아제한운동은 그다지 성공적이지 못했다. 기본적으로 인종위생론자들의 불임을 통한 산아제한운동은 개인적 권리와 충돌하는 것이었고, 당시의 독일 분위기는 불임에 대해 그다지 긍정적이지 않았기 때문이다.

1912년 독일의 경제학자이자 인구학자인 볼프Julius Wolf(1862~1937)는 『출산율 감소Der Geburtenruckgang: Die Rationalisierung des Sexuallebens in unserer Zeit』란 책을 출간했고, 출산율 감소의 문제를 본격적으로 제기하기 시작했다. 전쟁이 지속되면서 출산율 감소는 급격히 증가했다. 결과적으로 1915년 볼프를 의장으로 하는 독일 인구정책협회Deutsche Gesellschaft für Bevolkerungs-Politik가 구성되었다. 이 협회는 인구정책 문제에 대한 당시의 대중적 관심 때문에 번창할 수 있었고, 의학계를 비롯한 다양한 정파들, 노동조합 연합, 산업주의자들, 기업가들, 그리고 학자들로부터 지지를 받았다. 당시 인구정책의 목적은 우생학자들이 강조했던 질적 관심이 아니라 볼프가 주장했던 양적 차원의 인구정책이었다. 볼프는 경제적 차원에서 인구정책에 접근했었고, 이것이 상당한 설득력을 얻으면서 우생학자들이 주장했던 불임 등과 같은 질적 인구정책은 수용되기 어려운 상황이었다.[401]

한편 1900년을 기점으로 유럽의 정세는 변화하고 있었다. 당시 유럽의 헤게모니는 신진 세력, 특히 일본과 같은 나라에 의해 도전을 받기 시작했고, 특히 독일은 러시아의 위협에 직면하고 있었다. 이에 일부 인종위생론자들은 인구의 질적 개선 만큼이나 인구의 양적 증대가 중요하다며 산아제한에 일침을 가했다. 인적 자원의 고갈은 독일의 쇠퇴를 야기할 것이고, 이는 일부 인종위생론자들이 포지티브 우생학에 관심을 기울이게 한 이유였다.[402] 그래서 제1차 세계대전 이전 지속적인 산아제한에 대한 논의가 개진되었지만, 단 한 건의 우생학적 입법도 이루어지지 않았다. 그러나 제1차 세계대전의 결과, 독일의 인종위생은 이전과는 다른 성격을 갖는 대중운동으로 급속히 변질되었다. 이와 같은 상황은 서구 자본주의 국가들에서 대동소이하게 나타났던 것이었다. 유럽을 비롯한 대부분의 서구 국가들은 세계대전을 겪으면서 심각한 사회적 혼란을 경험했으며, 호황과 불황이 주기적으로 나타나고 주기적인 인플레이션, 실업 증가, 이윤율 저하, 그리고 노동 혼란 등 일련의 경제적 위기 상황에 내몰렸다.[403] 이런 상황은 독일에서도 예외가 아니었던 것이다. 이유는 달랐지만 미국과 독일의 우생학이 이념적 지향성을 강하게 공유하고 있었던 데는 바로 이와 같은 일반론적 역사의 흐름과도 무관하지 않다고 볼 수 있다.

독일의 경우, 제국 체제의 붕괴는 국가를 재건하기 위한 사회적 기초와 인내심이 필요하다는 인식을 창출시켰다. 이에 따라 독일 제국의 재건을 위한 수많은 논의들이 개진되기 시작했다. 슈펭글러 Oswald Spengler(1880~1936)가 주장한 서구 문명의 쇠퇴는 독일 민족의 운명과 연관되어 설명되었고, 인간 문화는 자연의 과정과 동일하게 성장하고 쇠퇴하는 것으로 이해되었다. 더군다나 현재 독일 문화는 사멸의 늪에 빠져 있으며, 이를 해결하는 가장 객관적인 방법의 하나로 과학이 필요하다는 인식이 퍼졌다. 과학은 사회적 계획, 경제적 번영과 건강성을 위한 객관적 법칙을 제공하는 것으로 여겨졌던 것이다. 많은 독일인들은 과학을 이용하여 제국의 부활을 꿈꾸기 시작했다.[404] 인종위생론자들은 과학이 국가의 재건을 도와줄 것이고, 사회적 조건을 개선하는 수단을 제공함으로써 독일 문화를 새롭게 부흥시킬 것이라 기대했다. 이제 독일 사회에서 과학은 좌파나 우파할 것 없이 수용되는 보편적인 권위를 갖는 학문으로 자리를 잡았다.

많은 과학자들은 국가의 복지 문제에 직간접적으로 참여하기 시작했고, 철저한 과학적 계획에 의거해 복지 정책을 수행해나갔다.[405] 이처럼 독일의 1920년대는 미국의 혁신주의 시대와 마찬가지로 국가적 차원의 과학 정책이 시작되는 분수령이었다.

이제 생물학과 우생학은 독일의 근대화와 사회 개혁을 위한 도구가 되기 시작했다. 생물학은 다양한 사회 그룹으로부터 지지를 받았다. 유기체론적 사회사상은 멘델주의와 인간생물학에 근거한 근대화를 주장했다. 인구, 의학, 식물과 동물의 생식 그리고 영양 과학은 사회생물학의 견지에서 해석되고 재구성되었다. 독일의 생물학적 사회철학은 기계론적 이성주의와 자유주의적 경제에 기초한 사회적 진보를 비판하고, 더 인간주의적인 산업사회를 추구하려 했다. 이와 같은 사회유기체론적 사회사상은 계급 및 정치 분야의 사회적 갈등을 봉합하는 기능을 하기도 했다.[406]

이와 같은 분위기 속에서 독일 인종위생의 구체적인 목표와 관심은 바이마르 공화국Die Republik von Weimar 시기에도 지속적으로 개진되었으나, 제1차 세계대전 이후 독일 인종위생의 관심은 주로 사회적 비용문제에 집중되기 시작했다. 단순한 생의학적 해결책만으로는 현실의 위기를 타개하기 어렵다는 인식이 사회적 공감대를 형성했고, 이에 따라 독일 인종위생운동도 운동의 방향과 성격을 바꿔가기 시작했다.[407] 이제 독일도 미국처럼 이념적 형태의 인종위생운동이 강화되기 시작했고, 사회적 부적자에 대한 사회적 비용 증가의 문제가 집중적으로 논의되기 시작했다. 독일 인종위생은 적자의 출산율 증대를 위한 포지티브 우생학을 도모하면서 사회적 비용 감소를 위해 부적자의 생식을 제거하는 네거티브 우생학을 동시에 추구했다. 이를 통해 인종위생은 사회 개혁의 핵심적 요소로 받아들여졌고, 이는 인종위생을 국가적 효율 증대를 위한 유일한 수단이라는 인식을 창출시켰다.

특히 사회적 비용 문제는 극단적인 민족주의와 결부되기 시작했고, 이는 후일 반유대주의의 토양이 되었다. 물론 인종위생 집단 내부에서는 인종 문제를 둘러싸고 갈등이 있었으나, 전쟁의 패배로 인한 전반적인 사회적 위기감은 인종위생의 극단화 추세를 막을 수 없었다. 이제 인종적 적합성의 문제는 국가적 효율의 핵심적 문제가 되었고, 부적자의 제거라는 관념은 신체적 질병에서 인종적 퇴화까지 포괄적으로 적용되기 시작했다. 그동안 수면 아래에서 잠복하고 있었던 노르딕 이상주의가 제1차 세계대전을 통해 과학적 운동으로서의 인종위생과 결부되기 시작했다. 후일 나치 시기에 전개되었던 불임과 안락사 정책은 이와 같은 사회적 정서와 재정적 압박이 극단화된 형태로 나타난 것이었다.

렌츠는 프뢰츠의 계승자로서 노르딕 우월성에 깊이 천착했던 인물인데, 그는 독일 인종위생의 인종주의적 요소를 강화시켰다. 피셔의 영향을 많이 받은 렌츠는 뮌헨을 중심으로 활동하고 있었고, 후일 나치의 인종주의적 이데올로기에 이론적 토대를 제공하였던 인물이기도 하다.[408] 렌츠는 1923년 뮌헨 대학의 인종위생 교수가 되었고, 이를 토대로 과학계에서 폭넓은 영향력을 행사했을 뿐만 아니라 독일 사회에 유전 결정론적 시각을 깊이 뿌리내리게 했다. 나치의 정책을 응용생물학이라 규정하기도 했던 렌츠는 환경의 영향을 절대적으로 무시했다. 렌츠는 인간의 모든 특질은 유전자에 의해 결정된다고 주장했던 것이다.[409] 렌츠는 로글린의 우생학적 불임 관련 논문들을 독일 내에 소개하는 역할을 하기도 했고, 이에 로글린도 매우 우호적인 편지를 보내 렌츠가 독일 인종위생의 발전에 중심적인 역할을 할 것이라는 독려를 보내기도 했었다.[410]

렌츠는 헤켈과 유사한 논리를 펼쳤다. 그는 인간의 행동과 도덕성을 등치시키고, 도덕적 행동은 유전자에 의해 결정되는 것이라며, 유전적 해악을 제거하는 유일한 방법은 네거티브 우생학뿐이라고 주장했다. 뿐만 아니라 렌츠는 인종적 특질과 육체적 특질 사이의 상관성을 논하며 인종적 위계를 정당화했다. 특히 게르만 민족의 문화적 우월성을 설파하며, 서구 인종의 위대성을 논했다.[411] 렌츠는 나치가 인종위생 담론을 수용할 수 있는 정치 세력이라는 생각을 하고 있었다. 렌츠는 히틀러의 『나의 투쟁』을 주의 깊게 읽은 후 「인종 및 사회생물학Das Archiv für Rassen- und Gesellschaftbiologie」에 장문의 리뷰를 실었다. 렌츠가 히틀러의 급진적 반유대주의에 동의한 것은 아니었지만, 그는 히틀러를 인종위생을 이해할 수 있는 최초의 정치가로 칭찬을 마다하지 않았다.[412] 렌츠는 인종위생과 국가사회주의 사이에는 일련의 연관성이 있고, 이 때문에 나치로부터 인종위생 개혁을 위한 정치적 후원을 얻을 수 있다고 생각했다. 렌츠는 1917년 「윤리적 개혁에 대하여Zur Erneuerung der Ethik」라는 논문을 썼는데, 이것을 1933년 「가치 원리로서의 인종Die Rasse Wert-Wertprinzip」이라는 제목으로 재발표했다. 렌츠가 이때 발표한 이 논문의 내용은 나치의 세계관과 거의 유사했고, 이런 점에서 렌츠의 인종위생 담론은 나치의 이론적 토대 마련에 공헌을 했다고도 볼 수 있다.[413]

렌츠는 바우어Erwin Baur(1875~1933), 피셔 등과 함께 독일 인종위생의 지침서격인 인간 유전에 관한 교과서를 출간했다. 이 책은 의학적 차원의 인구정책을 도모하여 전쟁의 충격을 최소화하고, 사회 문제화 되어 있는 인구문제를 효과적으로 처리할 수 있는 방안을 제시하고 있다. 렌츠는 의학적 유전학자로서의 면모를 여실히 드러내며 인종주의와 결부된 자신의 논리를 설파했다. 이후 이 교과서는 독일 대학의 인종위생 관련 강좌에 채택되어 사용되었다. 1920년대 이후 대학에서 개설된 인종위생 강좌는 1930년대 초반에 가면 40개가 넘을 정도로 확장되었고, 따라서 이 책의 영향력은 지속적으로 강화되었다.[414]

대학 강좌로 개설되어 학문적 영역에서 발전을 모색하던 인종위생 운동은 다양한 연구소의 설립으로 더욱 탄력을 받기 시작했다. 이후 독일의 인종위생은 후원 체제와 결부되어 점점 대중 속으로 파고들기 시작했다. 미국의 후원이 대개 민간에 의해 이루어졌다면 독일은 정부 차원의 후원이 상대적으로 컸고, 이는 후일 인종위생이 나치 정책으로 발전하는 토대로 작용했다. 록펠러 재단의 후원으로 뮌헨에 독일 정신의학 리서치 연구소German Research Institute for Psychiatry가 설립되었고(1918), 1927년에는 카이저 빌헬름 인류학, 인간 유전 및 우생학 연구소Kaiser Wilhelm Institute for Anthropology, Human Heredity, and Eugenics; KWI가 설립되었다. 특히 카이저 빌헬름 인류학, 인간 유전 및 우생학 연구소는 독일 인종위생이 학문적 차원에서 지지받고 정당화될 수 있는 가능성을 제공하였다.[415] 카이저 빌헬름 연구소는 후일 나치가 등장한 이후 나치의 이데올로기를 정당화하는 정부 연구소로서의 기능을 수행했다.

이 연구소의 성립과 발전은 피셔의 영향이 컸다. 1926년 8월 피셔는 연구소의 목적과 방향을 밝힌 논문을 발표했다. 그는 인류학을 유전과 환경 사이의 복잡한 관계를 다루는 과학이라고 설명했다. 특히 그는 유대 인종에 대한 관심을 표명하면서, 인종생물학은 보편적인 인간생물학이면서 인종적 혼합의 문제도 다루어야 한다고 주장했다. 피셔는 인류학으로부터 유전 문제에 대한 연구에까지 관심의 폭을 넓혔고, 특히 그는 정상과 병리의 문제를 어떻게 규정할 것인가에 관심을 가졌다. 피셔는 순수한 인류학은 가치판단의 문제를 포함하고 있다면서 이른바 사회인류학social anthropology이라는 분야를 만들기도 했다. 그가 제창한 사회인류학은 사회적 구조와 체계가 개인의 삶은 물론이고 유전적 계통까지 규정할 수 있는 것인가에 대한 의문에서 출발한 것이었다. 피셔는 우생학을 사회위생의 관점에서 파악했던 것이다. 당시 피셔의 사회인류학에서 가장 중요했던 문제는 생식 행위에 대한 사회적 가치와 합의라는 문제였다. 피셔는 사회적으로 우월한 계층의 출산율이 감소하는 현상에 우려를 표했고, 인종적 순수성의 보존과 인종적 혼합의 사회적 결과에 대해서도 큰 관심을 보였다. 특히 그는 인간 생식은 윤리적 차원의 설득과 사회적·법적 강제 조치를 통해 통제하거나 조절할 수 있다고 보았다. 따라서 그는 유전적 순수성의 보존을 위한 연구가 사회인류학 연구의 목표라고 생각했다.[416] 이렇게 본다면 피셔는 전적으로 학문적 차원에서 인종 연구Rassenkunde를 수행할 목적을 지향했다고 볼 수 있다. 하지만 피셔의 이와 같은 생각은 달성될 수 없었고, 오히려 그의 연구 목표와 연구소는 나치의 등장 이후 학문적 차원이 아닌 정치적 차원의 도구로 전락하고 말았다.

이 밖에도 유전 상담 클리닉이나 결혼 상담 센터Eheberatungstellen가 설립되어 사회의료 차원에서 독일 인종의 유전적 질을 개선하려는 활동이 전개되기도 했다. 개인의 생물학적 건강은 국가적 자원의 문제로 인식되었고, 따라서 개인의 생물학적 건강은 정부의 책임 아래 유지되어야 한다는 관념이 보편화되기 시작했다.[417] 독일의 인종위생은 점점 탄력을 받기 시작했고, 그 결과 독일의 인종위생은 학문적 연구, 공중보건 및 복지, 포지티브 우생학, 그리고 네거티브 우생학을 포괄하는 매우 총체적인 방향으로 성장해갔다. 바이마르 공화국 시기 대중적 발전을 도모하던 독일의 인종위생운동은 대공황을 분기점으로 더욱 강력한 영향력을 떨치기 시작했다. 대공황은 6백만 명 이상의 실업자를 양산했고, 이는 국가정책에 대한 비판으로 이어졌다. 특히 복지 정책은 경제적 효율성을 떨어뜨리는 주범으로 인식되었고, 공산주의에 대한 방어 비용의 과도한 지출도 비판의 도마 위에 올랐다.

대공황은 심각한 사회경제적 조건의 악화를 야기했고, 이는 바이마르 공화국 말기의 재정적 압박과 결부되어 인종위생의 필요성을 증대시키는 계기로 작용했다. 당시 독일은 포드주의Fordism나 테일러 체제Taylor System같은 생산성 향상과 경제적 능률 도모를 위한 다양한 방법론을 도입했으나, 결과는 신통치 않았고, 따라서 경제적 효율성 증대를 위해 새로운 대안을 마련해야 할 상황에 직면했다. 바로 이와 같은 사회경제적 상황의 악화가 인종위생운동의 사회적 입지를 강화시키는 계기가 된 것이다. 특히 사회복지 비용의 부담은 강제 불임법 도입의 필요성을 제기했고, 실제로 멕커만Hermann Meckermann은 1932년 프러시아 정부에 로글린의 기본 불임법과 유사한 불임법을 제안하기도 했다. 그러나 강제 불임법의 통과는 이뤄지지 않았고, 이 법은 얼마 뒤 나치에 의해 통과되어 노르딕 인종주의를 합법화하는 도구가 되고 말았다.


## (4) 인종위생의 극단화

바이마르 공화국을 통해서 독일의 인종위생운동은 국가적 효율과 문화적 생산성을 고양시키는 최선의 해결 방안이 되었다. 이념적 다양성과 관계없이 인종위생은 사회적 문제를 해결하는 수단으로 각광받았고, 이는 인종위생운동의 대중화를 가능하게 하였다. 특히 다양한 연구소의 설립과 정부 지원 체제의 형성은 더 논리적이고 체계적이며 안정적인 인종위생운동을 전개시킬 기반을 형성해주었다. 그러나 바이마르 시기 인종위생은 소수의 전문가 집단에 의해 성장했다. 그런데 나치의 등장은 소수의 지식인 집단에 천착했던 독일의 인종위생운동을 정책적 차원의 수준으로 끌어올려 독일 사회 전반에 영향력을 미치는 것으로 탈바꿈시키는 계기가 되었다.

헤켈의 논리에 경도되었던 히틀러는 노르만 인종의 우월성을 합리화하고, 인종적 질의 개선을 도모하기 위해 인종위생운동을 수용했다. 인종위생은 합법적인 국가정책으로서 모든 국민이 이행해야 할 의무를 부여했고, 이에 따라 인종위생은 강력한 영향력을 행사하게 되었다. 이와 같은 인종위생의 국가정책으로의 전환은 과학의 정치화 현상이 가져올 수 있는 폐해를 극명하게 보여주는 사례였다. 나치는 인종위생을 빌미로 자신들의 정치적 이해관계를 설파했고, 인종위생은 정부 정책이 됨으로써 인식론적 정당성과 사회적 권위를 더 확실하게 부여받게 되었다.

주지하다시피 나치의 등장은 제1차 세계대전 이후 악화된 독일의 경제적 상황에 기인한다. 더욱이 경제 대공황의 여파는 독일의 산업을 파괴하고, 열악한 독일의 경제적 상황을 벼랑 끝으로 내몰았다. 이 과정에서 비용효과를 둘러싼 다양한 논의가 대두되었고, 특히 사회적 부적자들에 대한 비용 증대의 문제는 해결해야 할 가장 심각한 경제적 문제 중 하나였다. 나치 시기 한 수학책에는 "만일 정신질환자 수용소의 건설에 6백만 마르크가 소요되고, 택지에 집 한 채를 짓는 비용으로 1만 5천 마르크가 들어간다면, 한 개의 수용시설을 짓는 비용으로 집을 몇 채나 지을 수 있겠는가?"[418]라는 문제가 실릴 정도로 사회적 부적자들에 대한 치료 비용은 독일을 짓누르는 거대한 압력이었다. 이와 같은 당시의 경제적 압력은 '쓸모없는 식충이useless eater'나 '살 가치가 없는 인생들lives not worth living'과 같은 문구를 유행시켰고,[419] 노약자나 만성적 빈곤자, 그리고 절름발이와 같은 신체적 불구자 등은 불운한 운명에 처한 사람들로 인식되었으며, 이들은 사회에 짐이 되는 존재로 각인되었다.[420] 이런 상황에서 인종위생은 가장 효율적이고 적합한 해결책으로 대두된 것이었다.

독일의 경제적 조건 악화는 인종주의의 강화에도 중요한 영향을 미쳤다. 제1차 세계대전의 여파로 중산계급은 극단화되기 시작했고, 그 과정에서 인종주의적 담론이 중요한 사회적 화두로 부상했다. 특히 히틀러는 『나의 투쟁』에서 아리안 인종의 우월성을 주창하며 그것을 헤켈의 논리대로 실현시키려 했다. 히틀러의 논리는 인종위생과 결합되었고, 이는 최적자 계급의 출산율 증가와 부적자에 대한 생식 제한의 필요성을 강화시켰다. 히틀러는 헤켈의 논리를 좇아 인간은 자연의 일부로서 자연의 법칙에 종속당한다고 판단했다. 히틀러의 기본적인 생각은 지배와 피지배 같은 위계적 구조는 자연의 법칙에 따른 당위임에도 인간 역사는 이에 저항해왔고, 평등주의는 불평등을 파괴함으로써 승자들의 생존을 위협해왔다는 것이었다. 따라서 히틀러는 승자의 생존을 보장하기 위해서는 자연의 법칙에 의거해 나약한 존재들을 제거해야만 한다고 주장했다.[421] 히틀러에게 승자는 자연선택에 의해 생존한 독일 민족이었다. 그에게 독일 민족은 영구불멸의 실체로 인식되었고, 독일 민족의 영원성과 지도자로서의 역할은 헤켈식의 집단적 생존경쟁에 따른 최적자생존의 결과였다.

히틀러의 생물학적 세계관은 나치 이데올로기의 주요한 구성 부분이 되었고, 생물학과 정치의 혼합은 필연적이었다. 이제 독일 인종위생운동은 히틀러의 생물학적 세계관을 실현하는 사회적 운동이자 국가정책으로 기능하게 되었고, 특히 독일 인종위생협회는 나치 정부의 하부기관으로 전락하여 나치의 하수인이 되었다. 하지만 이는 역으로 협회가 정부로부터 안정적인 지원을 받으며 인종위생 정책을 대중적으로 유포할 수 있는 기회로 작용했고, 이는 협회 구성원의 수를 급속히 증가시킬 수 있는 좋은 계기가 되었다.

이후 협회는 더 안정적인 차원에서 인종위생 담론을 조직적으로 유포하고, 체계적으로 실천하기 시작했다. 루딘이 협회를 통솔하는 책임자가 되었고, 이후 협회는 인종주의적 담론의 주요한 생산기지로 활용되었다. 이 때문에 협회는 비인종주의적 인종위생론자들을 축출시켰고, 나아가 이들은 모든 공직으로부터 사퇴할 것을 종용받기도 했다. 곧이어 협회의 가입 요건은 아리안 혈통의 독일인으로 제한되었다. 루딘은 1934년 "인종위생의 중요성은 히틀러의 정치적 과업을 통해서만 모든 독일인들이 인식할 수 있음이 명백해졌고, 우리

| 일시 | 지부 | 구성원 수 |
|---|---|---|
| 1930 | 16 | 1,300 |
| 1931 | 13 | 1,085 |
| 1933.6 | 12 | 950 |
| 1934.1 | 19 | 1,300 |
| 1935.1 | 44 | 2,400 |
| 1936.1 | 54 | 3,250 |
| 1936.12 | 56 | 3,700 |

\*Source : Paul Weindling, *Health, Race and German Politics Between National Unification and Nazism, 1870~1945* (Cambridge: Cambridge University Press, 1989), p. 499.

가 30년 이상 꿈꿔왔던 일이 그를 통해서만 실현될 수 있을 것이고, 인종위생을 행동으로 옮길 수 있게 되었다."[422]고 언급하기도 했다.

이제 인종위생협회는 아리안 인종의 순수성을 공식적인 협회의 의제로 설정하고, '인종적 보호Rassenpflege'와 '유전적 보호Erbpflege'를 동일한 논리로 설파하기 시작했다. 인종적 보호는 사회문화적 측면의 사회적 적자를 증진시키고, 유전적 보호는 신체적 우수성을 진작시켜 제국의 생산성을 높이기 위한 것이었다. 이러한 보호의 주된 대상은 당연히 아리안 인종이었고, 이들의 인종적 퇴화를 막기 위해 혼혈은 철저하게 금지되었다. 나치의 정책으로 수용된 인종위생은 노르딕 인종주의라는 신화와 낭만주의적 정서와 결합함으로써 혈통의 순수성을 강조하는 방향으로 발전해갔다. 이는 국가의 유전자 풀을 순수하게 할 것을 요구했고, 이를 통해 독일은 과거의 영광을 재현하

고 민족적 고귀함을 되찾을 수 있다고 믿었던 것이다.[423)]

　이와 같은 나치의 노르딕 인종주의는 미국의 토착주의와 유사한 측면이 많다. 노르딕 인종주의도 미국의 그것처럼 아리안 인종의 지배를 정당화하기 위한 것이었고, 이는 반유대주의로 귀결되었다. 헤켈의 논리처럼 노르만 인종주의는 다른 인종에 대한 노르만 인종의 지배를 주장하며, 인종적 순수성을 보장하기 위해 생식의 자유도 노르만 인종에게만 부여했다. 이와 같은 노르딕 인종주의는 독일의 인종 이론가인 군터Hans F. K. Gunther(1891~1968)에 의해 1920년대를 전후로 대중화되기 시작했다. 노르딕 인종주의는 독일의 제1차 세계대전에서의 패배, 공산주의 혁명의 공포, 그리고 경제적 악화와 그로 인한 사회적 혼란 등이 만들어낸 사회적 결과물이었다. 나치는 노르딕 인종주의를 발판으로 정치력을 확장했고, 결국 정권을 잡았다.[424)]

　1920년대 이후 노르딕 인종주의는 이전부터 독일 사회에서 잠재해 있던 반유대주의와 결합하기 시작했다. 반유대주의란 용어는 1879년 라가르드Paul de Lagarde(1827~1891)가 처음으로 사용했고, 이 용어는 유대인의 생물학적 구성이 독일 민족에 위협을 가할 것이란 사고를 대중에게 유포시켰다. 그는 유대인들이 선천성 질병을 갖고 있는 존재들로 즉시 사멸시켜야 하는 대상이라고 주장했는데, 그의 관념은 나치 이데올로기와 정확히 부합하는 것이었다. 그는 유대인을 기생충이나 세균과 같은 존재로 상정하고, 이는 독일 민족에게 일상적이면서도 심각한 위협으로 작용할 것이라 주장했다.[425)] 라가르드의 주장은 인종위생론자나 유전학자들에게도 영향을 미쳤고, 특히 피셔는 독일 민족의 유전적 형질을 보존하기 위해서는 모든 수단을 동원해서라도 유대인을 사멸시킬 것이라고 주장하기도 했다.[426] 물론 모든 인종위생론자들이 이러한 주장에 동의한 것은 아니었지만, 라가르드의 주장은 나치의 포괄적인 질병관과 연관되어 질병을 생물학적 퇴화와 등치시키는 결과를 낳았다.

나치는 인종, 젠더, 범죄, 그리고 빈곤 등 사회적 상태를 생물학적 차원의 것으로 환원시켰다. 나치는 현재 독일이 인종적 사멸 위기에 직면해 있고, 인종위생만이 인종자살로부터 독일을 구원해줄 것이라 주장했다.[427] 대중매체들도 인종위생의 당위성을 선정적으로 보도하기 시작했고, 많은 영화들도 사회적 부적자들에 대한 사회적 편견을 부추겼다.[428] 나치는 대중적 선동과 인종위생을 결합하여 다양한 프로그램을 통해 사회적 부적자들을 제거하기 시작했다. 과학이 정치를 만날 때 발현될 수 있는 최악의 상황이 도래한 것이다.

보통 나치는 과학을 왜곡시킨 대명사로 거론된다. 물론 이는 부인할 수 없는 사실이다. 하지만 나치에게만 과학을 왜곡시켰다는 오명을 씌우는 것은 과학과 정치의 관계나 과학의 후원의 문제, 그리고 당시 독일의 제도적 상황을 다소 간과한 측면이 많다. 사실 여러 정황들을 고려해서 본다면, 과학의 왜곡에 대한 책임성은 과학과 정치 모두에 있다고 볼 수 있다. 사실 인종위생을 창조한 것은 의학자들이었지 나치가 아니었다. 더군다나 나치 집권 이전 이미 독일 대학들에서는 인종위생 강좌가 개설되었고, 1932년 무렵 인종위생은 독일 의학계에서 학문적 지위를 확보한 상태였다. 대부분의 인종위생 학술지들도 나치의 집권 이전에 창간되었다. 제1차 세계대전 이전 이미 인종위생은 독일 정부의 승인을 받은 상황이기도 했다. 이렇게 본다면, 오히려 책임의 원천은 인종위생이라는 학문 자체에 있었는지도

모른다. 앞서 밝혔듯이 골턴의 우생학 또는 인종위생은 필연적으로 승자의 논리로 귀착될 수밖에 없는 성격을 갖고 있다. 그것은 생존경쟁과 최적자생존의 논리에 천착하고 있었고, 따라서 우생학 또는 인종위생은 이미 지적 차원의 내면에 편견과 차별의 이념을 전제하고 있었다. 이는 나치에게 면죄부를 주기 위함이 아니다. 나치의 극단적 조치는 인간주의적 측면과 결코 부합할 수 없는 성질의 것이다. 다만 정치와 과학의 혼합이 만들어낸 참혹한 역사적 상황을 논할 때, 정치의 책임만을 강조하고 과학의 사회적 책임성 문제를 간과하는 것은 과학과 정치 사이의 문제를 올바로 바라볼 수 있는 균형 잡힌 시각이라 볼 수 없다는 것이다.

과학과 정치의 불온한 혼합이 만들어낸 잔혹한 학살의 모습을 불임과 안락사를 중심으로 살펴보도록 하자.

### 1) 불임

불임Sterilization은 신체적 정신적 퇴화의 공포를 치료하기 수단으로 주장되었다. 소수의 우생학자들은 오래전부터 범죄자와 정신이상자에 대한 불임을 주장했었다. 이들은 미국 불임법에 고무되고 정신의학자들로부터 지지를 받았다. 불임은 인간적이고 근대적이며 과학적인 것으로 간주되었다. 반면 우생학자들 사이에서는 강제 불임과 자발적 불임을 둘러싸고 논쟁이 있었다. 1922년 인종위생협회는 유전적 질환자에 대한 자발적 불임을 주장했다. 그러나 강제 불임에 대한 인식은 과학적으로나 사회적으로 미성숙한 상태였다. 좀 더 학문적인 경향이 있는 인종위생론자들은 불임은 정부에 의한 포지티브 우생학 조치의 보조수단으로는 위험하다고 생각했지만, 전쟁의 폭풍은 강제 불임의 분위기를 증폭시켰다. 강제 불임 캠페인은 의사와 정부 관료들에 의해 진지하게 고려되었다. 외과적으로 정관 절제술은 간단한 수술로 이해되었고, 의학적 사회적 이슈들은 유전성 질병과 의학적 권위와 관련지어 고려되었다. 이 과정에서 일부 의사들은 전문가로서의 특권을 이용했고, 불임에 앞장서기 시작했다. 당시 유럽 대륙에는 불임법이 공식적으로 제정된 국가가 없었던 상황이었다. 독일의 관료들은 자발적 불임은 가능하다는 데 동의하고 있었다. 이는 불임 제안의 첫 번째 물결의 결론이었지만, 유전적 연구는 1920년대 내내 기층에 상존하고 있었고, 이는 1930년대 불임이 달성될 수 있는 과학적 근거에 대한 사회적 합의를 가능케 했다.[429]

1927년에는 독일 범죄 법전German Criminal Code에 의해 소수의 불임이 시행되었고,[430] 1932년에는 자발적 불임을 규정한 불임법이 소개되었으며, 히틀러는 권력을 잡은 직후 포괄적이고 강제적인 우생학적 불임법을 제정했다. 이 법은 18명의 제국 내각—그중 8명은 나치였고, 10명은 극우 민족주의자들—에 의해 통과되었다. 1933년 7월 14일 공식적으로 제정된 독일의 불임법(유전성 질병 후손 금지를 위한 법Das Gesetz zur Verhutung erbkranken Nachwuchses)은 1932년 프러시아의 불임법 초안을 토대로 하고 있다. 프러시아 불임법 초안은 로글린의 기본 불임법을 토대로 멕커만이 작성한 것이었다. 이 법의 제정과 시행은 사회적 비용효과의 측면에서 이루어진 것이었다.

1933년의 독일 불임법은 유전적 질병의 고통을 겪는 환자들의 생식을 제한하는 것을 일차적 목적으로 삼고 있었다. 이 불임법은 나치

집권 이전 시기의 독일의 사회경제적 상황의 산물이었고, 따라서 이 법의 시행 초기 인종적 차별에 의한 불임보다는 비용 감소의 차원에서 불임이 시행되었다. 이는 불임의 당사자가 대부분 독일인이었다는 사실에서 잘 알 수 있다. 이 법의 중요성은 유전성 질병에 걸린 이들에 대한 강제 불임을 공식적으로 천명했다는 데 있다. 당시 이 법에서 규정한 불임 대상 질병에는 유전성 질병에서 정신박약, 빈곤, 그리고 알코올중독처럼 유전성이 불분명한 사회적이고 행동적인 특질에 이르기까지 광범위했으나 대부분의 불임 대상은 정신질환자들이었다.[431] 사실 이 법이 규정하고 있었던 불임 대상은 과학적 근거에 의해 특정 질병을 선정한 것처럼 보이지만, 실제로는 유전성의 판단 기준이 매우 자의적이었다. 이를테면 알코올중독은 다분히 자의적인 판단에 의한 것이다. 반대로 혈우병haemophilia은 선천성 질환임에도 불임 대상에서는 빠져 있다. 따라서 불임 대상의 판정은 과학성과는 무관하게 임의적인 기준과 자의적인 판단에 근거한 것이었다.

나치의 질병관도 유사한 차원의 성격을 갖는다. 당시 나치가 상정한 질병 개념은 매우 포괄적이어서 신체적 특질뿐만 아니라 사회문화적 정서와 도덕성, 그리고 범죄 성향도 질병의 범주에 포함되었다. 그럼에도 이는 의학적 용어로 설명됨으로써 나치의 인종적·사회적 편견을 은폐할 수 있었다. 당시 유대인은 기생충, 암, 결핵, 세균 또는 질병의 화신 등으로 불려졌다.[432] 따라서 나치는 유대인을 제거하는 것은 단지 질병을 치료하는 것에 불과한 것이라고 역설했다. 나치의 의무는 질병의 보균체를 파괴하는 것이었다. 당시 "유대인, 쥐, 티푸스"[433]라는 문구는 나치의 평상적인 슬로건이었고, 나치에게 유대인이나 집시는 독일인들의 암을 유발하는 병원체에 불과했던 것이

**〈표〉 불임 현황** (1934)

| 순위 | 질병명 | 비율(%) |
|---|---|---|
| 1 | 선천성 정신박약 (Congenital feeble-mindedness) | 52.9 |
| 2 | 정신분열 (Schizophrenia) | 25.4 |
| 3 | 조울증(folie circulaire; manic depressive psychosis) | 3.2 |
| 4 | 유전성 간질(Hereditary epilepsy) | 14 |
| 5 | 헌팅턴병 (Hereditary St Vitus Dance ; Huntington's) | 0.2 |
| 6 | 유전성 시각장애(Hereditary blindness) | 0.6 |
| 7 | 유전성 난청(Hereditary deafness) | 1 |
| 8 | 중증 유전성 신체장애 (Severe hereditary physical deformity) | 0.3 |
| 9 | 자의적 판단에 의한 중증 알코올 중독 (Severe alcoholism on a discretionary basis) | 2.4 |

*Source : Anne Kerr and Tom Shakespeare, *Genetic Politics: from Eugenics to Genome* (Cheltenham: New Clarion Press, 2002), pp. 27~28.

다. 따라서 나치 시기 건강 보호프로그램의 목적은 선택적으로 노르딕 엘리트를 양산함과 동시에 병원체를 가졌다고 판단되는 존재들을 제거하는 것이었다.

질병 진단의 근거는 더욱 자의적이었다. 특히 유전성 질환의 진단 기준은 너무 자의적이어서 무고한 많은 사람들이 불임이나 안락사의 대상이 되었다. 나치의 포괄적인 질병관은 그들의 이중 전략, 즉 생물학적 목적(인종적 생존과 순수성 보호)과 정치적 목적(정부의 적대 세력 제거) 모두에 부합하는 것이었다. 이를테면 저능아, 신체적 장애, 오줌싸개 등 교육이 어려운 대상들은 불임이나 안락사의 주된 대상이 되었다.

강제 불임 대상의 판단 여부도 전혀 과학적 근거가 없는 것이었다. 강제 불임의 주된 대상이었던 정신박약자들에 대한 불임 판단은 구두시험을 통해 이루어졌다. 당시 조사관들이 정신박약자에게 행한 질문으로는 루터는 누구인가? 아메리카를 발견한 사람은 누구인가? 성탄절은 언제인가? 그리고 프랑스의 수도는 어디인가? 등등 정신박약이 아니어도 질문에 답하지 못할 여지가 많은 것들이었다. 그리고 설사 시험을 통과해도 의학 전문 조사관the medical examiner의 주관적이고 자의적인 판단이 남아 있었다. 의학 전문 조사관은 불임 대상자의 외모나 행동만을 보고 정신박약 판정을 내려 불임을 시키기도 했다.[434]

매우 자의적인 판단에 의해 시행된 불임은 의사들의 책임 아래 진행되었다. 의사들은 인종적 보호의 수문장 역할을 했고, 일종의 국가 의무병이었다. 통상 불임 판단은 객관성과 공정성을 가장하기 위해 건강 법정the Health Court에서 진행되었고, 의사들이 법정의 책임자가 되었다. 당시 건강 법정에서 불임 판정을 받아 불임된 사람들 중에는 가계 혈통만으로 불임 대상 판정을 받은 경우도 있었고, 편모의 자손들도 불임을 당했으며, 불임 시술의 결과 생명을 잃은 경우도 많았다. 그리고 불임은 성에 관계없이 시술되었다. 당시 불임 당사자의 동의 아래 진행된 불임은 절반에도 미치지 못했고, 법적 대리인이나 강제적으로 불임당한 경우가 더 많았다. 그래서 '히틀러 처형the Hitler cut'[435]이란 말이 유행하기도 했다.

당시 루딘은 건강 법정에서 불임 대상을 판정하는 역할을 수행했고, 다양한 정신질환에서부터 신체적 장애자들에 이르기까지 포괄적인 육체적 결함자들이 불임의 대상이 되었다. 루딘은 불임법을 독일 내의 외국인들에 확대 적용할 것을 주장하기도 했다 유전적 질병이나 불임의 문제는 타협의 여지가 없는 것이고, 이 법에 의해 불임 대상이 된 80% 이상이 정신질환자였고, 그들 중 67%는 항구적인 수용이 요구되었으며, 그들 중 3분의 2 이상이 퇴원되기 전에 불임 시술을 당했다. 이들은 대부분 정신분열이나 정신지체로 고통을 겪던 사람들이었다.[436]

　나치의 불임 정책은 인종위생 원리의 사회적 구현물이었던 것이다. 1935년 새로운 불임법이 제정되었다. 일명 뉘른베르크법Nuremberg Law으로 불리는 이 법은 이전의 불임법보다 구체적으로 인종적 순수성을 강조하고 있다. 즉, 이 법은 독일 혈통의 보호를 위한 것이었다. 이 법은 혈통법Blood Protection Law, 결혼건강법Marital Health Law, 그리고 제국시민법Reich Citizenship Law 등 세 가지 법을 규정하고 있다. 혈통법은 유대인과 독일인 사이의 성행위나 결혼을 금지한 법이고, 결혼건강법은 건강 증명서가 첨부되어야만 결혼을 허용하는 법이었으며, 제국시민법은 독일 내 인구를 시민과 거주민으로 이분하여 거주민의 모든 권리를 박탈하는 법이었다. 이 법에 의해 모든 유대인은 시민권을 박탈당했다.[437] 결혼건강법의 경우, 선천성 질환이나 성병, 결핵 등에 걸린 사람들의 혼인을 금지했는데 사실 선천성 질환을 가진 사람들은 이미 불임 대상자였기 때문에 결혼까지 금지한 것은 이중 처벌에 해당하는 가혹한 것이었다.[438]

　히틀러는 불임법을 이용해 자신의 정치적 목적을 달성하려 했다. 히틀러는 인종적·도덕적·정치적 약자를 질병자로 규정하고, 불임법을 이용해 이들을 제거하려 했다. 질병자에 대한 제거는 질병의 유전 가능성을 미연에 방지하는 것이었다. 히틀러는 1939년 1월 30일 제 국의회의 유명한 연설에서 유럽 내의 유대인을 사멸할 것을 천명한 바 있다. "유럽 내외의 국제적인 유대인 금융업자들이 전쟁의 와중에 독일을 위험에 빠뜨리게 한다면 [……] 유럽 내의 유대 인종을 전멸 하게 할 것"[439]이다. 결국 히틀러는 유대인을 질병자로 규정하여 대량 학살을 정당화했다.

### 2) 안락사

전쟁에서의 패배와 그로 인한 경제적 곤란, 정치적 소요, 그리고 질병의 창궐은 인간적 합리성과 자선의 개념을 완전히 박살내버렸 다. 국가적 붕괴와 독일 민족의 사멸이라는 불길한 예감은 그때까지 생각할 수 없는 급진적 우생학 조치의 극단적인 개념을 불러일으켰 다. 가치 없는 인생에 대한 의학적 죽임은 국가적이고 사회적 질병의 해결책으로 간주되었고, 이는 의사와 법조인에 의해 결정되었으며, 광범위한 논쟁을 촉발시켰다. 1890년대 동안 안락사Euthanasia는 의 사가 환자의 요구로 병든 환자를 최종적으로 죽게 하는 것을 교사했 는지 허용했는지를 둘러싸고 논쟁이 있었다. 당시 이런 형태의 안락 사는 삶을 종결할 개인의 권리를 인정한다는 다분히 개인주의적인 차원의 안락사였다.

제1차 세계대전에서의 패배는 개인주의적 삶으로부터 집단주의적 인 국가적 생존의 강조로 가치를 이동시켰다. 전쟁 이후 안락사에 대 한 우생학적 견해를 지지하는 이들이 등장하기 시작했다. 개인의 권리보다는 국가적 생존의 논리가 더욱 우세해진 상황에서 안락사는 다른 형국으로 주장되기 시작한 것이다. 이는 바이마르 공화국 시기의 사회유기체론적인 관점과 결부되었고, 따라서 안락사는 해롭거나 쓸모없는 구성원의 사멸 필요성을 제기하고 사회유기체로서의 국가의 복지에 의사들이 책임이 있다는 주장이 1920년대에 등장하기 시작했다. 국가적 자원 부족 현상이 안락사를 정당화하는 좋은 이유가 되었던 것이다.[440]

나치는 신체적 질환자 등을 비롯하여 다양한 사회적 부적자들을 '살 가치가 없는 생명'으로 규정했다. 히틀러의 안락사 프로그램 지휘자였던 브랜트Karl Brandt(1904~1948)는 전후 재판에서 안락사는 자기 스스로를 돌볼 수 없기 때문에 장기간 고통스런 삶을 살 수밖에 없는 개인들을 도와주려는 생각에서 출발한 것이라고 주장했다.[441] 이런 주장은 대단히 인간적이고 그럴듯하지만 실제로 안락사는 전혀 인간적이지 않았다. 당시 히틀러의 안락사 프로그램은 우연적인 것으로 보기 어려운 측면이 많다. 독일은 바이마르 공화국 시절부터 이미 재정적 압박에 허덕이고 있었고, 따라서 전쟁을 준비하던 히틀러에게 경제적 역량의 부족은 대단히 심각한 문제였다. 따라서 제2차 세계대전의 발발과 히틀러의 포고가 갖는 시기적 연관성은 나치 안락사 정책이 전쟁 수행과 모종의 관련이 있음을 알 수 있게 하는 대목이다.

본격적인 안락사 프로그램은 1930년대 말 신체장애나 정신장애가 있는 아동들에 대해 시행되었다.[442] 초기에는 세 살 미만의 아동만을 대상으로 하였으나 점점 대상이 확대되어 1941년 17살 이하, 그리고 1943년에는 유대인을 비롯한 모든 비아리안 인종을 대상으로 안락사가 시행되었다. 독일 국적의 장애아동을 대상으로 시작한 안락사 프로그램은 대상, 연령과 범주가 계속 확대되어 결국 건강한 성인을 대상으로 한 집단 학살로 발전했다. 물론 노동력의 상실을 우려한 일부 나치는 유대인 학살을 반대하기도 했지만, 수많은 무고한 인명이 질병자로 규정되어 학살되고 말았다.[443] 이후 독일의 안락사 프로그램은 최종 결정Final Solution에서 절정에 다다랐다.[444] 1939년 8월 18일의 포고로 시작된 아동 안락사는 세 살 이하의 모든 장애 아동을 대상으로 하고 있다. 아동 안락사의 대상은 하체 장애, 뇌나 척주 장애, 소아마비, 중풍, 왜소증, 시각장애, 청각장애, 백치, 다운증후군, 그리고 다양한 뇌질환을 가진 아동 등 광범위했다. 아동 안락사 역시 히틀러의 개인적 명령에 의해 이루어졌다.[445] 안락사 대상으로 규정된 아동들은 28개의 안락사 수용소로 이송되어 치사 주사나 약물 과다 투여를 통해 안락사 당했고, 때로는 굶어 죽기도 했다. 당시 안락사에 참여했던 의사들은 대개 필명이나 가명을 사용하기도 했다. 사실 나치에 협력했던 의사들이 주장하듯 과연 순수한 의학적 목적의 연구를 수행했다면 가명이나 필명은 필요하지 않았을 것이다.

1939년 9월 1일 히틀러의 '안락사 포고Euthanasia Decree; Erlass'는 그의 주치의인 브랜트에게 지시되었고, 이는 의사의 권위를 이용해 불치병 환자들을 자비로운 죽음으로 이끌어주는 것이라는 명분 아래 시작된 것이었다.[446] 그러나 안락사 결정은 본질적으로는 전쟁과 관련이 깊다. 히틀러는 전쟁 수행에 필요한 자원의 고갈을 막기 위해 안락사를 결정했고, 따라서 나치의 안락사 프로그램은 경제적 필요에서 야기된 것이었다. 당시의 안락사 대상자는 대부분은 정신질환자들이었다. 브랜트는 후일 당시 치료 불가능한 환자란 기본적으로 정신이상자를 의미했다고 밝힌 바 있다.[447] 이러한 히틀러의 포고는 순전히 개인적인 차원에서 시작되었고, 비밀이었다. 히틀러의 포고는 정부 관료들에게도 함구하는 사항이었고, 공식적인 법률로도 제정된 바 없는 자의적인 것이었다.[448]

히틀러는 T-4 프로그램(이는 최초의 조직적인 안락사 시도가 유대인들이 살고 있던 티어가르텐 슈트라쎄Tiergartenstrasse 4번지의 빌라를 몰수하는 과정에서 시작되었기 때문에 붙여진 명칭임)으로 알려진 계획을 통해 성인들을 대상으로 안락사를 시행했다. 당시 안락사는 훈령이나 공문서를 통해 지시되었고, 주로 요양원이나 정신병원에서 안락사가 실행되었다. 따라서 안락사는 환자들을 치료소로 이동시킨다고 기만한 후 자행되었다는 점에서 더욱 추악한 것이었다. T-4 센터는 야만적인 의학 실험실이자 사회에 부담이 되는 원치 않은 사람들의 대량 학살의 중심에 있다. 당시 6개의 안락사 센터에서 가스 질식에 의해 안락사 당한 사람은 수만 명을 상회할 것이다. 안락사를 통해 배운 노하우는 수용소에서 유대인을 가스로 죽이는 데 대단히 유용했다.

T-4 프로그램이 진행될 당시 주도적인 역할을 했던 것은 다름 아닌 의사들이었다. 그러나 그 누구도 강압에 의해 이 프로그램에 참여하지는 않았다. 이들은 이 일에 열광적이었고, 스스로 가치가 있는 일이라 여기기도 했다. 그러나 당시 이 프로그램에 참여한 의사들은 안락사를 표면적으로 정당화하기 위한 존재에 불과했다. 안락사 판정 과정에서 의사들이 한 일은 인종 구분이나 대상자의 노동력 수행 정도 등 의학적 소견과는 거리가 먼 것들이 많았다. 의사들은 제국 복지부the Reich Department of Health가 보내준 질문지에 자의적인

| 안락사 센터 | 안락사 시행 일시 | 사망자(명) |
|---|---|---|
| Grafeneck near Stuttgart | 1940. 1 ~ 1940. 12 | 9,839 |
| Brandenburg | 1940. 2 ~ 1940. 9 | 9,772 |
| Bernburg | 1941. 9 | 8,601 |
| Hadamar | 1941. 1 ~ 1941. 8 | 10,072 |
| Hartheim near Linz | 1940. 5 | 18,269 |
| Sonnenstein in Pirna | 1940. 1 ~ 1941. 8 | 13,720 |

*Source: NAW,T 1921, Roll 18, Gotz Aly, et al. trans. Belinda Cooper, *Cleansing the Fatherland: Nazi Medicine and Racial Hygiene* (Baltimore: Johns Hopkins University Press, 1994), p. 39.

판단에 의거해 (+)나 (-) 마크를 표시하는 것뿐이었다.[449] 당시 이 프로그램에 의해 안락사 당한 대상자들은 사회적 일탈행위를 한 자에서 신체 질환자에 이르기까지 다양했고, 이들은 여러 지역에 분산된 수용소로 보내져 샤워실에 감금된 채 가스를 마시고 죽어갔다. 이 과정에서 의사들이 한 일은 의학적 조치와는 거리가 먼 가스 꼭지를 열거나 잠그는 일이었다.[450] 당시 히틀러의 자의적 명령에 의해 시행된 T-4 프로그램은 1941년 8월에 끝날 때까지 약 7만 명의 사람들을 안락사시켰다.[451]

T-4 프로그램이 개시되기 전부터 행해지던 장애 아동들에 대한 안락사는 성인 안락사 프로그램이 중지된 이후에도 지속되었다. 나치는 질병이나 장애가 있는 아동들의 제거는 우생학적 또는 인종적 순수성을 달성하기 위해서 필수적인 것이라고 생각했기 때문에 지속적으로 아동에 대한 안락사를 시행했던 것이다.

한편 성인 안락사가 공식적으로 종료된 이후에도 임의적 안락사는 계속되었다. 이것을 광적 안락사Wild Euthanasia라 한다. 당시 광적 안락사에 의해 죽임을 당한 희생자 등은 고령이거나 반사회적 요인을 가진 인물, 그리고 외국인 등이 대부분이었다. 사회적 약자부터 비아리안 인종까지 광범위하게 안락사가 자행된 것이었다. 광적 안락사는 노동 능력을 상실한 이주 노동자들, 점령지의 주민들, 반사회적 인물들, 그리고 유대인 등 살 가치가 없다고 자의적으로 판단한 존재들에 대해 시행되었다. 광적 안락사는 1943년 종료되었고, 2년 동안 약 2만 명이 안락사 당했다.[452] 광적 안락사는 후일 홀로코스트로 기억되는 최종 결정Final Solution의 전초전이었고, 광적 안락사는 대규모의 학살을 위한 준비 과정이었다. 강제 불임과 안락사는 네거티브 우생학의 궁극적 형태였다.

위에서 살펴본 불임과 안락사의 시행은 다름 아닌 의사들에 의해서 이루어졌다. 사실 어떤 측면에서 보면 나치의 인종위생 프로그램은 인류학, 유전학자, 심리학자, 그리고 수많은 과학 전문가 집단이 존재하지 않았다면 현실화되기 어려웠을 것이다.[453] 특히 의사들의 활동은 반드시 짚고 넘어가야 할 것이다. 물론 나치 의사들의 안락사 프로그램 참여가 점진적인 것이었는지, 아니면 갑작스레 일어난 것이었는지에 대해서는 논란이 있을 수 있다. 즉, 나치 의사들의 안락사 프로그램 참여가 이미 1920년대부터 독일 사회에서 야기된 인종 및 사회 위생 그리고 불임 논의와 일련의 연결고리를 갖는 것인지, 아니면 나치의 집권 이후 변화된 사회적 환경이 의사들을 나치화시켰는지에 대해서는 더 엄밀한 분석이 필요할 것이다.[454] 하지만 이유야 어떻든 결과적으로 나치 시기의 의사들이 나치의 군인으로서 활동한 것만큼은 부인할 수 없다.

당시 나치의 안락사 프로그램에 참여했던 대부분의 의사들은 국제적으로 평판이 자자했던 사람들이었다. 이들을 단순한 청부살해인이나 몽상에 빠진 미치광이 정도로 치부하는 것은 의사들의 책임성과 관련하여 대단히 잘못된 해석이다. 이들은 일시적인 판단착오에 의해 단순히 혐오스런 행위를 했던 존재들이 아니었다. 당시 의사들은 자발적으로 나치 당원이 되어 생의학 담당 군인으로서의 사명감을 갖고 있던 존재들이었다. 의사들의 역할은 나치 정부의 인종적·정치적 목적에 부합하는 생의학적 판단을 내리는 것이었다. 히틀러도 이들에 대해 거침없는 만족감을 표시하기도 했다. 의사들은 독일 인종위생의 권력자로서 기능했고, 인간유전학에서 비롯된 육체적, 정신적 특질을 규정하는 유전 세포라는 관념은 과학적으로 증명된 법칙에 근거해 과학적으로 훈련된 의사들이 국가나 국민의 건강 증진을 책임질 수 있다는 관념에 의해 더욱 강화되었다.[455]

나치의 응용 생물학은 자신들의 정치적 목적을 달성하기 위해 개인과 집단에 대한 학살을 정당화했다. 학살은 나치에게 그저 의학적 질병에 대한 치료에 불과했다. 이런 의미에서 의사들은 나치의 정치적 목적을 정당화하는 도구였던 것이다. 의사들은 독일 전체 인종의 유전적 질을 보호하기 위해 죽임을 통한 치료를 했고, 이는 군인으로서 책임을 다한 것이라 생각했다. 따라서 의사들은 범죄행위를 한 것이 아니라 의사로서 의료 행위를 한 것이었고, 살인이 아니라 치료를 행한 것에 불과했다고 스스로의 행위를 정당화했다.[456]

사실 나치 시기 독일 의사들이 자발적으로 나치의 정책 실행에 참여한 것은 그들의 내재된 사회경제적 욕구와도 관련이 있다. 독일의 의사들은 바이마르 시기 이후 수입이나 지위 면에서 매우 불안정한 상태에 있었다. 의사들은 나치의 등장을 자신들의 사회적 위상을 고양시킬 수 있는 호기로 생각했다. 즉, 의사들은 나치의 후원을 통해 자신들의 사회경제적 지위 보장을 원했던 것이다. 나치에 자발적으로 참여했던 의사들에게 책임성 따위는 존재하지 않았다. 그들에겐 오직 도구적 이성만이 존재했고, 따라서 윤리적 성찰을 통한 책임의식은 없었다고 할 수 있다.

일부 학자들은 오명을 씻기 위해 안락사에 의학적 죽임이라는 명칭을 부여했으나, 그것은 의학적 죽임이 아니라 명백한 살인이었다. 가스 꼭지를 돌리는 데 과연 의학적 훈련이나 전문적인 지식이 필요한 것일까. 그런데 아이러니하게도 안락사는 독일의 의학 연구를 발전시키는 데 중요한 역할을 했다. 일례로 인종적으로 특수한 단백질을 연구하기 위해 아우슈비츠에서는 집시들의 혈액 샘플을 채취했고, 이는 다시 카이저 빌헬름 생리학연구소로 보내졌다. 그러면 생리학연구소에서는 이 샘플을 바탕으로 일련의 생물학적 연구를 진행했다.[457] 학문의 외피를 쓴 매우 반윤리적인 의료 연구임에 틀림이 없다.

이와 같은 나치 시기 의사들의 행태를 살펴본다면 과학자들의 의식이나 활동이 얼마나 중요한 것인지를 짐작해볼 수 있다. 독일의 의

〈표〉 의사들의 수입 현황(1929~1937)

단위 : RM

| 1929년 이전 | 1933년 | 1934년 | 1935년 | 1936년 | 1937년 |
|---|---|---|---|---|---|
| 13,741 | 9,280 | 10,234 | 11,608 | 12,546 | 13,643 |

*Source: Wuttke, Herrschaft, p. 200, n. 140.

사들이 보여준 행태는 과학기술자의 윤리적 사고와 관련하여 시사점을 제공해준다. 독일의 의사들은 순수한 연구를 진행한다는 명분을 통해 사회적 지위와 명예, 그리고 부를 달성했다. 당시 독일의 의사들은 윤리의식의 실종 상태에 있었고, 그것은 엄청난 결과를 수반했다. 오늘날 과학기술은 사회적 유용성이나 상업적 이익에 매몰되어 있고, 자본에의 종속 상태에 처해 있다. 이와 같은 상황에서 과학기술자들에게 윤리적 사고를 요구하는 것은 무척이나 어렵다. 특히 현재 인간의 생명을 다루는 분야에서 반윤리적 사고의 가능성이 현실화되고 있고, 이는 인류 전체에 위협으로 다가설 가능성이 많다. 과학기술자들은 자신들의 연구 행위에 대한 자기 성찰을 반드시 해야 할 것이다.

지금까지 살펴본 독일 인종위생, 특히 나치의 인종위생 정책은 과학이 사회적으로 어떻게 남용될 수 있으며, 정치가 과학을 어떻게 왜곡시킬 수 있는지를 극명하게 보여주는 역사적 사례였다. 20세기 전반 서구 사회를 휩쓸었던 국가적 효율과 유전 논리의 결합에서 독일도 예외는 아니었던 것이다. 다윈의 진화론 수용과 유전 이론의 발전에 토대를 두고 발전하기 시작했던 독일 인종위생은 나치의 홀로코스트에 이르러 그 종언을 고하고 말았다. 나치의 홀로코스트는 독일 인종위생의 종말에만 그친 것이 아니라 유럽 사회를 풍미했던 우생학에 장엄한 최후를 선사한 사건이기도 했다. 독일 인종위생이 결과한 홀로코스트의 충격은 더 이상 우생학의 대중적 정당성을 확보해 줄 수 없었던 것이다. 이런 이유로 나치의 인종 학살은 우생학을 진짜 과학이 아니라 단순한 사회적 이념의 구현물에 불과하다는 시각을 도출하는 데 결정적인 역할을 했다. 이는 많은 사람들이 광적인 이념의 노예로 전락한 그릇된 일부 정치가들과 순수하지 못한 과학자들에 의해 특정 이념에 봉사하기 위한 사회적 실천의 도구쯤으로 우생학을 판단하게 되는 계기가 되기도 했다. 그러나 여기서 우리가 간과하지 말아야 할 사실은 과학적 기반이 취약했던 20세기 전반기의 상황을 놓고 본다면 독일의 인종위생을 진정한 과학이 아니라 사회적 이념의 표출이었다고만 단정하는 것은 다소 무리가 있다는 점이다. 당시의 지적 수준에서 과학적 담론으로서의 유전학과 이념으로서의 우생학 또는 인종위생을 명확하게 구분하기란 매우 어려운 문제이고, 과학적 담론에 스며들어 있는 이념적 성격을 많은 학자들이 제대로 간파하지 못한 측면도 크기 때문이다.

더불어 우리가 간과하지 말아야 할 사실은 만일 우생학 또는 인종위생이 과학적 지식의 진보에 의해 과학적 취약성이 낱낱이 폭로되어 역사의 뒤안길로 사라졌다면 아마도 그것은 이미 관 속에 묻혀버린 과거의 망령에 불과할 것이다. 그러나 히틀러의 인종 청소가 불러온 정서적 거부감과 대량 학살의 공포 때문에 우생학이 쇠퇴한 것이라면 정치사회적 환경 변화에 의해 언제든 우생학은 회귀할 가능성이 있는 것이다. 이런 이유 때문에 반세기 이상이 지난 오늘날에도 여전히 우생학이 갖는 이념적 성격 문제가 논의되는 것이고, 새로운 생명공학의 부상으로 말미암은 새로운 유전학의 성격과 영향에도 심각한 의문이 제기되는 것이다.

요컨대 독일 인종위생은 일부 광적인 정치가나 학자에 의해 고안된 것이 아니라 독일 민족의 영광을 재현하려던 사람들에게 수용된 생물학의 응용과학이자 정치적 이데올로기였다. 독일 인종위생은 20세기 전반기 인류 역사의 중요한 사건으로 우리에게 큰 교훈을 남겨

줄 뿐만 아니라, 아울러 과학 이론이 이론적 정당성 차원을 넘어서
그 자체로 매우 심각한 사회적 실천의 문제를 함축하고 있음을 명백
하게 보여주는 사례였다고 할 수 있다.

# 나오며

    19세기 후반 등장한 다윈의 진화론은 생물학에서의 지적 변혁은 물론이고 서구인들의 사고와 가치관에도 일대 변화를 가져온 역사적 분수령이었다. 다윈의 진화론은 자연계를 설명하기 위해 창안된 생물학 이론이었으나, 다양한 방식으로 변용되어 막강한 사회적 영향력을 발휘했다. 서구의 역사 속에서 나타난 다윈 진화론의 영향 중 하나가 여기서 다룬 우생학이었다. 다윈의 사촌 골턴이 창안한 우생학은 과학적 영역의 논의였으나, 정치적·사회적 변화와 조응하여 지배계급의 논리를 정당화하는 이데올로기로 발전했다. 우생학자들이 설파한 생존경쟁과 최적자생존의 논리는 인간 개선이라는 미명 아래 다양한 사회적 부적자들을 제거했고, 정치적·사회적·인종적 차별을 정당화했다. 우생학은 승자의 논리를 대변하며 애초부터 정해져 있는 결론을 생물학이라는 과학의 권위를 빌어 정당화했다.

    우생학은 구체적으로 영국, 미국, 그리고 독일에서 번창하여 지배

계급의 이데올로기로 기능했다. 세계 최초로 산업혁명에 성공한 영국 사회는 물질적 번영과 사회적 진보를 누리다가 1870년대에 들어서면서 경제적·사회적·정치적으로 위기 상황에 직면한다. 이는 산업화가 몰고온 위기였고, 번영과 진보의 상징이었던 자유주의는 쇠퇴의 기로에 직면하기 시작했다. 이 상황에서 영국의 지식인 계층은 다윈의 진화론에 기초한 사회유기체론적 전망을 제시했다. 특히 보수주의자들은 다윈의 진화론을 스펜서의 진보 이론과 조응시킴으로써, 생존경쟁과 최적자생존을 과학의 이름으로 정당화했다. 이들이 바로 사회다윈주의자들이었다. 당시 사회다윈주의의 주창자들은 자유주의를 고수하며, 현상 유지 차원의 담론을 설파했다.

1880년대 이후 국제적 경쟁체제가 강화되면서 국가적 효율 담론이 사회를 풍미했고, 초기 사회다윈주의자들이 주장했던 국가 불간섭주의와 자유주의 시장체제는 더 이상 설득력이 없어 보였다. 골턴의 우생학은 이와 같은 사회적 변화 과정 속에서 탄생했다. 골턴의 우생학은 당시의 시대정신을 구현했던 과학이자 이념이었다. 당시 다윈의 영향을 받은 골턴은 1865년 최초로 우생학적 전망을 제시했다. 골턴의 정략적 사고, 지적 진보에 대한 확신, 그리고 전통적인 종교에 대한 회의 등이 결합하여 탄생한 우생학의 핵심은 우수한 형질은 보호하고, 열등한 형질은 제거하는 것이었다. 이후 골턴은 생물측정학을 창안하여, 유전 담론을 과학적으로 예증해 보이려 했다. 더욱이 바이스만의 생식질 이론과 멘델법칙의 재발견 등 유전 이론의 성장은 국가적 효율 담론과 결부되어 골턴의 우생학이 영국 사회에서 사회적으로도 신뢰성을 얻는 계기가 되었다. 우생학은 과학적 담론의 영역을 넘어 사회적 실천의 영역으로 변용되었다.

영국 사회의 주도적 담론 중 하나로 자리 잡은 골턴의 우생학은 상대적인 응집력의 취약성을 보이며, 다른 나라들에 비해 균질적이지 못한 모습을 보였다. 특히 우생학 내부에서 전개된 생물측정학과 멘델주의 사이의 지적 논쟁은 사회적 실천에도 투영되어 우생학 운동기 내내 긴장과 갈등을 유발했다. 결국 영국의 우생학 운동은 사회적 실천 과정에서 우생학교육협회, 골턴실험실, 각종 자선단체와 교육단체, 그리고 공중보건운동 등 이념과 방법 면에서 다양한 모습을 보였다. 더욱이 제1차 세계대전을 기점으로 영국의 우생학은 제도적 장치의 상대적 부재와 정부 차원의 지원 부재로 말미암아 미국이나 독일에 비해 상대적으로 사회적 영향력을 발휘하기 어려웠다. 이와 같은 영국 우생학 운동의 환경은 미국이나 독일과 같은 강제적인 불임법의 제정이 성공하지 못한 주요한 토대로 작용했다.

이러한 내적 한계에도 불구하고 영국의 우생학은 인종적 차별을 전제로 하여 진행된 식민지 경영의 이론적 근거로 작용했다는 점에서 중요한 의미를 갖는다. 일부 연구자들이 영국의 우생학을 계급 담론에만 천착해 파악하는 것은 영국의 제국주의와 인종주의에 스며든 우생학의 역할을 과소평가한 것에 지나지 않는다. 영국의 우생학은 내부적으로는 불충분한 성공을 일궈낸 중산계급의 담론이었지만, 외부적으로는 인종주의와 결부하여 제국주의적 팽창과 그에 따른 영국의 국가적 효율을 진작시키는 중요한 동력으로 기능했다고 볼 수 있다.

다윈 진화론의 성립과 변용에서 미국도 예외는 아니었다. 미국에서 다윈의 진화론은 스펜서의 진보 이론과 혼합된 형태로 발현되었다. 당시 미국은 정치적으로 보수적이었고, 자유방임적 자본주의 질서가 우위를 점하던 시대였다. 미국의 보수주의자들은 남북전쟁 이후 급속한 산업 부흥과 그에 따른 부의 축적을 사상적으로 정당화시켜야 할 필요가 있었고, 사회다윈주의가 이론적 근거를 제공하였다. 영국의 사회다윈주의가 위기 대응책의 산물이었다면, 미국의 그것은 승자의 논리를 정당화시켜 고착화하는 이념이었다. 섬너는 다윈과 스펜서의 이론에 천착해 논리적 근거를 마련하였다.

급속한 산업화 등 자본주의적 발전의 이면에는 심각한 경제적 혼란과 사회적 갈등 등 어두운 그늘도 있었다. 더욱이 1890년대부터 급속히 증가한 이민의 물결은 사회적 혼란을 부추기는 기폭제로 작용했다. 이러한 상황에서 일단의 개혁가들은 정부간섭주의를 천명하고, 사회적 문제를 해결하려 했다. 혁신주의 시대가 도래한 것이다. 혁신주의 시대의 이상 중 하나는 효율성의 극대화였고, 과학은 효율성 진작의 중요한 도구였다. 특히 1900년 재발견된 멘델의 법칙은 차별 구조의 정당화와 함께 사회적 문제를 해결하는 좋은 메커니즘으로 환영받기 시작했다. 더욱이 영국에 비해 제도적 장치가 잘 마련되어 있던 미국은 유전론적 우생학이 대중화되기 쉬웠고, 민간단체의 후원을 통해 유전학이 발전함으로써 대중적 차원의 우생학 유포에 커다란 자극이 되었다. 20세기 전반 유전 담론은 미국인들에게 문화적 코드로까지 받아들여지기 시작했다. 하지만 환경론의 차원에서 유전의 고정성을 반대하며 환경 개선 등을 비롯한 각종 사회 개혁을 지지한 우생학자들도 많았다. 다만 제1차 세계대전의 발발은 국가적·인종적 퇴화의 공포를 부추겼고, 이것이 보수적 담론과 결부되어 유전론의 강화로 귀착되는 결과를 가져왔다. 즉, 대학 교육을 받은 과학자의 증가와 민간단체의 각종 후원, 그리고 제1차 세계대전은 유전론적 입장이 주류 우생학의 지위를 확보하게 되는 주요한 요인으로 작용한 것이다.

제1차 세계대전 이후 우생학은 과학적 담론으로서가 아니라 이념적 도구로 활용되기 시작했다. 데이븐포트가 중심인물이었고, 그를 통해 유전론에 기초한 우생학은 더욱 확장되었다. 나아가 미국의 우생학은 다양한 조직을 통해 사회적 운동으로서의 면모를 여실히 보여주었다. 그 중심에 우생학 기록사무국과 미국 우생학협회가 있었다. 이 두 조직은 데이븐포트와 직접적으로 연관되어 있었고, 계급 차별적이고 인종주의적 면모를 어김없이 보여주었다. 더구나 이들이 설파했던 유전론적 우생학은 유전을 근거로 인간의 사회적 위치를 서열화하고, 앵글로색슨의 우월성을 설파하면서 백인 중산계급, 즉 와스프의 사회적 기반을 정당화시켜주는 메커니즘으로 활용되었다.

이후 미국의 우생학은 영국과 유사한 담론, 즉 국가적 효율 진작과 미국의 국가적 정체성 강화라는 미명 아래 계급 차별적이고 인종주의적인 면모를 여실히 드러내며 이민제한법, 혼인법, 그리고 불임법 등 다양한 우생학적 입법을 제정하여 사회적 부적자들을 제거하기 시작했다. 당시 제정된 우생학적 입법은 나치에게도 전수되어 후일 엄청난 역사적 비극을 일으키기도 했다. 그러나 1930년대 들어 미국의 우생학은 대공황의 여파로 환경론이 부상하면서 쇠퇴의 전환점을 맞이했고, 유전학의 발전으로 말미암아 과학적 취약성이 노출되었으며, 나치의 홀로코스트에 이르러 역사의 종말을 고하고 말았다.

영국과 미국에서 다윈의 영향은 스펜서와 결부되어 강화된 측면이 있었지만, 독일에서는 다윈 자체의 영향이 컸다. 독일에서 다윈의 사도는 헤켈이었다. 영미와 달리 집단주의적 생존경쟁을 강조했던 헤켈의 논리는 19세기 말 독일 사회의 시대적 열망과 조응하여 독일 군국주의가 성장하는 데 중요한 역할을 했다. 즉, 다윈의 권위, 헤켈의 집단주의적 투쟁관, 그리고 독일 사회의 국가적 효율 담론이 유기적으로 연관됨으로써 독일 사회다윈주의자들은 자기 집단의 인종적 순수성과 선택적인 생식을 보장하고, 다른 집단의 삶은 종결하려는 정치적 야망을 도출해냈다. 인종위생은 이러한 사고의 산물이었다.

독일의 인종위생은 영미에 비해 훨씬 더 통합된 형태로 전개되었고, 특히 생의학적 담론의 대중화가 인종위생의 중요한 토대로 작용했다는 특징을 갖고 있다. 이러한 독일의 특수한 상황은 왜 그토록 많은 의사들이 독일 인종위생에 참여했으며, 히틀러 등장 이전 독일의 인종위생이 공중보건의 측면에서 전개된 성격이 강했는가라는 사실을 일면 이해할 수 있게 하는 부분이다. 그러나 후일 생의학적 담론은 포괄적인 의미의 질병 개념을 양산하면서, 유대인을 비롯한 사회적 부적자들의 제거를 정당화하였다는 점에서 양날의 칼과도 같은 측면이 있었다.

독일 인종위생은 프뢰츠와 샬마이어에 의해 주도되었는데, 전자는 포지티브 우생학을, 후자는 네거티브 우생학을 강조했다. 그러나 이들은 역선택으로 인한 인종적 퇴화라는 문제의식만큼은 공유하고 있었다. 특히 프뢰츠는 1905년에는 세계 최초의 우생 운동 조직을 결성했고, 이는 1907년 국제적인 조직으로 발전했다. 그러나 대부분의 초기 인종위생론자들은 프뢰츠의 네거티브 우생학보다는 질병의 치료나 예방적 차원의 인종적 질 개선에 보다 많은 관심을 보였다. 이는 독일이 당시 처했던 특수한 상황, 즉 인구 감소가 독일의 국가적 효율에 장애로 다가선다는 위기의식의 발로였다. 영국과 미국이 적자와 부적자 사이의 출산율 차이에 관심을 가졌었다면, 독일은 자체 인구의 양적 증대에 관심을 보였던 것이다. 이와 같은 인구문제를 둘러싼 독일의 특수성은 적어도 1920년대까지 독일 인종위생의 주요한 관심사였다.

제1차 세계대전에서의 패배와 그로 인한 독일 사회의 심리적 충격은 독일 중산계급의 극단화를 야기했고, 이에 따라 독일 인종위생운동의 성격도 변질되었다. 독일 중산계급은 사회적 비용의 감소와 생산성 확보를 위해 부적자의 제거에 관심을 기울였고, 이는 노르딕 인종의 우월성 담론과 결부되기 시작했다. 렌츠는 인종적 특질과 육체적 상태를 연결하여 설명함으로써 논리적 근거를 마련하였다. 더군다나 1918년 독일 정신의학연구소의 설립을 필두로 다양한 유전학 관련 연구소가 설립되면서 독일 유전학은 제도적 지원을 받기 시작했다. 더욱이 바이마르 말기 세계 대공황이 야기한 재정적 압박은 네거티브 우생학의 대중적 동의를 가능하게 하였다.

1933년 나치의 등장은 극단적인 형태의 네거티브 우생학이 전일화하는 일대 분수령이었다. 국가적 효율 담론, 정부의 후원, 그리고 나치의 이데올로기와 결합한 인종위생의 레토릭은 독일인들의 삶 그 자체가 되었다. 이제 생물학과 정치는 완전히 하나가 되었다. 이후 인종위생론자들과 나치는 상호 협력 체제 아래서 각자의 이해관계를 설파해갔다. 나치는 인종, 젠더, 범죄, 빈곤 등 각종 사회적 문제를 생물학적 문제로 환원시켰고, 이는 인종적 생존과 순수성, 그리고 정치적 반대파 제거라는 나치의 이중 전략을 성공적으로 수행하는 동력으로 작용했다. 즉, 나치는 사회의 질병을 치료한다는 생의학적 담론을 이용해 스스로를 정당화시켰던 것이다.

1933년 7월 14일 제정된 불임법을 시작으로 나치는 사회의 질병으로 간주된 모든 사회적 부적자들을 제거해가기 시작했다. 자의적인 판단에 근거한 유전적 질병과 인종적 차별이 전제된 비아리안 인종에 대한 안락사는 대량 학살의 전주곡이었다. 간과하지 말아야 할 사실은 나치의 우생학적 입법에 의해 죽어간 이들은 유대인만이 아니었다는 점이다. 또한 당시 안락사의 주된 실천자들이 의사들이었다는 사실은 좁게는 의료 종사자들, 넓게는 과학기술자들의 윤리적 사고가 얼마나 중요한 것인지를 알 수 있게 해주는 부분이다. 또한 이는 과학과 정치가 어떻게 연관될 수 있는지를 잘 보여주는 사례였다. 한마디로 과학은 정치의 도구였고, 정치는 과학의 후원자였던 것이다.

이처럼 영국, 미국, 그리고 독일에서 전개된 우생학은 다윈의 영향 아래서 권위를 부여받을 수 있었다. 이들은 인종적 퇴화와 유전의 문제를 결부하여 다양한 정치사회적 차별을 정당화했다. 골턴은 프랑스 의사인 모렐Benedict Auguste Morel(1809~1873)이 병리적 수준의 상태를 의미하는 용어로 사용한 퇴화를 자연선택의 걸림돌로 인식했었다. 만일 진화가 환경과 개체 사이의 상호작용에 의해 유발된다면, 그 이면에는 반드시 퇴화가 있게 마련이다. 즉, 생존경쟁에 의한 최적자생존은 필연적으로 퇴화하는 개체를 전제하고 있는 것이다. 이는 인간에게도 동일하게 적용되는 원리이고, 따라서 골턴은 문명화의 결과 생존경쟁이 약화되어 부적절한 개체가 살아남는다면 그것은 사회 전체의 퇴화로 발전할 것이라고 주장했다. 이는 골턴 우생학의 지적 토대가 되었다. 골턴의 퇴화 개념은 유전론적 우생학자들에게는 부적자의 제거라는 생각을 강하게 심어주었고, 환경론적 우생학자들에게는 인종 개선을 위한 환경의 개선이라는 생각을 품게 만들었다. 우생학을 수용한 대부분의 국가들에서는 정신질환이나 신체적 약점 같은 가시적 특징들을 유전적 특질로 간주했기 때문에 이를 적극적으로 제거하거나 환경 개선을 통해 해결하려 했던 것이다.

모든 우생 운동의 근본적 목적은 그것이 포지티브 우생학이건 네거티브 우생학이건 유전자 풀의 전체적인 질을 개선하는 데 있었다. 생식은 사적인 문제가 아니라 국가적이고 사회적인 결과를 수반하는 행위로 인식되었다. 생식에 대한 사회적 이해는 사회적 자원으로서의 생식질이라는 관념을 수반했고, 그것은 공동체 전체의 관점에서 관리되어야 한다는 생각으로 이어졌다. 사실 우생학자들의 퇴화 문제에 대한 생물학적 설명은 라마르크주의에서 보건 다윈주의적 관점에서 보건 옳지 않다. 좌우파 할 것 없이 우생학자들에 널리 공유된 관념은 인간의 모든 특질들이 유전된다는 데 기초하고 있다. 그러나 당시 행동적 특성의 유전을 둘러싼 문제에 우생학자들이 내세운 처방은 그다지 효과적이지 못했다. 그들은 열성 유전자가 전달되는 경위도 잘 몰랐고, 마찬가지로 생식을 어떻게 제한할 것인지에 대해서도 잘 몰랐다. 따라서 그들이 약속했던 이익들은 제대로 발휘될 수 없었다. 결국 이러한 생의학적 바람은 정치적 차원에서 해결될 수밖에 없었다.

영국, 미국, 그리고 독일의 우생학이 가졌던 가장 큰 문제는 유전의 고정성에 기댄 정치적·사회적·인종적 편견에 있다. 이들이 기본적으로 가졌던 유전의 고정성에 대한 확고한 믿음은 19세기 말 20세기 초의 정치사회 사상과도 결부되어 있었다. 대부분의 우생학자들은 인간의 도덕적 특성에서 신체적 특성에 이르기까지 인간이 가진 모든 특성을 유전적 특질로 환원시켜버렸다. 이 같은 유전적 환원주의는 불평등한 사회구조를 정당화하는 논리로 자연법칙을 동원했으며 이는 차별적 정치사회 구조를 고착화하는 데 더 없이 효율적인 도구로 기능했다. 이러한 접근에 따르면 인간 능력의 근본적 차이는 선천적인 차이가 되고, 선천적 차이는 유전되는 것이기 때문에 사회의 위계질서는 인간 본성의 당연한 귀결이라는 얘기가 된다. 이는 유전론에 기초한 생물학적 결정론에 다름 아니다. 생물학적 결정론은 유전자가 인간의 모든 행위, 심지어는 인간의 의식마저도 규정한다고 가정한다. 그러나 유전자가 어떤 방식으로 행동하는지에 대한 구체적인 증거는 없다. 더욱이 생물학적 결정론은 유전자가 단순히 영향을 미치는 것이 아니라 존재를 결정한다고 주장한다. 최근의 진화심리학적 연구 결과에 따르면 우리는 확실히 생물학적 결정론은 틀렸다고 주장할 수 있다.

영국, 미국, 그리고 독일의 우생학자들은 생물학적 결정론에 기초하여 정치사회적 차별을 정당화하고, 신체적 차이를 우열의 개념으로 환원시킴으로써 그것을 선택의 기준으로 삼았다. 이는 평등의 가치에 근본적으로 위배된다. 나아가 이러한 차별은 개인의 생식 자유까지도 침해했다. 미국과 독일, 그리고 일부 사회민주주의 국가에서 시행된 강제 불임법은 생식에 대한 개인의 권리를 침해한 것으로 볼 수 있다. 누가 누구를 출산하고 양육할 것인가라는 본질적 문제에서 우생학은 폭력적 도구 역할을 했던 것이다. 따라서 과거 영국, 미국, 독일의 우생학 역사가 말해주는 바는, 과학적 연구가 늘 특정 이데올로기에 봉사할 가능성을 갖고 있다는 점이다. 오늘날의 유전공학도 예외가 되지는 못할 것이다. 따라서 우리가 생물학적 결정론을 거부해야 하는 이유는 그것이 틀린 이론이자 질 나쁜 이데올로기이기 때문이다. 그럼에도 불구하고 오늘날 많은 사람들이 생물학적 결정론을 수용하고 있는 이유는 인간의 완전성에 대한 근원적 욕망이 존재하기 때문일 것이다.

지금까지 살펴본 대로 우생학은 대부분의 국가에서 국가적 효율 담론과 결부되어 다양한 형태의 대중적 실천을 보여주었다. 우생론자들은 우생학이라는 과학을 근거로 인간 종 사이에는 생물학적인 적자와 부적자가 존재한다고 믿었고, 이는 국가적 효율 달성을 위해 정책적 차원에서 부적자를 제거하거나 개선해야 할 필요가 있다는 논리로 발전했다. 우생론자들은 빈곤계층이나 사회적 약자를 인종적 퇴화를 일으키는 생물학적 부적자, 즉 열등한 인종으로 타자他者화함으로써 자신들의 우월성을 확인하고자 했고, 우생학은 사회적 편견과 선입견이 녹아 들어가는 통로 역할을 하였다. 당시는 과학에 대한 신뢰가 컸던 만큼 그것의 폐해에는 관심이 없었고, 우생학의 논리는 여러 나라로 확산되어 지우기 힘든 역사적 흔적을 남겼다. 과학이 다른 학문 분야에 비해 상대적으로 객관적일 수는 있겠으나, 과학도 사회적 이해관계나 편견으로부터 자유로울 수 없음을 우생학은 여실히 보여주었던 것이다.

이런 점에서 우생학은 과학의 이름으로 생물학적 결정론이 사회적 무기로서 얼마나 큰 잠재적인 힘을 갖고 있는지를 여실히 보여준 역사적 사례였다. 빈곤과 범죄와 같은 사회구조적 불평등이 야기한 인간의 실존 문제가 선천적인 열등 형질에서 비롯되었다는 우생학의 논리는 사회적 불평등을 고착화하는 생물학적 독트린에 불과하다. 사실 오늘날과 같은 계층적 사회에서 최하위에 위치한 사람들의 열악한 처지가 현실의 사회적 구조나 그 부산물 때문이 아니라 낮은 능력과 부도덕성 등을 생물학적으로 타고났기 때문인가? 과연 인간 존재의 모든 것은 천성적으로 결정되는 것인가? 만일 그렇다면 이는 우리가 살고 있는 현재의 사회구조와 현실을 정당화하기에 좋은 이론적 근거로 기능할 수 있다. 왜냐하면 이는 인간의 성격, 능력, 그리고 육체적·정신적 건강이 우리의 유전자에 의해 결정된다는 것이기 때문이다. 즉, 오늘날 우리가 살고 있는 경쟁적이고 위계적인 사회, 서로 다른 생물학적 능력에 의거하여 차등적인 보상이 주어지는 사회 역시 유전자에 의해 결정되어 있으며, 그 구조는 변화할 수 없다는 주장에 다름 아니기 때문이다.

더구나 최근 인간 유전체 계획HGP 이후 본격화된 유전자 조작이나 유전 상담 등 일련의 의료 유전학적 처치는 모든 것이 유전자에 의해 결정된다는 생물학적 결정론을 전제로 삼고 있다. 과연 그런가. 이런 점에서 최근 불거지고 있는 인간의 건강이나 질병 치료와 관련한 의료 유전학적 실천도 우생학과의 상관관계 속에서 파악해볼 필요가 있다. 대부분의 유전자 검사, 유전 상담, 유전 교육 등의 목적이 유전병을 조기에 진단하고, 질병을 치료하기 위한 필요에서 이루어지는 것이라면, 또 그것이 공동체 전체의 건강과 질적 보존을 위한 것이라면, 이는 우생학과 논리적으로 너무 닮아 있다. 물론 과거 우생학과 달리 현대의 의료 유전학은 개인의 자발적인 선택에서 이루어지는 것이지만, 인간의 건강과 질병을 유전자 수준으로 환원하여 설명하고, 그것에 기초하여 해결하려 한다는 점에서 우생학과의 연관성을 무시할 수는 없다.

과학 또는 과학자는 자신이 처한 문화의 속박에서 자유로울 수는 없다. 과학 자체 또는 과학자가 자신의 문화적 속박에서 벗어나 있는 그대로 실재하는 세계를 보는 것 역시 매우 어려울 것이다. 이는 과학이 인간 활동의 산물이기 때문이다. 따라서 과학은 필연적으로 사회적 맥락의 변화를 반영하게 된다. 더구나 과학은 '마법의 탄환'도 아니다. 바로 이런 점들이 이른바 유전자의 세기를 살아가며, 인문학적 사유를 멀리한 채 과학만능주의에 천착하여 과학을 경제적 효율의 도구로서, 또 인간 형질과 능력의 판단 도구로서 상정하고 있는 우리가 우생학을 비판적으로 살펴보아야만 하는 이유일 것이다. 역사는 지나간 과거의 단순한 텍스트가 아니라 반복 가능한 현실이라는 사실을 잊지 말아야 한다. 만일 누군가의 실존적 비참함이 자연의 법칙 때문이 아니라, 우리의 사회제도나 그릇된 인식에서 기인하는 것이라면, 우리의 죄는 너무도 중대하지 않은가.

# 후주

1) 우생학이란 용어는 그리스어 eugene에서 온 말로 "출생이 좋은(good in birth)" 이라는 의미이다. 그리스어로 eu는 good, well을 뜻하고, gen은 genesis, creation을 의미한다. 말 그대로 우생학은 "잘난 태생에 대한 학문(wellborn science)"이었다. F. Galton, *Inquiries into Human Faculty and Its Development*(London: Macmillan, 2001[1st Electronic Edition; 1st ed. 1883]), p. 17.

2) 이 용어는 Emile Gautier, *Le Darwinisme Sociale*(1880)에서 최초로 사용되었다.

3) 히멜파브(Himmelfarb)는 다윈 자신이 의도했든 아니든 적어도 이론적인 면에서 우생학이라는 사상의 형성에 책임이 있으며, 우생학자들은 확실히 다윈의 이름과 권위를 이용해 자신들을 정당화했다고 주장하였다. Gertrude Himmelfarb, *Victorian Minds*(Gloucester, Mass.: Harper & Row, 1968), p. 327.

4) Paul Weindling, *Health, Race and German Politics between National Unification and Nazism, 1870~1945* (Cambridge: Cambridge University Press, 1989), p. 92.

5) F. Galton, "Probability: The Foundation of Eugenics," in *Essays in Eugenics* (London: Eugenics Education Society, 1909), p. 81.

6) F. Galton, "Eugenics: Its Definition, Scope and Aims," in *Ibid.*, p. 35.

7) Richard Hofstadter, *Social Darwinism in American Thought*(New York: George Braziller, 1959), pp. 161~169; Diane B. Paul, *Controlling Human Heredity: 1865 to the Present*(Atlantic Highlands, NJ: Humanities Press International, 1995), pp. 7~8

8) Robert C. Bannister, *Social Darwinism: Science and Myth in Anglo-American Social Thought*(Philadelphia: Temple U. P., 1979); Greta Jones, *Social Hygiene in Twentieth Century Britain*(London: Croom Helm, 1986).

9) 김호연·박희주, 「우생학의 다층적 접근: 유전, 환경, 그리고 이념」, 『환경법연구』 제27권 제2호 (2005), pp. 139~158.

10) Evar M. Neumann-Held, "Can It Be a "Sin" to Understand Disease? On "Genes" and "Eugenics" and an "Unconnected Connection," *Medicine, Health Care and Philosophy* 4 (2001), p. 13.

11) Richard Barnett, "Keywords in the History of Medicine," *The Lancet* 363 (2004), p. 1742.

12) 박진빈, 「끝나지 않은 이야기—미국의 우생학 연구」, 『서양사론』 제90호 (2006), pp. 185~186.

13) Jo Youngran, "Eugenics, Public Health, and the Control of Tuberculosis in the Early Twentieth-Century Britain," 『한국과학사학회지』 15 (1993), pp. 211~224; 이성숙, 「산아제한과 페미니즘—애니 베상트 사건과 맬서스주의」, 『영국연구』 8 (2002), pp. 33~61; 이성숙, 「영국 빅토리아 시대 섹슈얼리티에 대한 과학적 담론: 남녀클럽(1885-1889)을 중심으로」, 『한국여성학』 20 (2004), pp. 39~65; 염운옥, 「우생학과 여성」, 『영국연구』 13 (2005), pp. 89~117; 廉雲玉, 「イギリス優生學運動と母性主義—1907年から1930年までの「優生協會」の活動を中心に—」, 東京大學 박사학위 논문, 2004; 염운옥, 「20세기 초 잉글랜드의 이혼법 개정과 우생학」, 『역사비평』 64 (2003), pp. 281~302; 염운옥, 「영국의 우생학 운동과 산아제한—단종법에 관한 논의를 중심으로」, 『영국연구』 12 (2004), pp. 235~271; 김호연, 「미국 우생학 운동의 형성과 사회적 영향, 1900~1940」, 『미국사연구』 16 (2002), pp. 133~157; 김호연, 「우생학 연구단편」, *Biowave* 8 (12), 과학기술부 산하 생물학연구정보센터(BRIC), 2006.6, pp. 1~11; 김호연, 「미국 우생학 운동의 재검토, 1890년대~1940년대」, 『미국사연구』 26 (2007), pp. 63~96; 김호연, 「과학의 정치학, 독일의 인종위생(Rassenhygiene)」, 『강원인문논총』 18 (2007), pp. 29~62; 김호연, 「19세기말 영국 우생학의 탄생과 사회적 영향—국가적 효율과 우생학적 건강」, 『이화사학연구』 36 (2008), pp. 233~259; 김호연, 「인간은 유전자에 구속된 존재인가?—우생학(eugenics)의 생물학적 결정론 비판」, 『인문과학연구』 19 (2008), pp. 89~124; 정세권, 「인간에 대한 "미국식 과학"의 형성: 대번포트(Charles Benedict Davenport)의 우생학」, 『한국과학사학회지』 제30권 1호 (2008), pp. 139~169; 박지현, 「양차대전의 생명담론과 프랑스 우생학」, 『한국서양사학회학술대회발표집』 12 (2008), pp. 85~99.

14) Francis M. Cornford, *The Republic of Plato*(London: Oxford U.P., 1976); Tomasso Campanella, *City of the Sun*(1623); J. H. Noyes, "Essay on Scientific Propagation," in D. Goodman (ed.), *The Modern Thinker* Vol. 1 (American News Co., 1870), pp. 97~120; H. H. Noyes and G. W. Noyes,

"The Oneida Community Experiment in Stirpiculture," in C. Davenport et al. (eds.), *Eugenics, Genetics, and the Family, Scientific Papers Second International Congress Eugenics* Vol. 1 (The Williams & Wilkins Co., 1923), pp. 374~386.

15) Philip K. Wilson, "Harry Laughlin's Eugenic Crusade to Control the 'Socially Inadequate' in Progressive Era America," *Patterns of Prejudice* 36 (2002), p. 50.

16) Daniel J. Kevles and Leroy Hood (eds.), *The Code of Codes*(Cambridge, MA: Harvard University Press, 1992).

17) 박희주, 「새로운 유전학과 우생학」, 『생명윤리』 제1권 제2호, 한국생명윤리학회, 2000, p. 271.

18) Arthur L. Caplan et al., "What Is Immoral about Eugenics?," *Western Journal of Medicine* 171 (1999), p. 5.

19) 염운옥은 우생학이란 용어가 최초로 등장하게 된 것은 1883년 골턴에 의해서였지만, 유전적 질병이나 장애에 대한 부정적인 가치관은 훨씬 더 오랜 역사를 지니는 것으로 고대 그리스의 플라톤으로부터 연원을 찾을 수 있으므로, 장애에 대한 부정적인 가치관은 초역사적인 멘탈리티로서 우생학과 구별해 우생사상이라고 부르는 것이 좋을 것 같다고 주장했다. 필자도 오늘날 여전히 남아 있는 선천적 질병이나 장애 등을 가진 신체적 약자에 대한 사회적 편견과 차별 그리고 부정적인 가치관은 초역사적인 관념이므로, 골턴의 우생학과 일반론적 견지에서의 우생이념 또는 우생사상은 구별하는 것이 좋을 것 같다고 생각한다. 염운옥, 「영국의 우생학 운동과 산아제한」, p. 235.

20) Letter from Galton to William Bateson, June 12, 1904, in Karl Pearson, *The Life, Letters and Labours of Francis Galton* III A (Cambridge: Cambridge University Press, 1930), p. 221.

21) Frank Dikotter, "Race Culture: Recent Perspectives on the History of Eugenics," *American Historical Review* 103 (1998), p. 467.

22) Gilles Jeanmonod, "Aspects et Developpements Recents de l'histoire de l'eugenisme," *Gesnerus* 60 (2003), p. 83.

23) 인터넷에서 검색 가능한 우생학 관련 저서의 출판 추이를 보면 우생학에 대한 관심이 지속적으로 증가하고 있다는 사실을 알 수 있다.

〈OCLC(Worldcat) Search for Book on Eugenics(2005)〉

| 기 간 | 출판권수 | 기 간 | 출판권수 |
|---|---|---|---|
| ~1883 | 84 | 1940~1949 | 243 |
| 1883~1889 | 14 | 1950~1959 | 128 |
| 1890~1899 | 23 | 1960~1969 | 138 |
| 1900~1909 | 124 | 1970~1979 | 146 |
| 1910~1919 | 536 | 1980~1989 | 230 |
| 1920~1929 | 419 | 1990~1999 | 396 |
| 1930~1939 | 569 | 2000~2005 | 452 |

24) Daniel J. Kevles, *In the Name of Eugenics: Genetics and the Uses of Human Heredity*(New York: Knopf, 1995); Edwin Black, *War against the Weak: Eugenics and America's Campaign to Create a Master Race*(New York/London: Four Walls Eight Windows, 2003).

25) Diane B. Paul, *The Politics of Heredity*(Albany, NY: State University of New York Press, 1998), pp. 99~100; Marouf Arif Hasian, Jr., *The Rhetoric of Eugenics in Anglo-American Thought*(Athens: The University of Georgia Press, 1996), p. 29.

26) Mark B. Adams (ed.), *The Wellborn Science: Eugenics in Germany, France, Brazil, and Russia* (New York: Oxford University Press, 1990), pp. 217~218.

27) Deborah Harrett and Charles Kurzman, "Globalizing Social Movement Theory: The Case of Eugenics," *Theory and Society* 33 (2004), pp. 487~527; David Mitchell and Sharon Snyder, "The Eugenic Atlantic: Race, Disability, and The Making of an International Eugenic Science, 1800~1945," *Disability & Society* 18 (2003), pp. 843~864; Robert Nye, "The Rise and Fall of the Eugenics Empire: Recent Perspectives on the Impact of Bio-Medical Thought in Modern Society," *Historical Journal* 36 (1993), pp. 687~700; 캐나다에서도 이민, 산아제한, 정신질환 검사, 그리고 가족수당 등과 관련된 일련의 우생학적 대중운동이 있었다. Angus McLaren, *Our Own Master Race: Eugenics in Canada, 1885~1945* (Toronto: McClelland and Stewart, 1990);

일본의 우생학에 대해서는 Zenji Suzuki, "Geneticists and the Eugenics Movement in Japan," *Japanese Studies in the History of Science* 14 (1975), pp. 157~164 참조; 중국의 우생학에 대해서는 Veronica Pearson, "Population Policy and Eugenics in China," *British Journal of Psychiatry* 167 (1995), pp. 1~4 참조. 피어슨은 중국의 불임법과 1930년 독일의 불임법을 비교하여 설명하면서, 중국의 불임법도 건강한 후세를 얻기 위한 것보다는 성병과 같은 질병에 걸린 환자들을 제거할 목적으로 시행됨으로써 부정적인 성격이 짙다고 본다. 오브라이언은 중국의 불임법 제정을 대단히 불행한 사건이라고 보면서, 의사들의 착상전 유전자 진단이나 태아 검사와 같은 조치들과 우생학적 사고 사이의 관련성을 분석했다. Claire O'Brien, "China Urged to Delay 'Eugenics' Law," *Nature* 383 (1996), p. 204.

28) Garland E. Allen, "Science Misapplied: The Eugenics Age Revisited," *Technology Review* 99 (1996), pp. 22~23; Diane B. Paul, *Controlling Human Heredity: 1865 to the Present* (Atlantic Highlands, NJ: Humanities Press International, 1995), pp. 7~8; Peter J. Bowler, *Evolution: The History of an Idea* (Berkeley: California University Press, 1983), p. 294; Greta Jones, *Social Darwinism and English Thought: the Interaction between Biological and Social Theory* (London: Harvester, 1980), pp. 84~86; Donald K. Pickens, *Eugenics and the Progressive* (Nashville: Vanderbilt University Press, 1968), p. 247; 덴마크, 핀란드, 노르웨이 그리고 스웨덴 등에서도 유전론적 우생학이 전개되었다. 이 나라들에서 진행된 불임과 우생 프로그램은 경제적 번영과 사회적 진보를 달성하기 위해 사회적 합의의 과정을 거치는 등 합의와 강제가 공존한 측면이 많았고, 합법적인 차원에서 가장 장기간 우생 프로그램이 전개되었다. Gunnar Broberg & Nile Roll-Hansen (eds.), *Eugenics and the Welfare State: Sterilization Policy in Denmark, Sweden, Norway, and Finland* (East Lansing: Michigan State University Press, 1996); Nile Roll-Hansen, "Eugenics Before World War II: The Case of Norway," *Pubblicazioni della Stazzioni Zoologica di Napoli* 2 (1980), pp. 269~298.

29) Jeanmonod, *op. cit.*, pp. 85~90; Bannister, *op. cit.*; Greta Jones, *Social Hygiene in Twentieth Century Britain* (London: Croom Helm, 1986).

30) 슈나이더(William H. Schneider)는 프랑스 우생학을 라마르크주의와 관련된 것으로 파악하고, 주로 소아과 의사들의 우생학적 실천에 초점을 맞추어 분석했다. 슈나이더는 프랑스 역시 퇴화의 문제에 관심이 많았고, 20세기 일부 프랑스 과학

자와 정책 입안자들이 퇴화의 해결책으로 우생학을 수용했다고 본다. 특히 인구정책과 관련하여 프랑스 우생론자들은 산아제한, 산전 검사, 불임 및 이민 규제 등을 다양한 방식으로 수용했다는 것이다. William H. Schneider, *Quality and Quantity: The Quest for Biological Regeneration in Twentieth-Century France* (New York: Cambridge University Press, 1990); idem, "The Eugenics Movement in France, 1890~1940," in Adams (ed.), *The Wellborn Science*, pp. 69~109; Alan McGregor, "Eugenic Thought in France," *Mankind Quarterly* 30 (1990), pp. 337~350; Anne Carol, *Histoire de l'eugenisme en France: les medecins et la procration* (Paris, 1995); John Glad, "The Current Attitude Toward Eugenics in France," *Mankind Quarterly* 42 (2001), pp. 77~89.

31) 스테판(Nancy Leys Stepan)은 브라질, 아르헨티나, 그리고 멕시코를 중심적인 분석 대상으로 삼아 라틴아메리카의 우생학은 정치적·제도적·문화적 요인 등이 어우러진 유전과학의 한 분야로 국가의 정책적 지원과 결부된 사회운동으로 확장되었다고 본다. 스테판은 라틴아메리카의 우생학은 서구 담론의 단순한 모방이 아니라 독특한 역동성을 갖는 활발한 문화적 과정의 결과라고 주장한다. 특히 라틴아메리카는 민족적·문화적 다양성으로 인해 인종주의가 약했고, 종교적 신앙심과 세속적 욕구 사이의 긴장이 존재하던 사회였다. 이런 점에서 라틴아메리카의 우생학은 다른 나라들과는 구별된다고 본다. Nancy Leys Stepan, *"The Hour of Eugenics": Race, Gender, and Nation in Latin America* (Ithaca: Cornell University Press, 1991); idem, "Eugenics in Brazil, 1917~1940," Adams (ed.), *The Wellborn Science*, pp. 110~152.

32) Mark B. Adams, "Eugenics in Russia, 1900~1940," *Ibid.*, pp. 153~216.

33) 국내 학계에서 통상 positive/negative eugenics는 적극적/소극적 우생학, 긍정적/부정적 우생학, 그리고 양성적/음성적 우생학 등으로 번역되어왔다. 그러나 이러한 번역은 그것이 담고 있는 의미를 올바로 전달해주지 못하고, 오히려 혼동을 야기할 가능성이 많다고 본다. 따라서 이미 가치판단이 전제되어 있는 이러한 용어보다는 별도의 번역된 용어 없이 우수한 형질을 더욱 개선하려는 우생학은 포지티브 우생학(positive eugenics)으로, 우수하지 못한 형질을 제거하려는 우생학은 네거티브 우생학(negative eugenics)으로 부르는 것이 타당하다고 본다.

34) Pablo V. Gejman and Ann Weilbaecher, "History of the Eugenic Movement," *The Israel Journal of Psychiatry and Related Sciences* 39 (2002), p. 217; American Society of Human Genetics, "ASHG Statement:

Eugenics and the Misuse of Genetic Information to Restrict Reproductive Freedom," *American Journal of Human Genetics* 64 (1999), pp. 335~338: Robin H. Jarrell, "Native American Women and Forced Sterilization," *Caduceus* 8 (1992), pp. 45~58.

35) Anne Kerr and Tom Shakespeare, *Genetic Politics: From Eugenics To Genome* (England: New Clarion Press, 2002), pp. 46~61.

36) Jones, *Social Hygiene in Twentieth Century Britain*, Forword & pp. 5~24: Jo Youngran, *op. cit.*, pp. 211~224.

37) George Stocking, "Lamarkianism in American Social Science, 1890~1915," *Journal of the History of Ideas* 23 (1962), pp. 239~256: Kathy J. Cooke, "Duty or Dream? Edwin G. Conklin's Critique of Eugenics and Support for American Individualism," *Journal of the History of Biology* 35(2002), 365~384: idem, "The Limits of Heredity: Nature and Nurture in American Eugenics Before 1915," *Journal of the History of Biology* 31 (1998), pp. 263~278.

38) Daniel Wikler, "Can We Learn From Eugenics?," *Journal of Medical Ethics* 25 (1999), p. 184: Philip J. Pauly, "Essay Review: The Eugenics Industry-Growth or Restruction?," *Journal of the History of Biology* 26 (1993), pp. 137~138: Paul Weindling, "The Survival of Eugenics in 20th-Century Germany," *American Journal of Human Genetics* 52 (1993), pp. 643~649: Sheila Faith Weiss, "The Race Hygiene Movement in Germany," John P. Jackson, JR. (ed.), *Science, Race, and Ethnicity* (Chicago: The University of Chicago Press, 2001), pp. 225~268: Robert N. Proctor, "Nazi Doctors, Racial Medicine, and Human Experimentation," in George J. Annas and Michael J. Grodin (eds.), *The Nazi Doctors and the Nuremberg Code: Human Rights in Human Experimentation* (New York: Oxford University Press, 1992), pp 17~31.

39) Hofstadter, *op. cit.*, pp. 161~169: Bowler, *Evolution*, pp. 291~298: R. J. Halliday, "Social Darwinism: A Definition," *Victorian Studies* 14 (1971), pp. 389~405: Mike Hawkins, *Social Darwinism in European and American Thought, 1860~1945* (Cambridge: Cambridge University Press, 1997), pp. 216~248: William H. Tucker, *The Science and Politics of Racial Research* (Urbana: University of Illinois Press, 1994), pp. 54~137: Marek Kohn, *The*

*Race Gallery: The Return of Racial Science* (London: Jonathan Cape, 1995); Neil MacMaster, *Racism in Europe, 1870~2000* (New York: Palgrave, 2001).

40) Kenneth M. Ludmere, *Genetics and American Society: A Historical Appraisal* (Baltimore: Johns Hopkins University Press, 1972), p. 457; Kevles, In the Name of Eugenics, p. 164.

41) R. Grant Steen, *DNA and Destiny: Nature and Nurture in Human Behavior* (New York: Plenum Press, 1996), p. 32; Jonathan Harwood (ed.), "Genetics, Eugenics and Evolution," *British Journal for the History of Science* 22 (1989), pp. 257~375; Elof Alex Carlson, *The Unfit: A History of a Bad Ideas* (Cold Spring Harbor, NY: Cold Spring Harbor Laboratory Press, 2001).

42) Diane B. Paul, "Eugenics and the Left," *Journal of the History of Ideas* 45 (1984), pp. 567~590; 스페인에서는 무정부주의자도 우생학을 수용했었다. Richard Cleminson, "Eugenics by Name or Nature? The Spanish Anarchist Sex Reform of the 1930s," *History of European Ideas* 18 (1994), pp. 729~740; 구소련 우생학에 대해서는 Amir Weimer, "Nature, Nurture, and Memory in a Socialist' Utopia: Delineating the Soviet Socio-Ethnic Body in the Age of Socialism," *American Historical Review* 104 (1999), pp. 1114~1155; Loren Graham, "Science and Value: The Eugenics Movement in Germany and Russia in the 1920s," *American Historical Review* 82 (1977), pp. 1133~1164; Yuri Slekine, "N. Ia. Marr and the National Origins of Soviet Ethnogenetics," *Slavic Review* 55 (1996), pp. 826~862 등을 참조하라.

43) 장애와 우생학 사이의 관련성에 대한 논의로는 Tom Shakespeare, "Choice and Right: Eugenics, Genetics and Disability Equality," *Disability & Society* 13 (1998), pp. 665~681; Tom Koch, "Disability and Difference: Balancing Social and Physical Constructions," *Journal of Medical Ethics* 27 (2001), pp. 370~376; 기독교와 우생학의 관련성에 대해서는 William W. Bassett, "Eugenics and Religious Law: Christianity," in Warren T. Reich (ed.), *Encyclopedia of Bioethics* (New York: Simon & Schuster Macmillan, 1995; Revised Edition), pp. 779~783; 우생학의 문화적 함의에 대해서는 Dorothy Nelkin and M. Susan Lindee, *The DNA Mystique: The Gene as a Cultural Icon* (New York: W. H. Freeman and Company, 1995); 성담론과 연관하여 여성주의적 시각에서 우생

학을 다룬 연구로는 Nancy Ordover, *American Eugenics* (Minneapolis: University of Minnesota Press, 2003)와 Daniela Stehlik, "A Brave New World?: Neo-Eugenics and its Challenge to Differnce," *Violence Against Women* 7 (2001), pp. 370~392를 참조하라.

44) Diane B. Paul, "Is Human Genetics Disguised Eugenics?," in Robert F. Weir, Susan C. Lawrence, and Evan Fales (eds.), *Genes and Human Self-Knowledge: Historical and Philosophical Reflections on Modern Genetics* (Iowa City: University of Iowa Press, 1994), pp. 67~83; idem, *The Politics of Heredity*; Anne Kerr et al., "Eugenics and the New Genetics in Britain: Examining Contemporary Professionals' Accounts," *Science, Technology, & Human Values* 23 (1998), pp. 175~198; Robert N. Proctor, "Genomics and Eugenics: How Fair is the Comparison?" in *Gene Mapping: Using Law and Ethics as Guides* (New York: Oxford University Press, 1992), pp 57~93; Troy Duster, "Eugenics: Ethical Issues," in Stephen G. Post (ed.), *Encyclopedia of Bioethics* (New York: Macmillan, 2004; 3rd Edition), pp. 854~859; idem, *Backdoor to Eugenics* (New York: Routledge, 2003; 2nd Edition).

45) David Gems, "Politically Correct Eugenics," *Theoretical Medicine and Bioethics* 20 (1999), pp. 201~213, 특히 p. 201; Nicholas Agar, "Designing Babies: Morally Permissible Ways to Modify the Human Genome," *Bioethics* 9 (1995), pp. 1~15; John Maynard Smith, "Eugenics and Utopia," *Daedalus* 117 (1998), pp. 73~92; Elof Alex Carlson, *Genes, Radiation, and Society: The Life and Work of H. J. Muller* (Ithaca, NY: Cornell University Press, 1981); idem, *Human Genetics* (Lexington, MA: D.C. Heath & Co., 1984); Julian Huxely, "Eugenics in Evolutionary Perspective" *Perspectives in Biology and Medicine* 6 (1963), pp. 155~187; Richard Lynn, *Eugenics: A Reassessment* (Westport, CT: Praeger, 2001); Glenn McGee, *The Perfect Baby: A Pragmatic Approach to Genetics* (Lanham: Rowman and Littlefield, 1997).

46) David E. W. Fenner, "Negative Eugenics and Ethical Decisions," *Journal of Medical Humanities* 17 (1996), pp. 17~30; Marc A. Lappe, "Eugenics: Ethical Issues," in Reich, *op. cit.*, pp. 770~777; Joel Martin Geiderman, "Ethics Seminars: Physician Complicity in the Holocaust: Historical Review

and Reflections on Emergency Medicine in the 21st Century, Part Ⅰ & Ⅱ," *Academic Emergency Medicine* 9 (2002), pp. 223~240; Daniel J. Kevles, "Eugenics and the Human Genome Project: Is the Past Prologue?," in Timothy F. Murphy and Marc A. Lappe (eds.), *Justice and the Human Genome Project* (Berkeley: University of California Press, 1994), pp. 14~29; idem, "Eugenics: Historical Aspects," in Reich (ed.), *op. cit.*, pp. 765~770

47) Justine Burley, *The Genetic Revolution and Human Rights: The Oxford Amnesty Lectures* 1998 (New York: Oxford University Press, 1999; 힐러리 퍼트넘 외 지음, 생물학사상연구회 옮김, 『유전자 혁명과 생명윤리』 (서울: 아침이슬, 2004)); Lisa Powell, "Eugenics and Equality: Does the Constitution Allow Policies Designed To Discourage Reproduction Among Disfavored Group?," *Yale Law & Policy Review* 20 (2002), pp. 481~512; Fred D. Ledley, "Distinguishing Genetics and Eugenics on the Basis of Fairness," *Journal of Medical Ethics* 20 (1994), pp. 157~164.

48) Philip Kitcher, *The Lives to Come: The Genetic Revolution and Human Possibilities* (New York: Simon & Schuster, 1996); Peter Augustine Lawler, "The Utopian Eugenics of Our Time," *Perspectives on Political Science* 32 (2003), pp. 68~76.

49) Evar M. Neumann-Held, "Can It Be a "Sin" to Understand Disease? On "Genes" and "Eugenics" and an "Unconnected Connection," *Medicine, Health Care and Philosophy* 4 (2001), p. 13.

50) Richard Barnett, "Keywords in the History of Medicine," *The Lancet* 363 (2004), p. 1742.

51) 스티븐 제이 굴드 지음, 김동광 옮김, 『인간에 대한 오해』 (서울: 사회평론, 2003), pp. 23~24.

52) Plato, *Politeia*, 414de~415abcd. (굴드, 『인간에 대한 오해』, pp. 63~65)

53) Letter from Galton to William Bateson, June 12, 1904, in Karl Pearson, *The Life, Letters and Labours of Francis Galton* III A (Cambridge: Cambridge University Press, 1930), p. 221.

54) D. Amstrong, *Political Anatomy of the Body: Medical Knowledge in Britain in the Twentieth Century* (Cambridge: Cambridge University Press, 1983).

55) F. Galton, "Hereditary Talent and Character," *Macmillan's Magazine* 12 (1865), pp. 157~166 & p. 320.

56) 르원틴, 『DNA 독트린』, pp. 28~29 & p. 33.

57) 같은 책, p. 47.

58) 문상화, 「진화론: 19세기 영국의 지배담론의 한 양상」, 『영국연구』 제5호 (2001), pp. 27~29.

59) Charles Darwin, J. W. Burrow (ed.), *The Origin of Species: by Means of Natural Selection or the Preservation of Favoured Races in the Struggle for Life* (New York: Penguin Books, 1968[1859]), pp. 153~155.(이하에서 Charles Darwin, *The Origin of Species*로 줄임).

60) Herbert Spencer, "A Theory of Population, Deduced from the General Law of Animal Fertility," *Westminster Review* 1 (1852), pp. 389~390.

61) Charles Darwin, *The Descent of Man* (New York: Prometheus Books, 1998[1874, 2nd ed.]), p. 138.

62) 굴드, 『인간에 대한 오해』, p. 220.

63) Pauline M. H. Mazumdar, *Eugenics, Human Genetics and Human Failings: The Eugenics Society, Its Sources and Its Critics in Britain* (New York: Routledge, 1992), pp. 1~2; Richard A. Soloway, *Demography and Degeneration: Eugenics and the Declining Birthrate in Twentieth-Century Britain* (Chapel Hill: University of North Carolina Press, 1990); Donald MacKenzie, "Eugenic in Britain," *Social Studies of Science* 6 (1976), pp. 499~532; Geoffrey R. Searle, *Eugenics and Politics in Britain, 1900~1914* (Leyden: Springer, 1976); idem, "Eugenics and Politics in the 1930s," *Annals of Science* 36 (1979), pp. 159~179; Nancy L. Stepan, *The Idea of Race in Science: Great Britain, 1800~1960* (London: Macmillan, 1982); Dan Stone, "Race in British Eugenics," *European History Quarterly* 31 (2001), pp. 397~425.

64) A. G. Cock, "William Bateson, Mendelism and Biometry," *Journal of the History of Biology* 6 (1973), pp. 1~36; Bernard Norton, "Biology and Philosophy: The Methodological Foundations of Biometry," *Journal of the History of Biology* 8 (1975), pp. 85~93; idem, "The Biometric Defence of Darwinism," *Journal of the History of Biology* 6 (1973), pp. 283~316.

65) Christopher Shaw, "Eliminating the Yahoo: Eugenics, Social Darwinism and Five Fabians," *History of Political Thought* 8 (1987), pp. 521~544; Garland E. Allen, "Genetics, Eugenics, and Class Struggle," *Genetics* 79

(1975), pp. 29~45; idem, "Genetics, Eugenics, and Society: Internalists and Externalists in Contemporary History of Science," *Social Studies of Science* 6 (1976), pp. 105~122; Michael Freeden, *The New Liberalism: An Ideology of Social Reform* (London: Clarendon Press, 1978), pp. 76~116; idem, "Biological and Evolutionary Roots of the New Liberalism in England," *Political Theory* 4 (1976), pp. 471~490; Greta Jones, "Eugenics and Social Policy Between the Wars," *The Historical Journal* 25 (1982), pp. 717~728.

66) Jo Young-Ran, *op. cit.*, pp. 211~224; 이성숙, 「산아제한과 페미니즘―애니 베 상트 사건과 맬서스주의―」, pp. 39~65; 염운옥, 「우생학과 여성」, pp. 89~117; 염운옥, 「20세기 초 잉글랜드의 이혼법 개정과 우생학」, pp. 281~302; 염운옥, 「영국의 우생학 운동과 산아제한」, pp. 235~271.

67) Derek W. Forrest, *Francis Galton: The Life and Work of a Victorian Genius* (New York: Taplinger, 1974); Nicholas Wright Gillham, "Sir Francis Galton and the Birth of Eugenics," *Annual Review of Genetics* 35 (2001), pp. 83~101; idem, *A Life of Sir Francis Galton: From African Exploration to the Birth of Eugenics* (Oxford: Oxford University Press, 2001); John C. Waller, "Gentlemanly Men of Science Sir Francis Galton and the Professionalization of the British Life-Science," *Journal of the History of Biology* 34 (2001), pp. 83~114.

68) Troy Duster, *Backdoor to Eugenics* (New York: Routledge, 2003).

69) 19세기 중후반의 영국의 전반적인 상황에 대해서는 나종일·송규범, 『영국의 역 사(하)』 (서울: 한울아카데미, 2005), pp. 625~655를 참조하라.

70) 이제 영국은 '영광스러운 고립(splendid isolation)'을 벗어나 적극적인 팽창의 길로 나아간다. Kenneth O. Morgan 편, 영국사 연구회 옮김, 『옥스포드 영국사』 (서울: 한울, 1994), pp. 545~550.

71) 서정훈, 「19세기말 영국의 사회진화론자들」, 『학술연구논문집』 (1996), p. 353.

72) E. A. Carlson, *The Unfit: A History of a Bad Ideas* (Cold Spring Harbor, N.Y.: Cold Spring Harbor Laboratory Press, 2001), pp. 73~91.

73) 최재희, 「영국 노동당 창당기 사회주의 진영의 민주주의관」, 高麗大學校 大學院 博士學位論文, 2001, p. 1.

74) 朴又龍, 「영국의 新自由主義와 知識人의 社會改革: 1881~1914」(西江大學校 大學院 博士學位論文, 1994), pp. 13~15.

75) 이영석, 「영국 산업사회의 성립과 노동계급, 1780~1914」, 안병직 외, 『유럽의 산

업화와 노동계급』, (서울: 까치, 1997), pp. 88~96.

76) 같은 논문, p. 81.

77) Alastir Reid, "The Division of Labour and Politics in Britain, 1880~1920," in W. J. Mommsen and H. Husung (eds.), *The Development of Trade Unionism in Britain and Germany, 1880~1914* (London: Allen & Unwin, 1985), pp. 327~328.

78) Eric J. Hobsbawm, "The 'New Unionism' in Perspective," in Eric J. Hobsbawm, *Workers: Worlds of Labour* (New York: Pantheon Books, 1984), pp. 152~175.

79) 안영민, 「영국 신조합주의 노동운동과 노동조합의 정치세력화(1889~1900)」, 『江原史學』 19 · 20합집 (2004), p. 448 & p. 463.

80) 朴又龍, 앞의 논문, p. 19.

81) 노동사가들은 1870년대 이후를 영국 노동운동사의 거대한 전환점으로 파악하고 있다. Maurice H. Dobb, 이선근 역, 『자본주의 발전연구』 (서울: 동녘, 1986), p. 364; J. F. C. Harrison, 이영석 옮김, 『영국 민중사』 (서울: 소나무, 1989), p. 325.

82) 朴又龍, 앞의 논문, pp. 24~28.

83) Soloway, op. cit., pp. 10~17.

84) 국가 효율은 19세기 말 영국이 쇠퇴하고 있다는 위기의식의 발로로서 당시 영국 인들의 희망과 우려를 집약하는 표어였다. 이에 대한 더 자세한 내용은 이태숙, 「100년 전의 국가적 표어들: 영국의 "국가효율" 對 일본의 "國粹保存"」, 『영국연구』 창간호 (1997), p. 214 참조.

85) 페이비언 협회(Fabian Society)는 혁명적 방식보다는 점진주의적 개혁을 지향하며, 19세기 말 영국에서 등장한 지적 사회운동 단체로 영국 노동당의 사상적 기초에 영향을 주었다. 朴又龍, 앞의 논문, p. 39.

86) 이태숙, 앞의 논문, p. 217.

87) 문상화, 앞의 논문, p. 25.

88) David J. Galton and Clare J. Galton, "Francis Galton: And Eugenics Today," *Journal of Medical Ethics* 24 (1998), p. 99.

89) 문상화, 앞의 논문, pp. 29~36.

90) Edward Caudill, *Darwinian Myths: The Legends and Misuses of a Theory* (Knoxvill: The University of Tennessee Press, 1997), xvii~xix.

91) Darwin, *The Origin of Species*, p. 458.

92) 이러한 믿음들은 첫째, 점진적인 변화 내지 연속성을 강조하는 진화 이론의 논의에 장애로 작용한다는 점, 둘째, 생물학적 종을 비롯한 다양한 생물계의 분류군들이 고정되어 변화하지 않는 것으로 파악됨으로써, 현재의 생물계의 다양성은 단지 창조에 의한 결과로밖에 설명할 수 없다는 점, 셋째, 세계는 신에 의해 설계되었으므로 모든 생명체들이 자신들의 물리적·생물적 환경 속에서 완벽하게 적응할 수 있다는 점, 넷째, 인간의 독특한 위치라는 관념은 다분히 인간중심적인 사고로 영혼을 지니지 않은 동물과 영혼을 가진 인간은 하나의 개념으로 설명될 수 없다는 점 등과 연관이 있다. 특히 네 번째 사실은 다윈이『종의 기원』에서 인간에 대한 언급을 회피한 이유였다. Ernst Mayr, *One Long Argument: Charles Darwin and the Genesis of Modern Evolutionary Thought*, 신현철 옮김, 『진화론 논쟁』(서울: 사이언스 북스), 1998, pp. 55~60.

93) Dov. Ospovat, *The Development of Darwin's Theory: Natural History, Natural Theology, and Natural Selection, 1838~1859* (Cambridge: Cambridge U.P., 1981), pp. 2~3. 朴熙柱, 「다윈의 自然選擇 理論에 대한 一考察」, 漢陽大學校 大學院 碩士學位論文, 1987, p. 10에서 재인용; 이밖에 다윈에 끼친 자연목적론의 영향에 대해서는 Walter F. Cannon, "The Bases of Darwin's Achievement: A Revaluation," in *Victorian Studies*, Vol. 5, 1961, pp. 109~132; Robert M. Young, "The Impact of Darwin on Conventional Thought," in Anthony Symondson (ed.), *The Victorian Crisis of Faith* (London: SPCK, 1970), pp. 13~36; James R. Moore, *op. cit.*; Neal C. Gillespie, *Charles Darwin and the Problem of Creation* (Chicago and London: Univ. of Chicago Press, 1979) 등을 참조하라.

94) Darwin, *The Origin of Species*, pp. 16~24.

95) 라마르크의 진화 사상에 대해서는 L. J. Jordanova, *Lamarck* (New York: Unoversity Press, 1984)를 참조하라.

96) Darwin, The Origin of Species, p. 65 ; 비글호 항해 이후 다윈의 사고 변화 과정은 F. J. Sulloway, "Darwin's Conversion: The Beagle Voyage and It's Aftermath," in *Journal of the History of Biology* 15, 1982, pp. 325~396 참조하라.

97) Charles Darwin, *Notebook* B, Nos. 38~39, in Paul H. Barrett (ed.), *Metaphysics, Materialism, and the Evolution of Mind: Early Writings of Charles Darwin* (Chicago: Univ. of Chicago Press, 1980), p. 184.

98) Darwin, *The Origin of Species*, pp. 175~176.

99) 다윈은『종의 기원』서문에서 이와 같은『개요』의 결론이 확실한 것이라고 생각
했다. Darwin, *The Origin of Species*, p. 65 ;『종의 기원』의 초고에 해당하는 이
두 편의 글은 다윈 死後 그의 아들에 의해 다음과 같은 제목으로 출판되었다.
Francis Darwin (ed.), *The Foundations of the Origin of Species* (Cambridge:
Cambridge U.P., 1909).

100) 린네학회에서 발표된 요지는 Philip Appleman (ed.), *Darwin* (New York:
W. W. Norton & Company, 1970), pp. 81~97 참조.

101) Ernst Myer, "Darwin and Natural Selection," in *American Scientist* 65
(1977), p. 321.

102) Gavin de Beer, *Charles Darwin: Evolution by Natural Selection* (London:
Nelson, 1963), pp. 98~100; Peter Vorzimmer, *Darwin, Malthus, and Theory
of Natural Selection*, p. 527.

103) Young, *Malthus and Evolutionist*, pp. 109~111 ; 엥겔스(F. Engels)도 오이
겐 뒤링의 다윈과 맬서스는 무관하다는 주장을 비판하면서, 다윈과 맬서스 간의
지적 관련성을 논하고 있다. 이에 대해서는 F. Engels, 「오이겐 뒤링씨의 과학변
혁」, 최인호 외 번역,『칼 맑스·프리드리히 엥겔스 저작 선집』, 제V권 (서울: 박종
철출판사, 1994), pp. 73~79.

104) Michael Ruse, "Charles Darwin and Artificial Selection" *Journal of the
History of Ideas* 36 (1975), p. 339.

105) Darwin, *The Origin of Species*, p. 68.

106) *Ibid.*, pp. 116~117.

107) Bowler, *Malthus, Darwin, and The Concept of Struggle*, p. 631.

108) *Ibid.*, pp. 632~634 ; Bannister, *op. cit.*, pp. 24~25.

109) Himmelfarb, *Victorian Minds*, p. 315 & p. 318.

110) Darwin, *The Origin of Species*, p. 116 & p. 117.

111) Darwin, *The Origin of Species*, pp. 153~155: esp. Extinction.

112) *Ibid.*, pp. 130~131.

113) Carl N. Degler, *In Search of Human Nature: The Decline and Revival of
Darwinism in American Social Thought* (New York: Oxford U.P., 1991), p.
61.

114) 다윈과 스펜서의 지적 연관에 대한 논쟁이 있다. 이에 대해서는 Leeds,
*Darwinism and Darwinian Evolutionism in the Study of Society and
Culture*, pp. 437~485: 특히 p. 453; Robert L. Carneiro (ed.), "Editor's

Introduction," in *The Evolution of Society: Selections from Herbert Spencer's "Principles of Sociology"* (Chicago: University of Chicago Press, 1967), ix~xvii; J. D. Y. Peel (ed.), "Introduction," in *Herbert Spencer on Social Evolution: Selected Writing* (Chicago: University of Chicago Press, 1972), vii~xi; Philips Abrams, *The Origin of British Sociology, 1834~1914* (Chicago: University of Chicago Press, 1968); George H. Sabine, *A History of Political Theory*, revised by Thomas Landon Thorson (New York: Holt, Rinehart and Winston, 1973), 成裕普·車南姬 譯, 『政治思想史』 2 (서울: 한길사, 1989), pp. 903~908; Peckham, *op. cit.*, pp. 3~40; Bert J. Loewenberg, "Review of Hofstadter," *American Historical Review* 50 (1945), pp. 820~821; Edward S. Corwin, "The Impact of the Idea of Evolution on the American Political and Constitutional Tradition," in Stow Persons (ed.), *Evolutionary Thought in America* (New York: George Braziller, 1956) 등을 참조하라.

115) 朴檀, 「Herbert Spencer의 社會思想硏究: 社會的 進化論과 土地財産權과의 關係를 中心으로」, 西江大 大學院 碩士學位論文, 1986, p. 21.

116) Herbert Spencer, "A Theory of Population, Deduced from the General Law of Animal Fertility," *Westminster Review* 1 (1852), pp. 389~390.

117) 서정훈, 앞의 논문, pp. 341~349.

118) Herbert Spencer, *Social Statics: Or, the Conditions Essential to Human Happiness Specified, and the First of Them Developed* (New York: Augustus M. Kelley, 1969[1851]).

119) *Ibid.*, p. 103.

120) *Ibid.*, p. 297.

121) Carneiro (ed.), *op. cit.*, p. 216.

122) *Ibid.*, pp. 58~59.

123) *Ibid.*, p. 216.

124) Hofstadter, *op. cit.*, pp. 5~6 & pp. 202~203; 이러한 분석은 역사가들에게 광범위하게 수용되었고, 유럽의 많은 역사가들은 호프스태터의 연구를 적용하기 시작하였다. 이러한 분석에 기반하여 사회다윈주의를 19세기 말 유럽 사회에서 가장 중요하고 지배적인 이데올로기로 묘사한 연구들로는 Jacques Barzun, *Darwin, Marx, Wagner: Critique of a Heritage* (Garden City: Double Day, 1958); Franklin L. Baumer, *Modern European Thought: Continuity and Change in*

*Ideas, 1600~1950* (New York: Holmes & Meier, 1977); H. Stuart Hughes, *Consciousness and Society: The Reorientation of European Social Thought, 1890~1930* (New York: Vintage Books, 1977); Daniel Gasman, *The Scientific Origins of National Socialism: Social Darwinism in Ernst Haeckel and the Monist League* (New York: American Elsevier, 1971); 히멜파브는 다윈 자신이 의도했든 아니든 적어도 이론적인 면에서 우생학이라는 사상의 형성에 책임이 있으며, 우생학자들은 확실히 다윈의 이름과 권위를 이용해 자신들을 정당화했다고 주장하였다. Himmelfarb, *Victorian Minds*, p. 327.

125) Paul Weindling, *Health, Race and German Politics Between National Unification and Nazism, 1870~1945* (Cambridge: Cambridge University Press, 1989), p. 92.

126) Bannister, *op. cit.*, p. xii, pp. 8~9, & pp. 164~166 & pp. 180~181 & pp. 226~228; 벨로미(Bellomy)도 반니스터의 분석에 동의하며, 반니스터의 취약한 증거들을 강화하려고 노력하였다. 그는 사회다윈주의가 미국에서는 무시된 반면, 유럽 대륙에서는 광범위하게 발전되었다는 점을 강조하였으며, 사회다윈주의의 형성 시점을 1890년대~20세기 초 사이로 파악하였다. Donald C. Bellomy, "Social Darwinism Revisited," *Perspectives in American History* 1 (1984), p. 2 and pp. 5~6.

127) 이와 같은 상황은 미국에서도 유사하게 발견된다. 미국에서 우생학이 본격화되어 대중화하던 시기는 혁신주의 시대였다. 이 시기에는 과학적 탐구의 힘에 대한 믿음, 개인권보다 우선시되는 공공의 개념, 그리고 국가정책을 통한 사회통제의 효율성에 대한 신념이 견고하게 자리 잡고 있었다. 혁신주의는 과학적 성취에 기대어 정책을 추구하며, 그 정책들을 통해 사회정의를 추구하는 동시에 사회통제도 지지한다. 이렇게 보면 우생학과 혁신주의는 과학, 사회정의, 사회통제의 결합을 공유하고 있었다고 할 수 있다. 박진빈, 앞의 논문, pp. 198~199.

128) F. Galton, *Hereditary Genius: An Inquiry into Its Laws and Consequences* (London: Macmillan, 1892), p. xxvii.

129) F. Galton, "The Possible Improvement of the Human Breed," F. Galton ed., *Essays in Eugenics* (London: Eugenics Education Society, 1909), pp. 24~26.

130) F. Galton, "Hereditary Talent and Character," *Macmillan's Magazine* 12 (1865), p. 160.

131) Donald Mackenzie, "Karl Pearson and the Professional Middle Class,"

*Annals of Science* 36 (1979), p. 125; 염운옥, 『우생학과 여성』, pp. 92~93에서 재인용.

132) Searle, *Eugenics and Politics in Britain*, p. 5.

133) 골턴은 초기에는 우량종 육성(vericulture)이란 용어를 사용했었다. 그러다가 골턴은 "출생이 좋은"(good in birth)을 뜻하는 그리스어 εὐγενής(eugene)을 차용하여 우생학이라는 용어를 창안했다. F. Galton, *Inquiries into Human Faculty and Its Development* (London: Macmillan, 1883), p. 17.

134) F. Galton, "Eugenics: Its Definition, Scope and Aims," Galton ed., *Essays in Eugenics*, p. 35.

135) 염운옥, 「우생학과 여성」, p. 94.

136) David J. Galton, "Greek Theories on Eugenics," *Journal of Medical Ethics* 24 (1998), pp. 263~265.

137) Letter From Pearson to Galton, April 8, 1907, in Pearson, *The Life, Letters, and Labours of Francis Galton* IIIA, p. 312.

138) F. Galton, "The Possible Improvement of the Human Breed," in *Essays in Eugenics*, pp. 24~26.

139) Nicholas W. Gillham, "Sir Francis Galton and The Birth of Eugenics," *Annual Review of Genetics* 35 (2001), p. 87.

140) F. Galton, "Good and Bad Temper in English Families," *Fortnightly Review* 42 (1887), pp. 21~23.

141) Greta Jones, "The Theoretical Foundations of Eugenics," in Robert A. Peel (ed.), *Essays in the History of Eugenics* (London: Chameleon Press, 1998), pp. 3~4.

142) F. Galton, *Hereditary Genius, An Inquiry into Its Laws and Consequences* (London: Macmillan, 2000[1st Electronic Edition; 1st ed.1869: 2nd ed. 1892]), p. 362.

143) *Ibid.*, pp. 272~281.

144) F. Galton, "Statistical Inquiries into the Efficacy of Prayer," *Fortnightly Review* 12 (1872), p. 130.

145) F. Galton, "Hereditary Talent and Character," *Macmillan's Magazine* 12 (1865), p. 327.

146) F. Galton, *Memories of My life* (London: Methuen & Co., 1909), p. 22; F. Galton, The Times, Dec. 1, 1886, in Karl Pearson, *The Life, Letters and*

*Labours of Francis Galton* II (Cambridge: Cambridge University Press, 1924), p. 201.

147) F. Galton, *English Men of Science* (London: Macmillan, 1874), pp. 12~16.

148) F. Galton, "The Possible Improvement of the Human Breed under the Existing Conditions of Law and Sentiment," *Nature* 64 (1901), p. 659.

149) Galton, *Memories of My life*, p. 29 & pp. 287~288.

150) Ruth Schwartz Cowan, "Francis Galton's Contributions to Genetics," *Journal of the History of Biology* 5 (1972), pp. 389~412; 골턴의 反라마르크주의 유전 이론의 헌신에 대해서는 Ruth Schwartz Cowan, "Nature and Nurture: The Interplay of Biology and Politics in the Work of Francis Galton," *Studies in the History of Biology* 1 (1977), pp. 133~208.

151) Galton, *Hereditary Talent and Character*, p. 159 and p. 161.

152) *Ibid.*, p. 163.

153) *Ibid.*, p. 320.

154) *Ibid.*, p. 158.

155) *Ibid.*, p. 319 & pp. 321~322.

156) Galton, *Memories of My life*, p. 304.

157) Galton, *Hereditary Genius*, pp. 26~31.

158) *Ibid.*, pp. 1~2. 현명한 결혼에 대한 골턴의 주장에 대해서는 F. Galton, "Restricting in Marriage," *Sociological Paper* 2 (1906), pp. 3~13, pp. 14~17, pp. 49~51을 참조하라.

159) Galton, *Hereditary Genius*, x and p. 22.

160) *Ibid.*, p. 26 & pp. 31~32.

161) Galton, *Hereditary Talent and Character*, p. 318.

162) A. R. Wallace, "Human Selection," *Fortnightly Review* XLVIII (1890), pp. 325~337; idem, "Human Progress, Past and Future," *The Arena* (January 1892), pp. 493~509; idem, *Social Environment and Moral Progress* (New York: Cassell, 1913), pp. 146~147; T. H. Huxley, "Prolegomena to 'Evolution and Ethics'," in *Evolution and Ethics and other Essays* (London: Macmillan, 1894), p. 39.

163) A. R. Wallace, "Interview Fragment," in C. H. Smith ed. *Alfred Russel Wallace: An Anthology of His Shorter Writings* (Oxford: Oxford University Press, 1991[1912]), p. 177, Paul, *Controlling Human Heredity*, p. 36에서 재

인용.

164) Darwin, *Descent of Man*, pp. 138~151.

165) Charles Darwin, *Variation in Animals and Plants under Domestication* Vol.2 (London: J. Murray, 1875), 5장, 특히 pp. 456~457 and pp. 486~487.

166) F. Galton, "Letters to the Editor," *Nature* 4 (May 4, 1871), pp. 5~6.

167) F. Galton, "Experiments in Pangenesis, by Breeding from Rabbits of a Pure Variety, into whose Circulation Blood taken from other Varieties had previously largely been Transfuse," *Proceeding of the Royal Society* 19 (1871), p. 395 and p. 402. 이와 관련한 더 자세한 내용은 *Ibid.*, pp. 393~410을 참조하라.

168) F. Galton, "On Blood-Relationship," *Proceedings of the Royal Society* 20 (1872), pp. 394~402, 특히, p. 394 and p. 400.

169) F. Galton, "A Theory of Heredity," *The Contemporary Review* 27 (1875), pp. 80~95, 특히 p. 87, p. 91 and p. 94.

170) Pearson, *The Life, Letters and Labours of Francis Galton* III A, pp. 340~341.

171) Galton, *English Men of Science*, p. 12. 골턴의 천성과 양육에 대한 보다 자세한 분석은 "On men of Science, Their Nature and Their Nurture," *Proceedings of the Royal Institution* 7 (Feb 27, 1874), pp. 227~236과 "The History of Twins, As a Criterion of the Relative Powers of Nature and Nurture," *Fraser's Magazine* 12 (1875), pp. 566~576을 참고하라.

172) F. Galton, "Typical Laws of Heredity," *Proceedings of the Royal Institution* 8 (1877), pp. 282~301.

173) Galton, *Inquiries into the Human Heredity*, p. 17.

174) F. Galton, "Co-Relations and Their Measurements, chiefly from Anthropometric Data," *Proceedings of the Royal Society* 45 (1888), pp. 135~145.

175) F. Galton, *Natural Inheritance* (London: Macmillan, 1889), p. 1.

176) *Ibid.*, pp. 51~70.

177) *Ibid.*, p. 16.

178) 바이스만의 생식질 연속설에 대해서는 Rasmus G. Winther, "August Weismann on Germ Plasm Variation," *Journal of the History of Biology* 34 (2001), pp. 517~555 참조; 물론 바이스만의 이론이 등장한 이후에도 여전히 라

마르크주의의 영향력은 컸었다. Leonard Darwin, "Environment as a Factor in Evolution," *Eugenics Review* X (1918), pp. 63~70.

179) Ruth Schwartz Cowan, "Francis Galton's Statistical Ideas: The Influence of Eugenics," *Isis* 63 (1972), p. 509~528.

180) Soloway, *op. cit.*, pp. 10~17.

181) 염운옥, 「영국의 우생학 운동과 산아제한」, pp. 236~237.

182) Kerr and Shakespeare, *op. cit.*, pp. 9~10.

183) F. Galton, "Eugenics, Its Definition, Scope, and Aims," *Sociological Papers* 1 (1905), pp. 45~50 and pp. 78~79.

184) 1901년 이미 70대 후반에 접어든 골턴은 영국 왕립 인류학 연구소의 헉슬리 강연(the Huxley Lecture at the Royal Anthropological Institute of Great Britain and Ireland)에 초청되었다. F. Galton, "The Possible Improvement of the Human Breed under the Existing Conditions of Law and Sentiment," *Nature* 64 (1901), pp. 659~665.

185) 제2차 세계대전 이후 이는 골턴 실험실(Galton Laboratory)로 개칭되었다. 골턴 실험실의 목적은 우생학을 과학으로 정착시키는 것이었다. 이 점에서 우생학의 대중화를 선도했던 우생학교육협회와 구별된다. 골턴 실험실은 영국 우생학 운동의 지적 산실 역할을 했고, 제1차 세계대전 이전에는 개인 기부금으로 운영되었으나 종전 후 정부 지원을 받는 연구소로 발전했다.

186) Kevles, *In the Name of Eugenics*, p. 590.

187) 소설의 제목은 Kantsaywhere였다. Pearson, *The Life, Letters and Labours of Francis Galton* III A, pp. 413~425.

188) 당시 우생학교육협회에 참여했던 대표적인 인물들로는 생리학자 셰링튼(Sir C. Sherrington), 유전학자 피셔(R. A. Fisher), 홀데인(J. B. S. Haldane), 헉슬리 (Julian Huxley), 생물학자 폴튼(Edward Poulton), 시워드(A. C. Seward), 게디스(Patrick Geddes), 심리학자 맥두걸(William McDougall), 버트(Cyril Burt), 스피어먼(Charles Spearman), 의사인 오슬러(Sir William Osler), 모트(Sir Frederick Mott), 지리학자이자 영국 지리학회 책임자인 게이키(Sir Archibald Geikie), 성 연구의 개척자인 엘리스(Havelock Ellis), 그리고 정치가인 발포어 (Sir Arthur Balfour) 등이 있다.

189) Jones, *Social Hygiene in Twentieth Century Britain*, p. 15.

190) 내각 수상을 했던 발포어(A. J. Balfour)와 체임벌린(Neville Chamberlain)도 우생학교육협회의 회원이었고, 1912년 영국에서 개최된 국제 우생학 회의

(International Eugenic Congress)에는 처칠(Winston Churchill)이 부의장으로 참여하기도 했다. 시얼(G. R. Searle)은 우생학에 관여한 그룹을 다섯 가지로 분류한다. 1. 'strong eugenists' : 이들은 우생학이 국가적 붕괴와 쇠퇴를 해결할 유일한 수단이라고 간주한다. 피어슨(Karl Pearson), 다윈, 살리비(C. W. Saleeby), 실러(Schiller) 등 대부분 우생론자들이 여기에 속한다. 이들은 생물학적 결정론에 입각해 인간의 행동을 분석하고, 우생학적 용어로 정치를 논한다. 2. 'weak eugenists' : 이들은 자신의 정치적 신념을 포기하지 않고 우생학에 흥미를 갖는 그룹이다. 이를테면 20세기 초 우생학에 관심을 가졌던 자유주의적 진보주의자들, 유토피아 사회주의자들, 그리고 채식주의자들이 여기에 속한다. 3. 'medical eugenists' : 이들은 단순한 생물학적 원인으로 범죄나 빈곤 같은 사회적 문제의 원인을 밝히거나 유전 결정론적 시각을 갖는 이들이다. 이들은 특별한 정치적 신념이 거의 없는 경우이다. 이들은 우생학을 의학이나 공중위생의 한 분야로 인식했다. 4. 'career eugenists' : 이들은 유전이나 인구 문제를 연구하는 학자들로 학문적인 관심을 가졌던 이들이다. 5. 단순히 수사학적으로 우생학적 문구나 사상을 수용했던 이들로 웹 부부 같은 존재들이다. Searle, *Eugenics and Class*, pp.239~240.

191) 영국의 우생학교육협회는 1907년 젊은 사회 위생 개혁가인 고토(Sybil Gotto)를 중심으로 도덕 교육 리그(Moral Education League)의 구성원들과 우생학 운동의 조직화에 관심 있는 개인들이 모여 설립된 것이다. 의사였던 살리비도 협회 건설에 도움을 주었다. 협회의 목적은 우생학과 인종적 퇴화를 야기한다고 생각했던 성병, 알코올중독, 빈곤, 건강, 도덕 등 각종 사회문제들에 대한 대중적 인식을 고양하고, 우생학적 이상에 따라 책임 있는 부모의 역할을 대중들에게 교육하는 것이었다. 구성원들은 저명한 인사들, 대학 교수, 사회 활동가, 생물학자들, 교육받은 중산계급이 대부분이었다. 1913년까지 약 1,000여 명 이상이 가입했다. 협회의 초대 의장은 골턴의 친구였던 변호사 크래칸스로프(Montague Crackanthorpe)였다. 고토가 비서였고, 골턴은 1908년 명예 의장이 되었다. 1908년은 다윈의 아들인 레오나드 다윈이 의장이 된 해였고, 그는 1929년까지 의장직을 수행했다. 협회는 캐나다, 미국, 호주 등에도 영향을 끼쳤다. 협회는 잠시 골턴 실험실과 제휴하기도 했지만, 협회의 목적은 골턴 실험실의 목적이었던 연구가 아니라 우생학을 사회적·정치적 이데올로기로서 안착시키는 것이었다. 협회 내부에서는 유전의 성격을 둘러싼 두 그룹의 논쟁이 있었다. 그러나 대부분의 과학자들은 피어슨의 생물측정학보다는 멘델주의를 옹호했다. 1909년에는 공식 기관지인 『우생학 리뷰』(the Eugenics Review)를 창간했고, 1968년까지 발행되었다. 초기

협회는 사회적 활동과 로비에 참여했다. 1913년 '영국 정신 결함법(British Mental Deficiency Act)'의 통과를 위해 로비를 벌였고, 제1회 국제 우생학 회의를 조직하여 1912년 런던에서 개최하였다. 1914년 이래 매년 골턴 강연을 후원했다. 1926년에는 우생학협회(Eugenics Society)로 개칭되었고, 1930년대에는 피임 연구에 기여했으며, 40년 이상 자발적인 우생학적 불임의 법제화를 위해 노력했다. 제2차 세계대전 이후 협회는 인공 수정 실험을 긍정하기도 했다. 1989년 골턴 연구소(Galton Institute)로 개칭하여 현재까지 지속되고 있다. 현재 골턴 연구소의 목적은 "인간의 생식, 발생 및 건강에 관여하는 생물학적·유전학적·경제적·문화적 요인에 대한 학제적 연구"를 하는 것이다. Ruth Clifford Engs, *The Eugenics Movement An Encyclopedia* (Westport, Connecticut: Greenwood Press, 2005), pp. 62~63.

192) D. G. Prichard, *Education and the Handicapped 1760~1960* (London: Routledge and Kegan Paul, 1963), p. 133.

193) Anne Kerr and Tom Shakespeare, *Genetic Politics: From Eugenics to Genome* (England: New Clarion Press, 2002), pp. 13~15.

194) Hansard Parliamentary Debates House of Commons, 5th series, vol. 255 (1931), cols. 1245~1258, 염운옥, 「영국의 우생학 운동과 산아제한」, p. 248에서 재인용.

195) 같은 논문, pp. 250~252.

196) 같은 논문, p. 247.

197) 이성숙, 「산아제한과 페미니즘」, pp. 53~54.

198) 염운옥, 「우생학과 여성」, pp. 95~97 & pp. 114~115.

199) 이성숙, 「산아제한과 페미니즘」, p.58. 미국의 산아제한운동에서도 이러한 점은 발견된다. 산아제한운동과 결부하여 피임운동을 펼쳐 여권운동의 상징처럼 인식되어온 마가렛 생어(Margaret Sanger)를 보라. 그녀의 실천은 우생학적 인종차별주의와 깊은 관련을 맺고 있었다. 사실 그녀가 피임을 강조했던 것은 쓸모없는 인종과 열등한 부적자들의 출산을 막기 위한 목적에서였다. 생어는 백인 상류층은 산아제한을 통해 출산율이 떨어지는데 반해, 빈민가의 열등한 인종들은 오히려 다산하는 경향이 있다는 사실에 우려를 표하며, 이를 막기 위해 빈민가와 흑인 슬럼에 피임약을 무료로 배포했다. 결국 피임운동은 여성 권익의 실현을 위한 조치였다기보다는 우수한 인종의 자살을 막는 동시에 열등한 인종의 출산을 억제하기 위한 우생학적 조치에 불과했다. 마가렛 생어에 대한 더 자세한 내용은 이남희, 「마가렛 생어(Margaret Sanger)와 미국 산아제한운동, 1910~1940」 (숙명여자대학

교 대학원 석사학위논문, 2006) 참조.

200) Galton, *Hereditary Genius*, pp. 328~329.

201) MacKenzie, *Eugenics in Britain*, pp. 499~532, 특히 p. 520; Dorothy Porter, "Enemies of the Race: Biologism, Environmentalism, and Public Health in Edwardian England," *Victorian Studies* 34 (1991), pp. 159~178.

202) Jo Young-Ran, *op. cit.*, pp. 213~216.

203) Galton, *Hereditary Genius*, pp. xiv~xxvi.

204) Jo Young-Ran, *op. cit.*, pp. 216~219.

205) Searle, *Eugenics and Politics in Britain*, p. 19.

206) Stepan, *The Hour of Eugenic*, p. 70.

207) 살리비에 대한 더 자세한 내용은 염운옥, 「우생학과 여성」, pp. 108~111을 참조하라.

208) MacKenzie, "Karl Pearson and the Professional Middle Class," *Annals of Science* 36 (1979), pp. 125~143.

209) Jose Harris, *Unemployment and Politics: A Study in English Social Policy, 1886~1914* (Oxford: Clarendon Press, 1972), pp. 29~30.

210) F. Galton, "Recent expedition into the interior of South-Western Africa," *Journal of the Royal Geographical Society* 22 (1852), pp. 140~163.

211) Galton, *Hereditary Genius*, pp. 336~343.

212) *Ibid.*, pp. 4~5 and pp. 164~165.

213) Robert Reid Rentoul, *Race Culture; Or, Race Suicide?* (London: The Walter Scott Publishing Co. Ltd., 1906), pp. 4~4, pp. 19~22, and 164~165.

214) Charles Wicksteed Armstrong, *The Survival of the Unfittest* (London, 1927), Dan Stone, "Race in British Eugenics," *European History Quarterly* 31 (2001), p. 400에서 재인용.

215) Anthony M. Ludovici, *The False Assumptions of 'Democracy'* (London, 1921), p. 114, *Ibid.*, p. 401에서 재인용.

216) William McDougall, "Psychology in the Service of Eugenics," *Eugenics Review* Ⅴ (1914), pp. 295~308.

217) Michael Freeden, "Eugenics and Progressive Thought: A Study in Ideological Affinity," *The Historical Journal* 22 (1979), pp. 645~671.

218) Kevles, *In the Name of Eugenics*, pp. 122~128; 할데인의 개량적 우생학에 대한 좀 더 자세한 사항은 Mark B. Adams, "Last Judgment: The Visionary

Biology of J. B. S. Haldane," *Journal of the History of Biology* 33 (2000), pp. 457~491을 참조하라.

219) Mark H. Haller, *Eugenics: Hereditarian Attitudes in American Thought* (New Brunswick, NJ: Rutgers University Press, 1984); Garland E. Allen, "The Social and Economic Origins of Genetic Determinism: A Case History of the American Eugenics Movement, 1900~1940 and Its Lessons for Today," *Genetica* 99 (1997), pp. 77~88; Philip R. Reilly, *The Surgical Solution: A History of Involuntary Sterilization in the United States* (Baltimore: Johns Hopkins University Press, 1991); Nicole Hahn Rafter (ed.), *White Trash: The Eugenic Family Studies, 1877~1919* (Boston: Northeastern University Press, 1988); Edward J. Larson, "Confronting Scientific Authority With Religious Values: Eugenics in American History," in Timothy J. Demy & Gary P. Steward (eds.), *Genetic Engineering: A Christian Response Crucial Considerations for Shaping Life* (Grand Rapids, MI: Kregel Pulibations, 1999), pp. 104~124; idem, "In the Finest, Most Womanly Way: Women in the Southern Eugenics Movement," *American Journal of Legal History* 39 (1995), pp. 119~147; Phillip Thurtle, "Harnessing Heredity in Gilded Age America: Middle Class Mores and Industrial Breeding in a Cultural Context," *Journal of the History of Biology* 35 (2002), pp. 43~78.

220) Elazar Barkan, "Reevaluating Progressive Eugenics: Herbert Spencer Jennings and the 1924 Immigration Legislation," *Journal of the History of Biology* 24 (1991), pp. 91~112; 공중보건과 우생학의 연관에 대해서는 Martin S. Pernick, "Eugenics and Pubilic Health in American History," *American Journal of Public Health* 87 (1997), pp. 1767~1772; Nancy Ordover, *American Eugenics* (Minneapolis: University of Minnesota Press, 2003); Laura Doyle, "The Long Arm of Eugenics," *American Literary History* 16 (2004), pp. 520~535; Johanna Schoen, "Between Choice and Coercion: Women and The Politics of Sterilization in North Carolina, 1929~1975," *Journal of Women's History* 13 (2001), pp. 132~156 참조하라.

221) Barbara Kimmelman, "The American Breeders' Association: Genetics and Eugenics in an Agricultural Context, 1903~1913," *Social Studies of Science* 13 (1983), pp. 163~204; Alan R. Rushton, *Genetics and Medicine in the United States, 1800~1922* (Baltimore: Johns Hopkins University Press,

1994); Charles E. Rosenberg, "Charles B. Davenport and the Irony of American Eugenics," in Charles E. Rosenberg, *No Other Gods: On Science and American Social Thought* (Baltimore: Johns Hopkins University Press, 1976), pp. 89~97; Garland E. Allen, "The Eugenics Record Office, Cold Spring Harbor, 1910~1940: An Essay in Institutional History," *Osiris* 2 (1986), pp. 225~264; Ronald Rainger, "Improving Americans," *Journal of the History of Biology* 34 (2001), pp. 557~564.

222) Martin S. Pernick, *The Black Stork: Eugenics and the Death of "Defective" Babies in American Medicine and Motion Pictures Since 1915* (Oxford: Oxford University Press, 1999).

223) Eric J. Hobsbawm, *The Age of Empire 1875~1914* (New York: Pantheon Books, 1987), p. 254.

224) 파이퍼(Pfeifer)는 남북전쟁이라는 시대적 상황 이외에도 다윈주의적 개념들이 더 쉽게 미국 내에 수용될 수 있었던 요인으로 다윈의 저작들이 영어권 저작이었기 때문에, 비영어권 지역에 비해 더 명확한 다윈주의적 개념들이 미국에 수용될 수 있었다고 주장한다. Edward J. Pfeifer, "United States," in Glick (ed), *op. cit.*, p. 168.

225) Bannister, *op. cit.*, pp. 3~7.

226) Burrow, *Evolution and Society*, p. 182; 윤건차는 미국에서의 스펜서의 인기를 그가 가지고 있는 낙관주의적 색채 때문에 가능한 것이었다고 본다. 윤건차, 「일본의 사회진화론과 그 영향」, 『역사비평』, 계간 32호 (서울: 역사비평사, 1996), p. 314.

227) Andrew Carnegie, "Wealth," *North American Review* 148 (1889), p. 657.

228) H. Adams, *The Education of Henry Adams: An Autobiography* (Boston, 1961[1907]), p. 232.

229) Bellomy, *Social Darwinism Revisited*, pp. 28~32; Bannister, *op. cit.*, xiv.

230) 이형대, 「미국 知性史에서 윌리엄 그레험 섬너의 自然主義 사상과 保守主義」, 『美國史研究』 4 (1996), pp. 135~164.

231) 위의 논문, p. 136.

232) William G. Sumner, *The Challenge of Facts and Other Essays* (New Haven: Yale University Press, 1914), p. 68.

233) William E. Leuchtenburg & Bernard Wishy (eds.), *Social Darwinism: Selected of William Graham Sumner* (England, NJ: Printice-Hall, 1963), p.

3: 섬너가 처음으로 맬서스주의적 논리를 개진한 것은 사회주의를 공격하기 위한 1878년 스크리브너(Scribner)의 연설에서였다. 그는 거기서 이민과 기술이 일시적으로 인구 압력을 지체시킬 수는 있겠지만, 그럼에도 생존경쟁은 피할 수 없는 것이라고 주장했다. Bannister, *op. cit.*, p. 25 and p. 104.

234) William G. Sumner, *Folkways: A Study of Sociological Importance of Usages, Manners, Customs, Mores, and Morals* (New York: Ginn, 1940[1906]), pp. 16~17. 섬너는 제한된 자원 때문에 경쟁이 증가한다는 맬서스 원리를 가족 내부에서의 부모와 자식관계를 통해 설명하기도 했다. 그는 가족 내부에서 자손의 수가 증가할수록 빈곤의 해로움이 증가할 것이라고 보았다. 좀 더 자세한 내용은 William G. Sumner, "That We Must Have Few Men, If We Want Strong Men," in *What Social Classes Owe to Each Other* (New York: Harper & Bros., 1883), pp. 72~80.

235) Sidney Fine, *Laissez Faire and the General-Welfare State: A Study of Conflict in American Thought 1865~1901* (Ann Arbor: University of Michigan Press, 1956), p. 3.

236) William G. Sumner, "The Concentration of Wealth: Its Economic Justification," *The Independent* (1902), Reprinted in Albert Galloway Keller (ed.), *The Challenge of Facts and Other Essays* (New Haven: Yale University Press, 1914), pp. 81~90, 특히 p. 90.

237) William G. Sumner, "On the Reasons Why Man Is Not Altogether a Brute," in *What Social Classes Owe to Each Other*, pp. 58~71.

238) Sumner, *Folkways.*, pp. 28~30.

239) *Ibid.*, p. 151.

240) *Ibid.*, pp. 154~156.

241) *Ibid.*, p. 178 and p. 646.

242) *Ibid.*, pp. 193~194.

243) William G. Sumner, "The Absurd Effort to Make the World Over," *The Forum* 17 (1894), pp. 92~102, 특히 pp. 97~99.

244) Hofstadter, *op. cit.*, p. 63.

245) David A. Hollinger and Charles Capper (eds.), *The American Intellectual Tradition* Vol. Ⅱ (New York: Oxford University Press, 1989), p. 23.

246) Hofstadter, *op. cit.*, p. 57.

247) 김봉중, 「전환시대의 미국의 지성, 1880~1940: 반(反)사회진화론자들과 그들

의 영향을 중심으로」,『全南史學』, 第11輯, 1997, p. 606.

248) 19세기 말 20세기 초엽 미국의 사회와 문화에 대해서는 이보형,『미국사개설』
(서울: 일조각, 2005), pp. 194~246을 참조하라. 이와 같은 미국의 19세기 말 상
황은 혁신주의의 등장을 가져왔다. 혁신주의 운동의 주체와 목표 등에 대해서는
황혜성,「미국 혁신주의운동의 선구자들에 관한 연구」,『미국사연구』 6 (1997),
59~79와 박진빈,『백색국가건설사』(서울: 앨피, 2006), pp. 10~27을 참조하라.

249) Degler, *op. cit.*, p. 42.

250) Edward J. Larson, *Sex, Race, and Science: Eugenics in the Deep South*
(Baltimore: Johns Hopkins University Press, 1995), p. 31.

251) *American Breeders Magazine* 4 (1913), p. 177; Barbara Ann Kimmelman,
*A Progressive Era Discipline: Genetics at American Agricultural Colleges
and Experiment Stations, 1900~1920* (Ph. D. Dissertation, University of
Pennsylvania, 1987), p. 21.

252) Howard L. Kaye, *The Social Meaning of Modern Biology* (New
Brunswick: Rutgers University Press, 1997), p. 37. 케이는 사회다윈주의, 진화
인본주의, 분자생물학, 사회생물학 등을 사회학적·역사학적 시각에서 분석하고
있는데, 케이는 이러한 학문이나 사상이 모두 도덕적 동기를 갖고 시작되었다고
본다. 케이의 책은 최근 번역되었으니, 다음을 참조하라. 하워드 L. 케이, 생물학
의 역사와 철학연구 모임,『현대생물학의 사회적 의미』, 뿌리와 이파리, 2008.

253) Richard Lewontin and Richard Levins, *Dialectical Biologist* (Cambridge:
Harvard University Press, 1985), pp. 163~196.

254) R. L. Dugdale, *"The Jukes": A Study in Crime, Pauperism, Disease, and
Heredity* (New York: G. P. Putnam's Son, 1877), p. 66 & p. 119.

255) H. E. Jordan, "Heredity as a Factor in the Improvement of Social
Condition," *American Breeders Magazine* 2 (1911), pp. 246~254.

256) Edwin G. Conklin, "The Mechanism of Heredity," *Science* 27 (1908), pp.
89~99, 특히 pp. 89~90.

257) Sarah Stage, "Ellen Richards and the Social Significance of the Home
Economics Movement," in *Rethinking Home Economics: Women and the
History of a Profession*, ed. Sarah Stage and Virginia B. Vincenti (Ithaca:
Cornell University Press, 1997), pp. 17~33.

258) Stocking, *Lamarckianism in American Social Science*, p. 251.

259) 박민아·김영식,『프리즘』(서울: 서울대학교 출판부, 2007), pp. 227~232.

260) 박진빈, 앞의 책, pp. 31~65.

261) Edwin Black, *War Against the Weak: Eugenics and America's Campaign to Create a Master Race* (New York/London: Four Walls Eight Windows, 2003), xv~xviii.

262) Charles B. Davenport, "Report of Committee on Eugenics," *The American Breeders Magazine* Ⅰ (Second Quarter, 1911), pp. 126~129.

263) Wilson, *op. cit.*, p. 57.

264) C. B. Davenport and H. H. Laughlin, *How to Make a Eugenical Family Study*, Bulletin No. 13 (New York: ERO, 1915), p. 4.

265) C. B. Davenport, *Heredity in Relation to Eugenics* (New York: Henry Holt, 1911), 66~67, 72~74, and 79~80.

266) A. H. Estabrook and C. B. Davenport, *The Nam Family: A Study in Cacogenics* (Lancaster: New Era, 1912), 1.

267) Allen, *The Social and Economic Origins of Genetic Determinism*, 78~79.

268) Cooke, *Duty or Dream?*, p. 369.

269) P. Popenoe and R. H. Johnson, *Applied Eugenics* (New York: Macmillan, 1918), 149.

270) Kallikak은 그리스어 kalos(beautiful)와 kakos(bad)가 합쳐진 것이다. 칼리칵은 가상으로 만든 존재였다. H. H. Goddard, *The Kallikak Family: A Study in the Heredity of Feeble-mindedness* (New York: Norton, 1923).

271) P. Popenoe, "Feeblemindedness," *Journal of Heredity* 6 (1915), p. 32.

272) Pickens, *op. cit.*, p. 51.

273) Phillip R. Reilly, *The Surgical Solution: A History of Involuntary Sterilization in the United States* (Baltimore: Johns Hopkins University Press, 1991), pp. 80~81.

274) Charles E. Rosenberg, *No Other Gods: On Science and American Social Thought* (Baltimore: Johns Hopkins University Press, 1976), pp. 196~209.

275) Daniel J. Kevles, "Genetics in the United States and Great Britain 1890~1930: A Review with Speculations" in *Biology, Medicine and Society, 1840~1940*, ed. C. Webster (Cambridge: Cambridge University Press, 2003), pp. 203~212.

276) Charles B. Davenport, "Report of Committee on Eugenics," *The American Breeders Magazine* Ⅰ (Second Quarter, 1911), pp. 126~129.

277) *The American Breeders Magazine* IV (Fourth Quarter, 1913), p. 177.

278) *The American Breeders Magazine* IV (Second Quarter, 1913), pp. 126~127.

279) "Current Notes," *American Journal of Physical Anthropology* I (1918), p. 264.

280) Pickens, *op. cit.*, p. 52.

281) Allen, *Science Misapplied*, p. 24.

282) 여기에는 피셔(Irving Fisher), 캐슬(William E. Castle), 메이어(Adolf Meyer), 톰슨(J. Arthur Thompson), 모건(T. H. Morgan), 벨(Alexander Graham Bell) 등 당시 최고의 생물학자 그룹이 참여했다.

283) Wilson, *op. cit.*, p. 53.

284) Paul, *Controlling Human Heredity*, pp. 54~57.

285) Wilson, *op. cit.*, pp. 53~54.

286) Hasian, *op. cit.*, p. 31.

287) Degler, *op. cit.*, p. 14.

288) Wilson, *op. cit.*, p. 57.

289) Kevles, *In the Name of Eugenics*, p. 108.

290) Wilson, *op. cit.*, p. 60.

291) Reilly, *op. cit.*, p. 60.

292) 당시 미국 교육계와 생물학 교과서에서의 우생학 담론에 대해서는 Steven Selden, "Eugenics and the Social Construction of Merit, Race, and Disability," *Journal of the Curriculum Studies* 32 (2000), pp. 235~252; idem, "Biological Determinism and the Normal School Curriculum: Helen Putnam and the NEA Committee on Racial Well-Being, 1910~1922," in W. F. Pinar (ed.), *Contemporary Curriculum Discourses: Twenty Years JCT* (Scottsdale, AZ: Gorsuch Scarisbrick, 1999), pp. 50~65 참조.

293) Hasian, *op. cit.*, pp. 36~37.

294) George W. Hunter, *A Civic Biology: Presented in Problems* (New York: American, 1914), pp. 261~263.

295) Hamilton Cravens, *Triumph of Evolution: American Scientists and the Heredity-Environment Controversy, 1900~1914* (Philadelphia: University of Pennsylvania Press, 1978), p. 53.

296) Wilson, *op. cit.*, p. 61.

297) Robert W. Rydell, *World of Fairs: The Century-of-Progress Expositon* (Chicago: Chicago University Press, 1993), pp. 45~50.

298) AES, *A Eugenics Catechism* (American Eugenics Society, 1926), pp. 2~3, & p. 10.

299) Lester F. Ward, "Eugenics, Euthenics and Eudemics," *American Journal of Sociology* 181 (1913), p. 751.

300) Martin S. Pernick, "Defining the Defective: Eugenics, Aesthetics, and mass Culture in Early Twentieth-Century America," in David T. Mitchell and Sharon L. Snyder, *The Body and Physical Difference: Discourses of Disability* (Ann Arbor: Univ. of Michigan Press, 1997), pp. 89~101.

301) W. L. Champion, "Sterilization of Confirmed Criminals, Idiots, Rapists, Feeble-Minded and Other Defectives," *Journal of the Medical Association of George* 3 (1913), p. 133.

302) S. Kühl, *The Nazi Connection: Eugenics, American Racism, and German National Socialism* (New York: Oxford University Press, 1994), pp. 86~88.

303) P. Popenoe, "The German Sterilization Law," *Journal of Heredity* 25 (1934), p. 260.

304) Hasian, *op. cit.*, p. 31.

305) Davenport, *Heredity in Relation to Eugenics*, p. 216 and pp. 218~219.

306) *Ibid.*, pp. 248~249.

307) *Ibid.*, pp. 221~222.

308) 손영호, 「딜링햄위원회의 이민보고서: 내용 분석과 타당성에 대한 논의」, 『미국사연구』 제20집, 한국미국사학회, 2004, p. 89.

309) Paul, *Controlling Human Heredity*, p. 8.

310) Kevles, *In The Name of Eugenics*, pp. 96~97.

311) Guy Raymond Halifax, "The Immigrant Scourge," *Overland Monthly* 63 (1904), pp. 65~69; Prescott Hall, "Selection of Immigration," *American Academy of Political and Social Science Annals* 24 (1904), pp. 169~184; Henry Cabot Lodge, "Effects to Restrict Undesirable Immigration," *Century Magazine* (1904), pp. 466~469. 손영호, 앞의 논문, pp. 91~92에서 재인용.

312) Allen, *Science Misapplied*, p. 26.

313) Calvin Coolidge, "Whose Country Is This?," *Good Housekeeping* 72 (1921), p. 14.

314) U. S. House Committee on Immigration and Naturalization, Analysis of the Metal and Dross in America's Modern Melting Pot, 67th Congress, 3rd session, 1922, series 7-C, pp. 725~831.

315) Haller, op. cit., p. 155.

316) Barkan, Reevaluating Progressive Eugenics, p. 97.

317) Wilson, op. cit., pp. 62~63.

318) Allen, Science Misapplied, p. 26.

319) Galton, Hereditary Genius, p. 320.

320) Jesse Spaulding Smith, "Marriage, Sterilization and Commitment Laws Aimed at Decreasing Mental Deficiency," Journal of Criminal Law 5 (1914), pp. 364~366.

321) C. B. Davenport and Morris Steggerda, Race Crossing in Jamaica (Washington D. C.: Carnegie Institution, 1929), pp. 472~473; William E. Castle, Genetics and Eugenics (Cambridge, MA: Harvard University Press, 1920), pp. 265~266.

322) Hofstadter, op. cit., pp. 172~175.

323) Madison Grant, The Passing of the Great Race (New York: Charles Scribner's Sons, 1916), pp. 15~16.

324) Degler, op. cit., pp. 44~45.

325) Allen, Science Misapplied, p. 27.

326) H. H. Goddard, "Four Hundred Feeble-minded Children Classified by the Binet Method," Journal of Psycho-Asthenics 15 (1910), pp. 17~27.

327) Harry H. Laughlin, Legal, Legislative and Administrative Aspects of Sterilization—Bulletin No. 10B (Cold Springs Harbor, NY: ERO, 1913), pp. 144~145.

328) Hawkins, op. cit., pp. 242~243.

329) Reilly, op. cit., p. 34.

330) Kevles, In The Name of Eugenics, p. 100.

331) H. L. Mencken, "Utopia by Sterilization," American Mercury 41 (1937), pp.399~407.

332) Cooke, Duty or Dream?, p. 369.

333) Abraham Myerson, et al. Eugenical Sterilization: A Reorientation of the Problem (New York: Macmillan, 1936), p. 179.

334) Harry H. Laughlin, *Model Eugenical Sterilization Law, Eugenical Sterilization in the United States, A Report of the Psychopathic Laboratory of the Municipal Court of Chicago* (Municipal Court of Chicago, 1922), pp. 446~452 & pp. 454~461.

335) 벽(Carrie Buck)은 버지니아(Virginia)에 거주하는 18세의 소녀로 최고법원 (the Supreme Court)에 의해 정신 장애자로 분류되었다. 정신박약 어머니를 둔 벽은 강간에 의해 정신박약아인 사생아를 낳았다. 결국 3대 모두 정신박약자가 된 것이다. U. S. Supreme Court, "Buck v. Bell," *Supreme Court Reporter* 47 (1927), pp. 584~585.

336) Stephen Jay Gould, "Carrie Buck's Daughter," in *The Flamingo's Smile: Reflection in Natural History* (New York: W. W. Norton, 1985), pp. 306~318.

337) Hawkins, *Social Darwinism*, pp. 242~243.

338) 박진빈, 앞의 논문, p. 197.

339) Provine, *op. cit.*, pp. 94~96.

340) Garland E. Allen, "Naturalists and Experimentalists: The Genotype and the Phenotype," *Studies in the History of Biology* 3 (1979), pp. 179~209.

341) Fredrick B. Churchill, "Wilhelm Johannsen and the Genotype Concept," *Journal of the History of Biology* 7 (1974), pp. 5~30.

342) Garland E. Allen, *Thomas Hunt Morgan: The Man and His Science* (Princeton: Princeton University Press, 1978), pp. 227~234.

343) Wikler, *op. cit.*, p. 186.

344) 독일에서 사용하는 용어인 Rassenhygiene는 영어인 Eugenics보다 훨씬 광범 위한 영역을 포괄하는 용어다. 인종위생은 한 집단(a population)의 유전적 질을 개선하기 위한 모든 시도들뿐만 아니라 인구(population)의 절대적인 증가를 꾀 하려는 모든 조치 또는 수단들을 포괄한다. 종종 독일 우생학자들이 Eugenik이란 용어를 차용해 자신들의 행위를 한정하곤 하지만, 대체로 독일 우생학들은 Rassenhygiene란 용어를 사용한다. 이 장에서는 인종위생과 우생학이란 용어를 동일한 의미로 혼용한다.

345) Sheila Faith Weiss, "The Race Hygiene Movement in Germany 1904~1945," in Mark B. Adams (ed.), *The Wellborn Science* (Oxford: Oxford University Press, 1990) pp. 9~10; Roland Blach, "Health Reform and Race Hygiene: Adventists and the Biomedical Vision of the Third Reich,"

*Church History* 65 (1996), pp. 425~440; Susan Bachrach, "In the Name of Public Health–Nazi Racial Hygiene," *The New England Journal of Medicine* 351 (2004), pp. 417~421.

346) T. J. Kalikow, "Konrad Lorenz's Ethological Theory: Explanation and Ideology, 1938~1943," *Journal of the History of Biology* 16 (1983), pp. 39~73; Benno Müller-Hill, "Eugenics: The Science and Religion of the Nazis," in *When Medicine Went Mad: Bioethics and the Holocaust*, Arthur L. Caplan, ed. (Totowa, NJ: Human Press, 1992), pp. 43~52; idem, *Murderous Science: Elimination by Scientific Selection of Jews, Gypsies, and Others, Germany 1933~1945* (Oxford: Oxford University Press, 1988); Robert N. Proctor, *Racial Hygiene: Medicine Under the Nazis* (Cambridge, MA: Harvard University Press, 1988); Gotz Aly, Peter Chroust, and Christian Pross, *Cleansing the Fatherland: Nazi Medicine and Racial Hygiene* (Baltimore: Johns Hopkins University Press, 1994); Michael H. Kater, *Doctors Under Hitler* (Chapel Hill, NC: University of North Carolina Press, 1989); Gerwin Strobl, "The Bard of Eugenics: Shakespeare and Racial Activism in the Third Reich," *Journal of Contemporary History* 34 (1999), pp. 323~336.

347) George L. Mosse, *The Crisis of German Ideology: Intellectual Origins of the Third Reich* (New York: Grosset and Dunlap, 1964); idem, *Toward the Final Solution: A History of European Racism* (London: J. M. Dent and Sons, 1978); Richard Weikart, "The Origins of Social Darwinism in Germany 1859~1895," *Journal of the History of Ideas* 54 (1993), pp. 469~488; Weindling, *The Survival of Eugenics in 20th-Century Germany*, pp. 643~649; Sheila Faith Weiss, *Race Hygiene and National Efficiency: The Eugenics of Wilhelm Schallmayer* (Berkeley: University of California Press, 1987).

348) Sozialdarwinismus란 용어는 독일에서 1906년 *Zeitschrift fur Sozialwissenschaft* 9 (1906), p.423에서 스테인메츠(S. R. Steinmetz)가 처음으로 사용하였다.

349) William M. Montgomery, "German," in Glick (ed.), *op. cit.*, pp. 81~87.

350) Proctor, *Racial Hygiene*, pp. 13~14.

351) Richard Weikart, "The Origins of Social Darwinism in Germany

1859~1895," *Journal of the History of Ideas* 54 (1993), p. 471.

352) Bellomy, *Social Darwinism Revisited*, p. 41.

353) 켈리는 『다윈의 후예』에서 온건한 사회다윈주의와 급진적 사회다윈주의를 구분하였다(미국의 경우 이와 같은 구분은 보수주의자들과 개량주의자들의 구분과 상응한다). 전자는 사회유기체론자(Lilienfeld, Schaffle) 또는 투쟁학파(struggle schools)로 불리는 사람들로 사회학자였던 굼브로비츠(Ludwig Gumplowicz)가 대표적이다. 반대로 급진주의자들은 인생위생론자들과 사회주의자들이었다. Alfred Kelly, *The Descent of Darwin: The Popularization of Darwinism in Germany, 1860~1914* (Chapel Hill: University of North Carolina Press, 1981).

354) Proctor, *Racial Hygiene*, p. 15.

355) Niles Holt, "Ernst Haeckel's Monistic Religion," *Journal of the History of Idea* 32 (1971), p. 265.

356) Song Sang-yong, "Haeckel's Monistic Philosophy of Nature," 『哲學研究』 11 (1976), pp. 193~197.

357) Montgomery, *op. cit.*, pp. 83~85.

358) Ernst Haeckel, *Naturliche Schopfungsgeschichte* (Berlin, 1868), p. 5, p. 16, and p. 93, Weikart, op. cit., p. 475에서 재인용. 헤켈의 『창조의 자연사』는 동료학자들에게는 냉담한 반응을 얻었지만, 강단 이외에서는 큰 인기를 끌어 9판까지 나오고, 12개 언어로 번역되기도 했다. 헤켈의 책은 19세기 과학적 유물론의 정점이 되었다.

359) Darwin, *The Descent of Man*, p. 3.

360) Ernst Haeckel, *Naturliche Schopfungsgeschichte* (Berlin, 1868), pp. 125~129, pp. 226~229 and pp. 218~219, Weikart, *op. cit.*, p. 476에서 재인용.

361) J. P. Rushton, "Race Differences in Behavior: A Review and Evolutionary Analysis," *Personality and Individual Differences* 9 (1988), pp. 1009~1024.

362) Bowler, *Evolution*, pp. 290~291.

363) 헤켈의 일원론에 대해서는 Song Sang-yong, *op. cit.*, pp. 193~209.

364) 헤켈의 Monistic Religion은 네 단계로 설명될 수 있다. 첫 번째 단계는 1860년 ~1877년 사이로. 이 시기는 헤켈이 다윈주의의 대중화를 위해 활동했던 시기였고, 일원론은 간접적으로 그리고 간헐적으로 그의 언급들에서 나타나고 있었다. 이 시기 그는 일원론을 종종 기계론 또는 범신론 또는 스피노자와 브루노에 기초한 자연종교로 묘사하였다. 두 번째 단계는 1878년~1890년의 시기로, 헤켈이 자

신의 사상체계로 물활론(hylozoism)을 개진하면서 일원론의 범신론적 측면이 확대되던 시기이다. 그의 저작들 속에서 반종교적인 분위기는 자연과학은 유효한 지식의 완전성을 달성한다는 그의 주장을 통해 알 수 있다. 후에 그는 "과학적 연구는 점차로 인간의 지적 노력의 완전한 범위를 에워쌀 것이고, […] 모든 진실한 과학은 근본적으로 자연과학이다"라고 언급하였다. 세 번째 단계는 1890년~1904년 사이로, 헤켈은 이 시기 과학과 종교의 통일로서 일원론을 정의했다. 이 시기 헤켈은 일원론을 개혁적 운동으로 간주하고, 일원론을 우생학적 개혁의 기초로서 묘사하였다. 마지막 단계는 1904년에서 헤켈이 사망한 1919년의 사이의 시기로, 일원론에서 신이 특별한 부가물로 다시 출현하고, 자연종교를 공식화했으며, 생철학적 요소와 특히 쉘링의 주체철학과 거의 유사한 형태가 나타나는 시기이다. Holt, *op. cit.*, pp. 265~268. 당시 헤켈의 일원론자동맹(Monist League)에는 생물학자 지글러(H. Ziegler), 개신교 신학자 칼토프(A. Kalthoff), 예나 대학 교수이자 헤켈의 전기 작가였던 슈미트(H. Schmidt), 문학 비평가인 뵐레쉐(W. Boelsche)와 빌레(B. Wille), 생물학자인 프란체(R. H. France), 의사이면서 사회다윈주의자였던 우놀트(J. Unold), 생물학자이면서 예나 대학에서 헤켈의 자리를 물려받았던 플라트(L. Plate), 그리고 노벨 화학상 수상자인 오스트발트(W. Ostwald) 등이 참여했다.

365) Richard M. Lerner, *Final Solution: Biology, Prejudice, and Genocide* (Penn.: Pennsylvania State University Press, 1992), pp. 24~25.

366) 1874년 『인류발생론』(Anthropogenie)에서 헤켈은 일원론을 과학적 원리와 철학적 원리의 혼합으로 설명하였다. 서문에서 헤켈은 새로운 진화 이론은 "과학적 통일성의 성장을 위해 가장 유리한 발전"이었다고 주장하였다. 그는 더하여, "통합적인 철학, 또는 일원론은 지극히 사색적이지도 유물론적이지도 않은 것이다. 단지 그것은 반대되는 원리의 조화와 혼합으로 구성되며, 즉 그것은 자연을 전체로서 바라보는 관점인 것이다"라고 언급하였다. 또한 헤켈은 과학의 기초는 경험론과 철학의 조화 및 혼합이기 때문에 일원론이 철학적 방법과 경험적 방법 사이의 가교 역할을 한다고 주장하였다. 그에게 일원론은 새로운 자연철학이자, 과학의 철학이었다. 그러므로 그에게 일원론은 단순한 다원주의 또는 범신론 또는 기계론 또는 자연종교가 아니라 모든 체계의 조화였던 것이다. Holt, *op. cit.*, pp. 269~271.

367) G. J. Stein, "The Biological Bases of Ethnocentrism, Racism, and Nationalism in National Socialism," in V. Reynolds et al. (ed.), *The Sociobiology of Ethnocentrism* (London: Croom Helm, 1987), p. 259.

368) E. Haeckel, *The History of Creation; or, The Development of the Earth and Its Inhabitants by the Action of Natural Causes* (New York: Appleton, 1876), p. 434, p. 332, p. 310, and p. 390.

369) Haeckel, *op. cit.*, p. 170; E. Haeckel, *The Wonders of Life* (New York: Harper, 1905), p. 116, pp. 118~119.

370) Haeckel, *History of Creation*, pp. 172~173.

371) Richard J. Evans, *Society and Politics in Wilhelmine Germany* (London: Croom Helm, 1978) pp. 16~22.

372) Richard J. Evans, "Prostitution, State and Society in Imperial Germany," *Past and Present* 70 (1976), pp. 106~108.

373) F. Stern, *The Failure of Illiberalism: Essays on the Political Culture of Modern Germany* (Chicago: Univ. of Chicago Press, 1975), p. 15

374) Weindling, *Health, Race and German Politics Between National Unification and Nazism*, p. 135.

375) Weindling, *The Survival of Eugenics in 20th-Century Germany*, pp. 644~645.

376) H. Friedlander, *The Origins of Nazi Genocide: From Euthanasia to the Final Solution* (Chapel Hill and London: University. of North Carolina Press, 1995), p. 7.

377) Weindling, *Health, Race and German Politics Between National Unification and Nazism*, p. 127.

378) Weiss, *The Race Hygiene Movement in Germany 1904~1945*, p. 15.

379) Robert Jay Lifton, *The Nazi Doctors: Medical Killing and the Psychology of Genocide* (New York: Basic Books, 1986), p. 24.

380) Weindling, *Health, Race and German Politics Between National Unification and Nazism*, p. 130.

381) Alfred Ploetz, "Die Tuchtigkeit unsrer Rasse und der Schutz der Schwachen," vol.1 in *Grundlinien einer Rassenhygiene* (Berlin, 1895), pp. 116~144, Proctor, *Racial Hygiene*, p. 15에서 재인용.

382) *Ibid.*, pp. 15~16.

383) Paul, *Eugenics and the Left*, pp. 570~571.

384) 구소련 우생학에 대해서는 Mark Adams, "From 'Gene Fund' to 'Gene Pool': On the Evolution of Evolutionary Language," *Studies in the History of*

*Biology* 3 (1979), pp. 241~285를 참조하라.

385) Graham, *Science and Values*, p. 1137.

386) A. Ploetz, "Begriffie," pp.23~26, Weindling, *Health, Race and German Politics Between National Unification and Nazism*, p. 131에서 재인용.

387) 프뢰츠가 창간한 이 학술지는 학문적으로 존경받는 국제적으로도 명성이 있는 학술지로 발전했다. 이 잡지는 우생학에 공헌한 세계 최초의 학술지이기도 하다. 이 학술지의 목적은 인종과 사회의 상호작용, 인간 종의 효율성과 건강 증진과 보존을 위한 보건, 그리고 진화 이론과 그것이 어떻게 인종 개선에 관계되는가에 대한 과학적 연구를 대중화하고 조사하기 위한 것이었다. 1905년 독일 인종위생협회가 창설되면서 본격적으로 이 학술지는 협회의 목소리를 대변하게 되었다. 초기 수십 년간 이 학술지에는 인류학자, 사회학자, 의사들의 논문이 많이 실렸다. 특히 부적자의 보호에 필요한 사회경제적 비용에 관한 논문이나 독일 인구의 인종 자살의 잠재적 위험성에 관한 논문들이 주종을 이뤘고, 이 논문들은 인류학이나 사회학적 조사를 바탕에 둔 것들이었다. 제1차 세계대전 이후 바이마르 공화국 시기의 논문들은 인구 감소나 적자인 젊은이들의 손실 등 전쟁의 생물학적 결과에 대한 논문들이 많았다. 나치 시기에는 인간유전학 분야로 논문 투고가 한정되었고, 제2차 세계대전 종전 직전에는 정신질환의 유전학, 이론적 문제, 그리고 출산율의 통계학 등에 초점이 맞추어졌다. 1944년에 종간되었다. Engs, *op. cit*, p. 11.

388) A. Ploetz, "Die Begriffie Rasse und Gesellschaft und die davon abgeleiteten Disciplinen," ARGB 1 (1904), p. 3, Weindling, *Health, Race and German Politics Between National Unification and Nazism*, pp. 129~130 & p. 136에서 재인용.

389) Engs, *op. cit.*, p. 93.

390) Weiss, *Race Hygiene and National Efficiency*, pp. 42~63.

391) *Ibid.*, 65~73.

392) *Ibid.*, pp. 74~89.

393) Weindling, *Health, Race and German Politics Between National Unification and Nazism*, pp. 135~136.

394) E. V. Tschermark, "Der moderne Stand des Vererbungsproblems," *ARGB* 2 (1905), p. 663.

395) Steen, *op. cit.*, p. 36.

396) Weindling, *The Survival of Eugenics in 20th-Century Germany*, pp. 644~645.

397) Graham, *Science and Value*, pp. 1152~1153.

398) 인종위생협회는 1905년 32명에서 1907년 100명으로 회원이 증가했고, 1907년에는 뮌헨과 베를린에 지부가 건설되었다. 특히 베를린 지부는 프뢰츠, 유전학자 바우어(Erwin Baur) 등 당대 최고의 학자, 의사들, 산업가들, 다른 전공의 권위자들에 의해 주도되었다. 1909년에는 렌츠가 비서, 피셔(E. Fisher)가 회장인 프라이부르그(Freiburg) 지부가 결성되었고, 1910년에는 슈트트가르트(Stuttgart)에 빌헬름 와인버그(후일 Hardy-Weinberg Law로 유명한)의 주도로 지부가 결성되었다. 1907년 인종위생협회는 국제 인종위생협회(the Internationale Gesellschaft fur Rassenhygiene)로 명칭을 바꾸고, 제1차 세계대전 이후 급속하게 팽창했다. 1922년 드레스덴(Dresden), 1923년 키엘(Kiel), 브레멘(Bremen), 그라츠(Graz), 1925년 위르템베르프(Wurttemberf), 비엔나(Vienna), 1926년 뮌스터(Munster), 오스나브러크(Osnabruck), 1929년 솔리젠(Solingen), 바르멘-엘베르펠트(Barmen-Elberfeldt), 유페르탈(Wuppertal), 남부 실레지아(Lower Silesia), 1930년 레버쿠젠(Leverkusen), 베크타-클로펜부르그(Vechta-Cloppenburg), 코론(Cologne), 그리고 바덴(the state of Baden) 등에 지부가 결성되었고, 1930년 1,300명의 회원과 16개의 국내지부, 4개의 오스트리아 지부, 이후 약 10여 개의 지부가 더 건설되었다. Proctor, *Racial Hygiene*, pp. 17~18.

399) Paul Weindling, "Psychiatry and the Holocaust," *Psychological Medicine* 22 (1992), pp. 1~3.

400) R. J. Evans, "The Feminist Movement in Germany 1894~1933," in *Sage Studies in 20th Century History* Vol. 6 (London and Beverly Hills: Sage, 1976), pp. 115~143.

401) Peter Weingart, "German Eugenics between Science and Politics," Jackson, *op. cit.*, pp. 202~203.

402) G. Hoffmann, "Eugenics in Germany: Society of Race Hygiene Adopts Resolution Calling for Extensive Program of Positive Measures to Check Decline in Birth-Rate," *Journal of Heredity* 5 (1914), pp. 435~436.

403) Allen, *Science Misapplied*, p. 25.

404) Weindling, *Health, Race and German Politics Between National Unification and Nazism*, p. 320.

405) Weingart, *op. cit.*, p. 203.

406) Weindling, *Health, Race and German Politics Between National Unification and Nazism*, p. 323.

407) Weiss, *The Race Hygiene Movement in Germany 1904~1945*, pp. 29~30.

408) Lerner, *op. cit.*, p. 31.

409) Proctor, *Racial Hygiene*, pp. 49~50.

410) Allen, *Science Misapplied*, p. 25.

411) Lerner, *op. cit.*, pp. 31~33.

412) Fritz Lenz, "Die Stellung des Nationalsozialismus Zur Rassenhygiene," *Arch. Rass Ges.-Biol.*, 1931, 25, pp. 300~308, on.308, Weingart, *op. cit.*, p. 210에서 재인용.

413) Fritz Lenz, *Die Rasse als Wertprinzip: Zur Erneuerung der Ethik*, 2nd ed.(Munich: Lehmann, 1933), p. 7, *Ibid.*, p. 210에서 재인용.

414) 이 책의 목적은 인종위생의 사회적 권위와 인식론적 정당성을 획득하기 위한 시도였다. 이 책은 크게 다섯 부분으로 되어 있다. 변이와 유전 이론(the theory of variation and heredity, Baur), 인간의 인종적 차이(racial differences in mankind, Fischer), "病原적" 유전 요인(morbific heredity factor, Lenz), 방법론(methodology, Lenz), 지적 재능의 유전(the inheritance of intellectual gifts, Lenz). Erwin Baur, Eugen Fischer, and Fritz Lenz, *Grundriss der menschlichen Erblichkeitslehre und Rassenhygiene* (Munich: JF Lehmann, 1921).

415) Weiss, *The Race Hygiene Movement in Germany 1904~1945*, p. 36.

416) Eugen Fischer, "Aufgaben der Anthropologie, menschlichen Erblichkeitslehre und Eugenik," *Naturwissenschaften*, 1926, 32, pp.749~755, Weingart, *op. cit.*, pp. 204~205에서 재인용.

417) Weindling, *The Survival of Eugenics in 20th-Century Germany*, p. 646.

418) Kerr and Shakespeare, *op. cit.*, p. 25.

419) 1920년 펠릭스 마이너(Felix Meiner) 출판사에서는 형법전문가 Karl Binding 과 의학교수 Alfred Hoche가 쓴 『살 가치가 없는 생명의 제거에 대한 승인(Die Freigabe der Vernichtung lebensunwerten Lebens)』이라는 책이 출판되었다. 이 책에서 제시한 '살 가치가 없는 생명'이란 범주는 유럽의 사법제도에 최초로 등장한 개념으로서 자살은 살아있는 인간이 자신의 실존에 대해 행사하는 주권의 표현이므로 처벌할 수 없다는 논지를 전개하고 있으나, 이는 후일 일반적인 생명에 대한 제거를 면책해주는 논리적 근거가 되었다. 나치가 보여준 의학과 정치의 통합도 이 책에서 제시된 '살 가치가 없는 생명'에 대한 제거를 실현한 것에 불과한 것이었다. 이는 아감벤(Giorgio Agamben)이 말한 근대 생명정치의 본질적 특성

을 잘 보여준다고 할 수 있을 것이다.

420) Allen, *Science Misapplied*, p. 22.

421) A. Hitler, *Mein Kampf*, trans. R. Manheim (Boston: Houghton Mifflin, 1925, 1927/1943), p. 132 and p. 135.

422) Ernst Rüdin, "Aufgaben und Ziele der Deutschen Gesellschaft fur Rassenhygiene," *Arch. Rass. Ges.-Biol.*, 1934, 28, pp. 228~231, Weingart, *op. cit.*, p. 211에서 재인용.

423) Wikler, *op. cit.*, p. 185.

424) Engs, *op. cit.*, p. 95.

425) Lifton, *op. cit.*, p. 478.

426) Müller-Hill, *Murderous Science*, p. 12.

427) Proctor, *Racial Hygiene*, p. 286.

428) 가장 대표적인 영화는 〈나는 고발한다 *I Accuse*〉였는데, 이 영화는 다발성 경화증(multiple sclerosis)을 가진 아내를 살인한 한 남편의 이야기였다. 이 영화는 베니스 비엔날레에서 수상을 하기도 했고, 시나리오의 원작자인 안과의사 운거(Helmut Unger)는 후일 안락사 프로그램의 구성원이 되었다. Kerr and Shakespeare, *op. cit.*, pp. 25~27.

429) Weindling, *Health, Race and German Politics Between National Unification and Nazism*, pp. 388~393.

430) H. Harmsen, "The German Sterilization Act of 1933: 'Gesetz zur Verhuetung erbkranken Nachwuchses,'" *The Eugenics Review* 46 (1955), p. 227.

431) 당시 이 법에 의해 불임 대상자로 예측된 인원은 유전성 정신박약 200,000명, 정신분열 80,000명, 간질 60,000명, 조울증 20,000명, 중증 신체장애 20,000명, 유전성 청각장애 16,000명, 유전성 알코올중독 10,000명, 유전성 시각장애 4,000명, 그리고 헌팅턴 무도병 600명 등 총 410,600명에 달한다. Cesare Santoro, *Hitler Germany as Seen by a Foreigner* (Berlin: Internationaler Verlag 1938), p. 126.

432) Proctor, *Racial Hygiene*, pp. 195~196.

433) Lifton, *op. cit.*, p. 448.

434) Friedlander, *op. cit.*, p. 30.

435) H. Gallagher, *By Trust Betraged: Patients, Physicians and the Licence to Kill in the Third Reich* (New York: Vandamere Press, 1995), p. 23.

436) Aubrey Lewis, "German Eugenic Legislation: An Examination of Fact and Theory," *The Eugenics Review* 26 (1934), pp. 186~188.

437) Proctor, *Racial Hygiene*, pp. 131~136.

438) Friedlander, *op. cit.*, p. 62.

439) John Toland, *Adolf Hitler* (New York: Byzantine Books, 1977), p. 700.

440) Weindling, *Health, Race and German Politics Between National Unification and Nazism*, pp. 393~394.

441) 브랜트의 뉘른베르크 법정에서의 진술. Mischerlich, Alexander/Mielke, Fred, *Medizin ohne Menschlichkeit. Dokumente des Nurnberger Arzteprozesses* (Frankfrut am Main: Fischer Taschenbuch Verlag, 1985), p. 206, JA Emerson Vermaat, "'Euthanasia' in the Third Reich: Lessons for Today?," *Ethics & Medicine* 18 (2002), p. 22에서 재인용.

442) 나치의 안락사는 1939년 초 발생한 일명 카누어 사건(the Kanuer case)을 계기로 시작된 것이었다. 라이프치히에 사는 한 아버지는 시각장애와 사지절단인 아이를 낳았고, 이에 이 아이에 대한 안락사를 허용해줄 것을 요청하는 편지를 히틀러에게 보냈다. 이것이 계기가 되어 안락사 프로그램이 시작되었다. Kerr and Shakespeare, *op. cit.*, p. 29.

443) K. L. Garver and B. Garver, "Eugenics: Past, Present, and the Future," *American Journal of Human Genetics* 49 (1991), pp. 1109~1118.

444) George Santayama, "Those Who Cannot Remember the Past are Condemned to Repeat It," *Disability & Bioethics Resource Pack* 1(2004), p. 1.

445) Steen, *op. cit.*, p. 38.

446) *Trials of War Criminals*, Vol. 2 (Washington, D.C.: US Government Printing Office, 1949), p. 196.

447) *Trials of War Criminals*, Vol. 1 (Washington, D.C.: US Government Printing Office, 1949), p. 893.

448) Ilse Staff, *Justiz Im Dritten Reich* (Frankfurt am Main: Fischer Taschenbuch Verlag, 1978), pp. 52~53, Vermaat, *op. cit.*, pp. 22~23에서 재인용.

449) Friedlander, *op. cit.*, p. 80.

450) M. Shevell, "Racial Hygiene, Active Euthanasia, and Julius Hallervorden," *Neurology* 42 (1992), pp. 2214~2219.

451) Kerr and Shakespeare, *op. cit.*, pp. 31~32.

452) Kerr and Shakespeare, *op. cit.*, pp. 34~36.

453) Lerner, *op. cit.*, xi~xii.

454) Hartmut Hanauske-Abel, "Not a Slippery Slope or Sudden Subversion: German Medicine and National Socialism in 1933," *British Medical Journal* 313 (1996), pp. 1453~1463.

455) Weindling, *The Survival of Eugenics in 20th-Century Germany*, p. 644.

456) M. Burleigh, *Death and Deliverance: 'Euthanasia in Germany 1900~1945* (Cambridge: Cambridge University Press, 1994), p. 97.

457) Weindling, *The Survival of Eugenics in 20th-Century Germany*, p. 646.

## 일러두기

이 책은 이미 발표되었던 다음의 논문들을 토대로 수정·보완하여 새롭게 구성한 것임을 밝혀둡니다.

제1장 : 「우생학 연구단편」, Biowave 제8권 12호 (2006), pp. 1∼11.

제2장 : 「인간은 유전자에 구속된 존재인가?」, 『인문과학연구』 19 (2008), pp. 89∼124.

제3장 : 「19세기말 영국 우생학의 탄생과 사회적 영향—국가적 효율과 우생학적 건강」, 『이화사학연구』 36 (2008), pp. 233∼259.

제4장 : 「미국 우생학 운동의 형성과 사회적 영향, 1900∼1940」, 『미국사연구』 16 (2002), pp. 133∼157 및 「미국 우생학 운동의 재검토, 1890년대∼1940년대」, 『미국사연구』 26 (2007), pp. 63∼96.

제5장 : 「과학의 정치학, 독일의 인종위생(Rassenhygiene)」, 『강원인문논총』 18 (2007), pp. 29∼61.

## 참고문헌

### 1. 1차 문헌

Bateson, W. *Materials for the Study of Variation Treated with Especial Regard to Discontinuity in the Origin of Species*. London: Macmillan, 1894.

Baur, Erwin., Eugen Fischer, and Fritz Lenz, *Grundriss der Menschlichen Erblichkeitslehre und Rassenhygiene*. Munich: JF Lehmann, 1921.

Bell, J. H. "Eugenics of the Development of the Human Race." *Virginia Medical Monthly* 727, 1931.

Bigelow, Maurice A. "Brief History of the American Eugenics Society." *Eugenic News* 31, 1946.

Boas, Franz. "Eugenics." *Scientific Monthly* 3, 1916.

Castle, Willam E. et al. *Heredity and Eugenics*. Chicago: University of Chicago Press, 1912.

Castle, William E. *Genetics and Eugenics*. Cambridge, MA: Harvard University Press, 1920.

Conklin, Edwin G. "The Mechanism of Heredity." *Science* 27, 1908.

_____. *Heredity and Environment in the Development of Men*. Princeton: Princeton University Press, 1915.

Coolidge, Calvin. "Whose Country Is This?." *Good Housekeeping* 72, 1921.

Darwin, Charles. Burrow, John W. eds. *The Origin of Species: by Mean of Natural Selection or the Preservation of Favoured Races in the Struggle for Life*. New York: Penguin Books, 1968[1859].

_____. *The Descent of Man*. New York: Prometheus Books, 1998[1874, 2nd ed.].

_____. *Variation in Animals and Plants under Domestication*. London: J. Murray, 1875.

Darwin, Francis. ed. *The Foundations of the Origin of Species*. Cambridge:

Cambridge University Press, 1909.

Darwin, Leonard. "Environment as a Factor in Evolution." *Eugenics Review* 10, 1918.

Davenport, Charles B. and Laughlin, Harry H., *How to Make a Eugenical Family Study*, Bulletin No. 13. Cold Spring Harbor, N.Y.: ERO, 1915.

Davenport, Charles B. and Steggerda, Morris. *Race Crossing in Jamaica*. Washington: Carnegie Institution, 1929.

Davenport, Charles B. *Eugenics—The Science of Human Improvement by Better Breeding*. New York: Henry Holt, 1910.

_____. "Report of Committee on Eugenics." *American Breeders' Association*, 1909.

_____. *Heredity in Relation to Eugenics*. New York: Henry Holt, 1911.

_____. *Twelve University Lecture*. New York : Dodd. Mead and Co., 1914.

Dugdale, Richard. *The Jukes: A Study in Crime, Pauperism, Disease and Heredity*. New York: Putnam, 1884.

Estabrook, A. H. and Davenport, C. B. *The Nam Family: A Study in Cacogenics*. Lancaster, Penn.: New Era, 1912.

Galton, Francis. "Hereditary Talent and Character." *Macmillan's Magazine* 12, 1865.

_____. *Hereditary Genius, An Inquiry into Its Laws and Consequences*. London: Macmillan and Co., 1892(1869).

_____. "Experiments in Pangenesis, by Breeding from Rabbits of a Pure Variety, into Whose Circulation Blood taken from other Varieties had previously largely been transfuse." *Proceeding of the Royal Society* 19, 1871.

_____. "On Blood-relationship." *Proceedings of the Royal Society* 20, 1872.

_____. "Statistical Inquiries into the Efficacy of Prayer." *Fortnightly Review* 12, 1872.

_____. *English Men of Science*. London: Frank Cass, 1970(1874).

_____. "A Theory of Heredity." *Proceedings of R. Inst.* 8, 1875.

_____. "Typical Laws of Heredity." *Proceeding R. Inst.* 8, 1877.

_____. *Inquiries into Human Faculty and Its Development*. London: Macmillan, 1883.

_____. *Inquiries into the Human Heredity*. London: Macmillan, 1883.

_____. "Good and Bad Temper in English Families." *Fortnightly Review* 42, 1887.

_____. "Co-relations and their Measurements, chiefly from Anthropometric data." *Proceedings of the Royal Society* 45, 1888.

_____. *Natural Inheritance.* London: Macmillan, 1889.

_____. "The Possible Improvement of the Human Breed under the Existing Conditions of Law and Sentiment." *Nature* 64, 1901.

_____. "Eugenics: Its Definition, Scope and Aims." *Nature* 1904.

_____. "Eugenics, Its Definition, Scope, and Aims." *Sociological Papers* 1, 1904.

_____. "Eugenics: Its Definition, Scope and Aims." *Essays in Eugenics.* London: Eugenics Education Society, 1909.

_____. "Probability: The Foundation of Eugenics." *Essays in Eugenics.* London: Eugenics Education Society, 1909.

_____. *Memories of My life.* London: Methuen & Co., 1909.

Grant, Madison. *The Passing of the Great Race.* New York: Charles Scribner's Sons, 1916.

Haeckel, E. *The History of Creation; or, The Development of the Earth and Its Inhabitants by the Action of Natural Causes.* New York: Appleton, 1876.

_____. *The Wonders of Life.* New York: Harper, 1905.

Hoffmann, G. "Eugenics in Germany: Society of Race Hygiene Adopts Resolution Calling for Extensive Program of Positive Measures to Check Decline in Birth-Rate." *Journal of Heredity* 5, 1914

Holmes, Samuel J. *Studies in Evolution and Eugenics.* New York: Harcourt Brace, 1923.

Huxley, T. H. *Evolution and Ethics and other Essays.* London: Macmillan, 1894.

Jordan, H. E. "Heredity as a Factor in the Improvement of Social Condition." *American Breeders Magazine* 2, 1911.

Laughlin, Harry H. *Model Eugenical Sterilization Law, Eugenical Sterilization in the United States, A Report of the Psychopathic Laboratory of the Municipal Court of Chicago,* Municipal Court of Chicago, 1922.

_____. "Report of the Committee to Study and to Report on the Best Practical Means to Cut Off the Defective Germ-Plasm in the American Population."

*Eugenics Record Office Bulletin* #10a, 1914.

\_\_\_\_. *Eugenical Sterilization in the U.S.: A Report of the Psychopathic Laboratory of the Municipal Court of Chicago.* 1922.

\_\_\_\_. *The Legal Status of Eugenical Sterilization: History and Analysis of Litigation under the Virginia Sterilization Statute, which Led to a Decision of the Supreme Court of the United States Upholding the Statute.* 1930.

\_\_\_\_. "The Eugenics Exhibit At Chicago: A Description of the Wall-Panel Survey of Eugenics Exhibited in the Hall of Science, Century of Progress Exposition, Chicago, 1933–34." *The Journal of Heredity* 26, 1935.

McDougall, William. "The Correlation Between Native Ability and the Social Status," in *Eugenics in Race and State.* Baltimore: Williams and Wilkens Company, 1923.

Noyes, H. H. and Noyes, G. W. "The Oneida Community Experiment in Stirpiculture," in C. Davenport et al., eds. *Eugenics, Genetics, and the Family: Scientific Papers Second International Congress Eugenics.* The Williams & Wilkins Co., 1923.

Noyes, J. H. "Essay on Scientific Propagation," in D. Goodman, ed. *The Modern Thinker.* American News Co., 1870.

Parker, G. H. *Biology and Social Problems.* Boston: Houghton Miffin, 1914.

Pearson, K. "On the Fundamental Conceptions of Biology." *Biometrika* 1, 1901–2.

\_\_\_\_. *The Life, Letters and Labours of Francis Galton* II. Cambridge: Cambridge University Press, 1924.

\_\_\_\_. *The Life, Letters and Labours of Francis Galton* III A. Cambridge: Cambridge University Press, 1930.

Popenoe, P. "Feeblemindedness." *Journal of Heredity* 6, 1915.

\_\_\_\_. "The German Sterilization Law." *Journal of Heredity* 25, 1934.

Popenoe, P. and Johnson, R. H. *Applied Eugenics.* New York: Macmillan, 1918.

Saleeby, Caleb Williams. *Heredity, Shilling Scientific Series.* Edinburgh/London, 1905.

\_\_\_\_. *Parenthood and Race Culture: An Outline of Eugenics.* London, 1909.

\_\_\_\_. *The Methods of Race Regeneration.* London, 1911.

Smith, Jesse Spaulding. "Marriage, Sterilization and Commitment Laws Aimed at Decreasing Mental Deficiency." *Journal of Criminal Law* 5, 1914.

Spencer, Herbert. *Social Statics: Or The Conditons Essential to Human Happiness Specified and the First of Them Developed.* New York: Augustus M. Kelley, 1969[1851].

Sumner, William Graham. *Folkways: A Study of the Sociological Importance of Sages, Manners, Customs, Mores, and Morals.* New York: Ginn & Company, 1940[1906].

*The American Breeders Magazine* I. Third Quarter, 1910.

*The American Breeders Magazine* IV. Fourth Quarter, 1913.

U.S. Supreme Court, "Buck v. Bell." *Supreme Court Reporter* 47, 1927.

U.S. House Committee on Immigration and Naturalization, Analysis of the Metal and Dross in America's Modern Melting Pot, 67th Congress, 3rd session, 1922, series 7-C.

Ward, Lester F. "Eugenics, Euthenics and Eudemics." *American Journal of Sociology* 181, 1913.

Weissmann, A. *On Heredity. In Essays on Heredity and Kindred Problems.* Edward Poulton, Selmar Schonland, and Arthur Shipley ed. Oxford: Clarendon Press, 1889.

Weldon, W.F.R. "On the ambiguities of Mendel's character." *Biometrika* 2, 1903.

Wentworth, E. N. "On the Nature of Heredity." *American Breeders Magazine* 2, 1911.

2. 연구서

1) 단행본

Abrams, Philips. *The Origin of British Sociology, 1834~1914.* Chicago: Univ. of Chicago Press, 1968.

Adams, Mark B., ed. *The Wellborn Science: Eugenics in Germany, France, Brazil, and Russia.* New York: Oxford University Press, 1990.

Allen, Garland E. *Life Science in the Twentieth Century.* New York: John

Wiley, 1975.

____. *Thomas Hunt Morgan: The Man and His Science.* Princeton: Princeton University Press, 1978.

Aly, Gotz., Chroust, Peter., and Pross, Christian. *Cleansing the Fatherland: Nazi Medicine and Racial Hygiene.* Baltimore: Johns Hopkins Press, 1994.

Appleman, Philip. *Darwin.* New York: W. W. Norton & Company, 1970.

Bajema, Carl L. ed. *Eugenics, Then and Now.* Stroudsburg, Pennsylvania: Hutchinson & Ross, 1976.

Bannister, Robert C. *Social Darwinism: Science and Myth in Anglo-American Social Thought.* Philadelphia: Temple University Press, 1979.

Banton, M. *Racial Conciousness.* New York: Longman, 1988.

____. *International Action Against Racial Discrimination.* Oxford: Clarendon Press, 1996.

Barkan, Elazar. *The Retreat of Scientific Racism: Changing Concepts of Race in Britain and the United States Between the World Wars.* Cambridge, England: University Press, 1992.

Barrett, Paul H. ed. *Metaphysics, Materialism, the Evolution of Mind ; Early Writings of Charles Darwin.* Chicago: Univ. of Chicago Press, 1980.

Bellamy, Richard. *Liberalism and Modern Society.* Cambridge: Polity Press, 1992.

Blacker, C. P. *Eugenics: Galton and After.* Cambridge, Mass.: Havard University Press, 1952.

Bowler, Peter J. *The Eclipse of Darwinism.* Baltimore: Johns Hopkins University Press, 1985.

____. *Evolution: The History of an Idea.* Berkely: California University Press, 1989.

Broberg, Gunnar & Roll-Hansen, Nile. eds. *Eugenics and the Welfare State: Sterilization Policy in Denmark, Sweden, Norway and Finland.* East Lansing: Michigan State U.P., 1996.

Burleigh, Michael. and Wipperman, Wolfgang. *The Racial State: Germany 1933~1945.* New York: Cambridge University Press, 1991.

____. *Death and Deliverance:Euthanasia in Germany 1900~1945.* New York: Cambridge University Press, 1994.

Burley, J. ed. *The Genetic Revolution and Human Right.* New York: Oxford University Press, 1999.

Burrow, John W. *Evolution and Society: A Study in Victorian Social Theory.* London: Cambridge University Press, 1966.

_____. *The Crisis of Reason: European Thought, 1848~1914.* New Haven, 2000.

Carden, M. Lockwood. *Oneida: Utopian Community to Modern Corporation.* Baltimore: Johns Hopkins Press, 1969.

Carlson, E. A. *Genes, Radiation and Society:* The Life and Work of H. J. Muller. Ithaca, NY: Cornell University Press, 1981.

_____. *Human Genetics.* Lexington, MA: D.C. Heath & Co., 1984.

_____. *The Unfit: A History of a Bad Ideas.* Cold Spring Harbor, N.Y.: Cold Spring Harbor Laboratory Press, 2001.

Carneiro, Robert L. ed. *The Evolution of Society: Selection from Herbert Spencer's Principles of Sociology.* Chicago & London: Univ. of Chicago Press, 1974.

Carter, C. O. ed. *Developments in Human Reproduction and Their Eugenic, Ethical Implications: Proceedings of the Nineteenth Annual Symposium of the Eugenics Society,* London, 1982.

Caudill, E. *Darwinian Myths: The Legends and Misuses of a Theory.* Knoxvill: The University of Tennessee Press, 1997.

Chase, Allen, *The Legacy of Malthus: The Social Costs of the New Scientific Racism.* New York: Alfred A. Knopf, 1977.

Clark, Linda L. *Social Darwinism in France.* Alabama: Univ. of Alabama Press, 1984.

Craven, Hamilton. *Triumph of Evolution: American Scientists and the Heredity-Environment Controversy, 1900~1914.* Philadelphia: University of Pennsylvania Press, 1978.

Crook, Paul. *Darwinism, War and History.* Cambridge: Cambridge University Press, 1994.

Dawidowicz, L.S. *The War Against the Jews, 1933~1945.* New York: Holt, Rinehart & Winston, 1975.

Degler, Carl N. *In Serch of Human Nature: The Decline and Revival of*

*Darwinism in American Social Thought*. N.Y.: Oxford U.P., 1991.

Dowbiggin, Ian Robert. *Keeping America Sane: Psychiatry and Eugenics in the United States and Canada 1880~1940*. Ithaca, NY: Cornell University Press, 1997.

Duster, Troy. *Backdoor to Eugenics*. New York: Routledge, 1990.

Engs, Ruth Clifford. *The Eugenics Movement An Encyclopedia*. Westport, Connecticut: Greenwood Press, 2005.

Ferguson, Philip M. *Abandoned to Their Fate: Social Policy and Practice toward Severely Retarded People in America, 1820~1920*. Philadelphia: Temple University Press, 1994.

Foote, Geoffrey. *The Labour Party's Political Thought: A History*. New York: Croom Helm, 1986.

Forrest, Derek W. *Francis Galton: The Life and Work of a Victorian Genius*. New York: Taplinger, 1974.

Freeden, Michael. *New Liberalism: An Ideology of Social Reform*. London: Clarendon Press, 1978.

Friedlander, Henry. *The Origins of Nazi Genocide: From Euthanasia to the Final Solution*. Chapel Hill: The University of North Carolina Press, 1995.

Gallagher, H. *By Trust Betraged: Patients, physicians and the licence to kill in the Third Reich*. N.Y.: Vandamere Press, 1995.

Garraty, John A. *A Short History of the American Nation*. New York: Harper & Row, 1979.

Gerstle, G. *American Crucible: Race and Nation in the Twentieth Century*. Princeton: Princeton University Press, 2001.

Gillespie, N. C. *Charles Darwin and the Problem of Creation*. Chicago and London: Univ. of Chicago Press, 1979.

Gillham, N. W. *A Life of Sir Francis Galton: From African Exploration to the Birth of Eugenics*. Oxford: Oxford University Press, 2001.

Glick, Thomas F. ed. *The Comparative Reception of Darwinism*. Austin: Univ. of Texas Press, 1974.

Gould, Stephen J. *The Mismeasure of Man*. New York: W. W. Norton & Company, 1981.

Graham, Loren. *Science and Philosophy in the Soviet Union*. New York, 1972.

Greene, John C. *Science, Ideology and World view: Essays in the History of Evolutionary Ideas.* Berkely: Univ. of California Press, 1981.

Haller, Mark H. *Eugenics: Hereditarian Attitudes in American Thought.* New Brunswick, NJ: Rutgers University Press, 1984.

Hasian, Jr., Marouf Arif, *The Rhetoric of Eugenics in Anglo-American Thought.* Athens: The University of Geogia Press, 1996.

Hawkins, Mike. *Social Darwinism in European and American Thought, 1860~1945.* Cambridge: Cambridge University Press, 1997.

Himmelefarb, G. *Victorian Minds.* Gloucester, Mass.: Harper & Row, 1962.

Hitler, A. *Mein Kampf.* trans. R. Manheim. Boston: Houghton Mifflin, 1943.

Hobsbawm, Eric J. *The Age of Empire,* 1875~1914. New York: Pantheon Books, 1987.

Hofstadter, Richard. *Social Darwinism in American Thought.* New York: George Braziler, 1955.

Hollinger, David A. and Capper, Charles. eds. *The American Intellectual Tradition.* New York: Oxford University Press, 1989.

Howard, Ted, and Rifkin, Jeremy, *Who Should Play God?.* New York: Dell Publishing, 1987

Hutchinson, E.P. *Legislative History of American Immigration Policy, 1798~1965.* Philadelphia: University of Pennsylvania press, 1981.

*International Encyclopedia of the Social Sciences.* New York: The Macmillan Co. & The Free Press, 1980.

Jones, Greta. *Social Darwinism and English Thought: The Interaction between Biological and Social Theory.* London: Harvester, 1980.

_____. *Social Hygiene in Twentieth Century Britain.* London: Croom Helm, 1986.

Kater, Michael H. *Doctors under Hitler.* Chapel Hill, NC: University of North Carolina Press, 1989.

Kaye, Howard L. *The Social Meaning of Modern Biology.* New Brunswick: Rutgers University Press, 1997.

Kelly, A. *The Descent of Darwin: The Popularization of Darwinism in Germany, 1860~1914.* Chapel Hill: Univ. of North Carolina Press, 1981.

Kerr, Anne. and Shakespeare, Tom. *Genetic Politics: from Eugenics to*

*Genome.* Cheltenham: New Clarion Press, 2002.

Kevles, Daniel J. and Hood, Leroy Hood. eds. *The Code of Codes.* Cambridge: Harvard U.P., 1992.

Kevles, Daniel. *In the Name of Eugenics: Genetics and the Uses of Human Heredity.* Mass.: Harvard University Press, 1995.

Kimmelman, Barbara Ann. *A Progressive Era Discipline: Genetics at American Agricultural Colleges and Experiment Stations, 1900~1920.* Ph. D. Dissertation, University of Pennsylvania, 1987.

Kitcher, Philip. *The Lives to Come: The Genetic Revolution and Human Possibilities.* New York: Simon & Schuster, 1996.

Knight, David. *The Age of Science: The Scientific World-View in the Nineteenth Century.* New York: Basil Blackwell, 1986.

Kohn, Marek. *The Race Gallery: The Return of Racial Science.* London: Jonathan Cape, 1995.

Kuhl, Stefan. *The Nazi Connection: Eugenics, American Racism, and German National Socialism.* New York: Oxford University Press, 1994.

Larson, Edward J. *Sex, Race, and Science: Eugenics in the Deep South.* Baltimore: Johns Hopkins University Press, 1995.

Lerner, Richard M. *Final Solution: Biology, Prejudice, and Genocide.* Penn.: Pennsylvania State University Press, 1992.

Lewontin, R.C. *The Doctrine of DNA: Biology as Ideology.* London: Penguin Books, 1992.

Lewontin, R.C., Rose, S., and Kamin, L. J. *Not in Our Genes.* N.Y.: Pantheon, 1988.

Lifton, Robert. *The Nazi Doctors: Medical Killing and the Psychology of Genocide.* New York: Basic Books, 1986.

Ludmerer, Kenneth M. *Genetics and American Society: A Historical Appraisal.* Baltimore: Johns Hopkins University Press, 1972.

Mazumdar, Pauline M. H., *Eugenics, Human Genetics and Human Failings: The Eugenics Society Its Sources and Its Critics in Britain.* London: Routledge, 1992.

Mitman, Gregg, *The State of Nature: Ecology, Community, and America Social Thought, 1900~1950.* Chicago: Univ. of Chicago Press, 1992.

Moore, James R. *The Post Darwinian Controversies.* Cambridge: Cambridge University Press, 1979.

Mosse, George L. *The Crisis of German Ideology: Intellectual Origins of the Third Reich.* New York: Grosset and Dunlap, 1964.

_____. *Toward the Final Solution: A History of European Racism.* London: J. M. Dent and Sons, 1978.

Müller-Hill, Benno. *Murderous Science: Elimination by Scientific Selection of Jews, Gypsies, and Others, Germany 1933~1945.* Oxford: Oxford University Press, 1988.

Nelkin, Dorothy and Lindee, M. Susan. *The DNA Mystique: The Gene as a Cultural Icon.* New York: W. H. Freeman and Company, 1995.

Noll, Stephen. *Feeble-minded in Our Midst: Institutions for the Mentally Retarded in the South, 1900~1914.* Chapel Hill: University of North Carolina Press, 1995.

Ordover, Nancy. *American Eugenics.* Minneapolis: Univ. of Minnesota Press, 2003.

Ospovat, Dov. *The Development of Darwin's Theory: Natural History, Natural Theology, and Natural Selection, 1838~1859.* Cambridge: Cambridge University Press, 1981.

Paul, Diane B. *Controlling Human Heredity: 1865 to the Present.* Atlantic Highlands, NJ: Humanities Press International, 1995.

_____. *The Politics of Heredity: Essays on Eugenics, Biomedicine, and the Nature-Nurture Debate.* Albany, N.Y.: State University of New York Press, 1998.

Peel, J. D. Y. ed. *Herbert Spencer on Social Evolution.* Chicago: Univ. of Chicago Press, 1972.

Peel, Robert A. *Marie Stopes and the English Birth Control Movement.* London: Galton Institute, 1997.

_____. *Essays in the History of Eugenics.* London: Chameleon Press, 1998.

Pernick, Martin S. *The Black Stork: Eugenics and the Death of "Defective" Babies in American Medicine and Motion Pictures Since 1915.* New York: Oxford University Press, 1996.

Persons, Stow. ed. *Social Darwinism: Selected Essays of William Graham*

*Sumner*. Englewood Cliffs, N.J.: Prentice-Hall, 1963.

Pickens, Donald K. *Eugenics and the Progressive*. Nashille, Tenn.: Vanderbilt University Press, 1968.

Pittinger, Mark. *American Socialists and Evolutionary Thought, 1870~1920*. Madison: University of Wisconsin Press, 1993.

Plato, *The Republic of Plato*, trans. Francis M. Cornford (London: Oxford University Press, 1976)

Prichard, D. G. *Education and the Handicapped 1760~1960*. London: Routledge and Kegan Paul, 1963.

Proctor, Robert N. *Racial Hygiene: Medicine under the Nazis*. Cambridge, MA: Harvard University Press, 1988.

Rafter, Nicole H. *Creating Born Criminals: Biological Theories of Crime and Eugenics*. Urbana: University of Illinois Press, 1997.

_____. *White Trash: The Eugenic Family Studies, 1877~1919*. Boston: Northeastern University Press, 1988.

Reilly, Philly R. *The Surgical Solution: A History of Involuntary Sterilization in the United States*. Baltimore: Johns Hopkins University Press, 1991.

Richards, R. J. *Darwin and the Emergence of Evolutionary Theories of Mind and Behavior*. Chicago: University of Chicago Press, 1987.

Rifkin, J. *The Biotech Century: Harnessing the Gene and Remaking the World*. New York: Jeremy P. Tarcher/Putnam, 1998.

Rose, Michael R. *Darwin's Spectre: Evolutionary Biology in the Morden World*. N.J.: Princeton U.P., 1998.

Rosenberg, Charles E. *No Other Gods: On Science and American Social Thought*. Baltimore: Johns Hopkins University Press, 1976.

Rushton, A. R. *Genetics and Medicine in the United States, 1800~1922*. Baltimore: Johns Hopkins University Press, 1994.

Rydell, Robert W. *World of Fairs: The Century-of-Progress Expositons*. Chicago: Chicago University Press, 1993.

Sabine, George H. *A History of Political Theory*, revised by Thorson, Thomas Landon. New York: Holt, Rinehart and Winston, 1973. 成裕普·車南姬 譯, 『政治思想史』 2. 서울: 한길사, 1989.

Santoro, Casare. *Hitler Germany as Seen by a Foreigner*. Berlin: Internationaler

Verlag, 1938.

Schneider, William H. *Quality and Quantity: The Quest for Biological Regeneration in Twentieth-Century France.* New York: Cambridge University Press, 1990.

Searle, G. R. *The Quest For National Efficiency: A Study in British Politics and Political Thought 1899~1914.* Oxford: Oxford University Press, 1971.

_____. *Eugenics and Politics in Britain, 1900~1914.* Springer: Leyden, 1976.

Semmel, Bernard. *Imperialism and Social Reform: English Social-Imperial Thought 1895~1914.* Garden City, New York: Anchor, 1968.

Shapiro, Thomas M. *Population Control Politics: Women, Sterilization and Reproductive Choice.* Philadelphia: Temple University Press, 1985.

Shockley, William. *Shockley on Eugenics and Race: The Application of Science to the Solution of Human Problems.* Pearson, Roger, ed. Washington: Scott-Townsend Publishers, 1992.

Smith, J. David, and Nelson, K. Ray. *The Sterilization of Carrie Buck.* Far Hills, N.J.: New Horizon Press, 1989.

Smith, J. David. *Minds Made Feeble: The Myth and Legacy of the Kallikaks.* Rockville, MD: Aspen Systems Corp., 1985.

_____. *The Eugenic Assault on America: Scenes in Red, White and Black.* Fairfax, VA: George Mason University Press, 1993.

Soloway, R. A. *Birth Control and the Population Question in England, 1877~1930.* Chapel Hill, N.C.: University of North Carolina Press, 1982.

_____. *Demography and Degeneration: Eugenics and the Declining Birthrate in Twentieth-Century Britain.* Chapel Hill: University of North Carolina Press, 1990.

Steen, R. Grant. *DNA & Destiny: Nature & Nurture in Human Behavior.* New York: Plenum Press, 1996.

Stepan, N. L. *The Idea of Race in Science: Great Britain 1800~1960.* London: Macmillan, 1982.

_____. *The Hour of Eugenics: Race, Gender and Nation in Latin America.* Ithaca, New York: Cornell University Press, 1991.

Stern, Fritz. *The Failure of Illiberalism: Essays on the Political Culture of Mordern Germany.* Chicago: University of Chicago Press, 1975.

Timascheff, Nicholas S. *Sociological Theory: Its Nature and Growth*. New York: Random House, 1976.

Trombley, Stephen, *The Right to Reproduce: A History of Coercive Sterilization*. London: Weidenfeld & Nicolson, 1988.

Tucker, William H. *The Science and Politics of Racial Research*. Urbana: The University of Illinois Press, 1994.

U.S. Congress, Office of Technology Assessment, *Infertility: Medical and Social Choices*. Washington: U.S. Government Printing Office, 1988.

Webster, C. ed. *Biology, Medicine and Society 1840~1940*. Cambridge: Cambridge University Press, 2003.

Weindling, Paul. *Health, Race and German Politics between National Unification and Nazism, 1870~1945*. Cambridge: Cambridge University Press, 1989.

Weinreich, Max. *Hitler's Professors: The Part of Scholarship in Germany's Crimes Against the Jewish People*. New York: Yiddish Scientific Institute, 1946.

Weiss, Sheila Faith. *Race Hygiene and National Efficiency: The Eugenics of Wilhelm Schallmayer*. Berkeley: University of California Press, 1987.


Darwin, Charles, 박만규 역.『종의 기원』. 서울: 삼성출판사, 1990.

Dobb, Maurice H., 이선근 옮김.『자본주의 발전연구』. 서울: 동녘, 1986.

Engels, F., 황태호 옮김.『자연의 변증법』. 서울: 전진, 1989.

Gould, S. J. 김동광, 옮김.『인간에 대한 오해』. 서울: 사회평론, 2003.

Harrison, J. F. C., 이영석 옮김.『영국민중사』. 서울: 소나무, 1989.

Hobsbawm, Eric J., 鄭道永 역.『資本의 時代』. 서울: 한길사, 1983.

Morgan, Kenneth O., 영국사연구회 옮김.『옥스포드 영국사』. 서울: 한울, 1994.

Mayr, Ernst, 신현철 옮김.『진화론 논쟁』. 서울: 사이언스북스, 1998.

권오신.『미국의 제국주의』. 서울: 문학과 지성사, 2000.

권용립.『미국대외정책사』. 서울: 민음사, 1997.

김세균 감수.『칼 맑스·프리드리히 엥겔스 저작선집』5. 서울: 박종철출판사, 1994.

나종일·송규범,『영국의 역사(하)』, 서울: 한울아카데미, 2005.

박민아·김영식.『프리즘』서울: 서울대학교 출판부, 2007.

朴枝香.『영국사』. 서울: 까치, 1997.

박진빈. 『백색국가건설사』 서울: 앨피, 2006.

이보형. 『미국사 개설』. 서울: 일조각, 2005.

전복희. 『사회진화론과 국가사상』. 서울: 한울아카데미, 1996.

鄭瑢載. 『찰스 다윈: 인간다윈과 다위니즘』. 서울: 民音社, 1988.

폴 화이트. 김기윤 옮김. 『토머스 헉슬리』. 서울: 사이언스북스, 2006.

하워드 L. 케이. 생물학의 역사와 철학 연구 모임 옮김. 『현대생물학의 사회적 의미』. 서울: 뿌리와 이파리, 2008.


2) 논문

Adams, Mark B. "From 'Gene Fund' to 'Gene Pool': On the Evolution of Evolutionary Language." *Studies in the History of Biology* 3, 1979.

_____. "Eugenics in Russia, 1900~1940." Adams, Mark B. ed. *The Wellborn Science: Eugenics in Germany, France, Brazil, and Russia*. New York: Oxford University Press, 1990.

Agar, Nicholas. "Designing Babies: Morally Permissible Ways to Modify the Human Genome." *Bioethics* 9, 1995.

Alland, Jr., A. "Darwinian Sociology without Social Darwinism?." *Social Research* 36, 1969.

Allen, Garland E. "A History of Eugenics in the Class Struggle." *Science for the People* 6, 1974.

_____. "Genetics, Eugenics and Class Struggle." *Genetics* 79, 1975.

_____. "Genetics, Eugenics and Society: Internalists and Externalists in Contemporary History of Science." *Social Studies of Science* 6, 1976.

_____. "Eugenics and Politics in Britain, 1900~1914." *Isis* 70, 1979.

_____. "Naturalists and Experimentalists: The Genotype and the Phenotype." *Studies in the History of Biology* 3, 1979.

_____. "Natural Selection, Heredity and Eugenics." *Isis* 77, 1986.

_____. "The Eugenics Record Office, Cold Spring Harbor, 1910~1940: An Essay in Institutional History." *Osiris* 2, 1986.

_____. "Eugenics and American Social History, 1880~1950." *Genome* 31, 1989.

_____. "Science Misapplied: The Eugenics Age Revisited." *Technology Review* 99, 1996.

_____. "Science Misapplied: The Eugenics Age Revisited." *Current* 388, 1996.

_____. "The Social and Economic Origins of Genetic Determinism: A Case History of the American Eugenics Movement, 1900~1940 and Its Lessons for Today." *Genetica* 99, 1997.

AMA. Association. "Eugenic Sterilization is Legal in 28 States." *AMA News* 4, 1961.

American Society of Human Genetics. Board of Directors. "ASHG Statement: Eugenics and the Misuse of Genetic Information to Restrict Reproductive Freedom." *American Journal of Human Genetics* 64, 1999.

Antonak, Richard F., Mulick, James A., Kobe, Frank H., and Fiedler, C.R. "Influence of Mental Retardation Severity and Respondent Characteristics on Self-reported Attitudes toward Mental Retardation and Eugenics." *Journal of Intellectual Disability Research* 39, 1995.

Baker, William. "Herbert Spencer and 'Evolution'—A Further Note." *Journal of the History of Ideas* 38, 1977.

Bannister, Robert C. "The Survival of the Fittest Our Doctrine: History or Historionics?." *Journal of the History of Ideas* 31, 1970.

Barkan, Elazar. "Reevaluating Progressive Eugenics: Herbert Spencer Jennings and the 1924 Immigration Legislation." *Journal of the History of Biology* 24, 1991.

Barker, David. "The Biology of Stupidity: Genetics, Eugenics and Mental Deficiency in the Inter-War Years." *British Journal for the History of Science* 22, 1989.

Bassett, William W. "Eugenics and Religious Law: Christianity." in *Encyclopedia of Bioethics.* Revised Edition. Warren T. Reich, ed. New York: Simon & Schuster Macmillan, 1995.

Bayertz, Kurt. "The Evolution of Eugenics." in Bayertz, Kurt. *GenEthics: Technological Intervention in Human Reproduction as a Philosophical Problem.* Cambridge, England: University Press, 1994.

Bellomy, Donald C. "Social Darwinism Revisited" *Perspectives in American History* 1, 1984.

Bowler, Peter J. "Herbert Spencer and 'Evolution'—An Additional Note." *Journal of the History of Ideas* 36, 1975.

_____. "The Changing Meaning of Evolution." *Journal of the History of Ideas* 36,

1975.

_____. "Malthus, Darwin, and the Concept of Struggle." *Journal of the History of Ideas* 37, 1976.

_____. "The Role of the History of Science in the Understanding of Social Darwinism and Eugenics." *Impact of Science on Society* 40, 1990.

Bulmer, Michael. "The Development of Francis Galton's Ideas on the Mechanism of Heredity." *Journal of the History of Biology* 32, 1999.

Burkhardt, Frederick. "England and Scotland: The Learned Societies." in Glick, Thomas F. ed. *The Comparative Reception of Darwinism*. Austin & London, Univ. of Texas Press, 1974.

Caplan, Arthur L. at al. "What is Immoral about Eugenics?." *British Medical Journal* 319, 1999.

Carlson, Elof Axel. "R. L. Dugdale and the Jukes Family: A Historical Injustice Corrected." *BioScience* 30, 1980.

Chase, Allan. "The Great Pellagra Cover-up: Eugenics v. Poor White Trash." *Psychology Today* 8, 1975.

Churchill, Fredrick B. "Wilhelm Johannsen and the Genotype Concept." *Journal of the History of Biology* 7, 1974.

Cock, A. G., "William Bateson, Mendelism and Biometry." *Journal of the History of Biology* 6, 1973.

Cooke, Kathy J. "The Limits of Heredity: Nature and Nurture in American Eugenics Before 1915." *Journal of the History of Biology* 31, 1998.

_____. "Duty or Dream? Edwin G. Conklin's Critique of Eugenics and Support for American Individualism." *Journal of the History of Biology* 35, 2002.

Corwin, Edward S. "The Impact of the Idea of Evolution on the American Political and Constitutional Tradition." in Persons, S. ed. *Evolutionary Thought in America*. New York: George Braziller, 1956.

Cowan, Ruth Schwartz. "Francis Galton's Contributions to Genetics." *Journal of the History of Biology* 5, 1972.

_____. "Francis Galton's Statistical Ideas: The Influence of Eugenics." *Isis* 63, 1972.

_____. "Nature and Nurture: The Inter–Play of Biology and Politics in the Work of Francis Galton." in ed. W. Coleman and C. Limoges. ed. *Studies in the*

*History of Biology*. Baltimore: Johns Hopkins Press, 1977.

____. "Nature and Nurture: The Interplay of Biology and Politics in the Work of Francis Galton." *Studies in the History of Biology* 1, 1977.

Crook, D. P. "Darwinism—Political Implication" *History of Eroupean Ideas* 2, 1981.

____. "Social Darwinism: Some Historical Reflection." *Australian Journal of Politics and History* 39, 1993.

____. "Human Pugnacity and War: Some Anticipations of Sociology, 1880~1919." *Biology and Philosophy* 13, 1998.

Dietrich, Donald J. "Catholic Eugenics in Germany, 1920~1945: Hermann Muckermann, S.J. and Joseph Mayer." *Journal of Church and State* 34, 1992.

Dikotter, Frank. "Race Culture: Recent Perspectives on the History of Eugenics." *American Historical Review* 103, 1998.

Dobzhansky, Theodosius, et al. "Eugenics." *Commentary* 57, 1974.

Duster, Troy. "Eugenics: Ethical Issues." in *Encyclopedia of Bioethics*, Third Edition, Post, Stephen G. ed. New York: Macmillan, 2004.

Evans, Richard, J. "The Feminist Movement in Germany 1894~1933." in *Sage Studies in 20th Century History*. Vol. 6. London and Beverly Hills: Sage, 1976.

Farrall, Lyndsay A. "The History of Eugenics: a Bibliographical Review." *Annals of Science* 36, 1979.

Fenner, David E.W. "Negative Eugenics and Ethical Decisions." *Journal of Medical Humanities* 17, 1996.

Freeden, Michael. "Biological and Evolutionary Roots of the New Liberalism in English." *Political Theory* 4, 1976.

____. "Eugenics and Progressive Thought: a Study in Ideological Affinity." *Historical Journal* 22, 1979.

Freeman, Derek. "Evolutionary Theories of Charles Darwin and Herbert Spencer." *Current Anthropology* 15, 1974.

Friedman, J. M. "Eugenics and the 'New Genetics'." *Perspectives in Biology and Medicine* 35, 1991.

Galton, David J. and Galton, Clare J. "Francis Galton: and eugenics today."

*Journal of Medical Ethics* 24, 1998.

Garver, K. L. and B. Garver, "Eugenics: Past, Present, and the Future." *American Journal of Human Genetics* 49, 1991.

Garver, Kenneth L. and Garver, Bettylee. "Eugenics, Euthanasia and Genocide." *Linacre Quarterly* 59, 1992.

Garver, Kenneth L. "The Human Genome Project and Eugenic Concerns." *American Journal of Human Genetics* 54, 1994.

Gejman, Pablo V. and Weilbaecher, Ann. "History of the Eugenic Movement." *The Israel Journal of Psychiatry and Related Sciences* 39, 2002.

Gems, David. "Politically Correct Eugenics." *Theoretical Medicine and Bioethics* 20, 1999.

Gillham, Nicholas W. "Sir Francis Galton and The Brith of Eugenics." *Annual Review of Genetics* 35, 2001.

Glass, Bentley. "A Hidden Chapter of German Eugenics between the Two World Wars." *Proceedings of the American Philosophical Society* 125, 1981.

_____. "The Roots of Nazi Eugenics." *The Quarterly Review of Biology* 64, 1989.

_____. "Racism and Eugenics in International Context." *The Quarterly Review of Biology* 68, 1993.

Glover, Jonathan, "Eugenics and Human Rights," in Justine Burley, ed. *The Genetic Revolution and Human Right.* New York: Oxford University Press, 1999.9

Gould, Stephen Jay, "Carrie Buck's Daughter," in *The Flamingo's Smile: Reflection in Natural History.* New York: W.W.Norton, 1985.

_____. "The Smoking Gun of Eugenics." *Natural History* 100, 1991.

Graham, Loren R. "Science and Values: the Eugenics Movement in Germany and Russia in the 1920s." *American Historical Review* 82, 1977.

Greene, John C. "Darwin as a Social Evolutionist." *Journal of the History of Biology* 10, 1977.

Halliday, R. J. "Social Darwinism: A Definition." *Victorian Studies,* 1971.

Harmsen, H. "The German Sterilization Act of 1933: 'Gesetz zur Verhuetung erbkranken Nachwuchses.'" *The Eugenics Review* 46, 1955.

Harrett, Deborah and Kurzman, Charles. "Globalizing Social Movement Theory: The Case of Eugenics." *Theory and Society* 33, 2004.

Harris, John. "Is Gene Therapy a Form of Eugenics?." *Bioethics* 7, 1993.

Harwood, Jonathan. ed. "Genetics, Eugenics and Evolution." *British Journal for the History of Science* 22, 1989.

Hobsbawm, Eric J. "The 'New Unionism' in Perspective." in Eric J. Hobsbawm. *Workers: Worlds of Labour.* New York: Pantheon Books, 1984.

Hodge, M. J. S., "England." in Glick, Thomas F. ed. *The Comparative Reception of Darwinism.* Austin & London: Univ. of Texas Press, 1974.

Holt, Niles R. "Ernst Heckel's Monistic Religion." in *Journal of the History of Ideas* 32, 1971.

Hunt, John. "Perfecting Humankind: A Comparison of Progressive and Nazi Views on Eugenics, Sterilization and Abortion." *Linacre Quarterly* 66, 1999.

Huxley, Julian. "Eugenics in Evolutionary Perspective." *Perspectives in Biology and Medicine* 6, 1963.

_____. "Eugenics in Evolutionary Perspective." *Perspectives in Biology and Medicine* 6 (2), 1963

Jeanmonod, Gilles., "Aspects et Developpements Recents de L'histoire de L'eugenisme." *Gesnerus* 60, 2003

Jones, Greta. "Eugenics and Social Policy between the Wars." *The Historical Journal* 25, 1982.

_____. "The Theoretical Foundations of Eugenics." in Peel, Robert A. ed. *Essays in the History of Eugenics.* London: Chameleon Press, 1998.

Kalikow, T. J. "Konrad Lorenz's Ethological Theory: Explanation and Ideology, 1938~1943." *Journal of the History of Biology* 16, 1983.

Katz, Janet and Charles F. Abel. "The Medicalization of Repression: Eugenics and Crime." *Contemporary Crises* 8, 1984.

Kerr, Anne., Cunningham-Burley, Sarah., and Amos, Amanda. "Eugenics and the New genetics in Britain: Examining Contemporary Professionals' Accounts." *Science, Technology, and Human Value* 23, 1998.

Kerr, Charles B. "Negative and Positive Eugenics I: a Chequered History; Utopian Ideas with Dangerous Consequences." in Messel, Harry, ed. *The Biological Manipulation of Life.* New York: Pergamon Press, 1981.

Kerr, Charles B. "Negative and Positive Eugenics II: New Concepts of Human

Quality Control." Messel, Harry, ed. *The Biological Manipulation of Life.* New York: Pergamon Press, 1981.

Kevles, Daniel J. "Genetics in the United States and Britain, 1890~1930: A Review with Speculation." *Isis* 71, 1980.

_____. "Eugenics and the Human Genome Project: Is the Past Prologue?." in Timothy F. Murphy and Marc A. Lappe, eds. *Justice and the Human Genome Project.* Berkeley: University of California Press, 1994.

_____. "Eugenics: Historical Aspects." in Warren T. Reich, ed. *Encyclopedia of Bioethics.* Revised Edition. New York: Simon & Schuster Macmillan, 1995.

_____. "Genetics in the United States and Great Britain 1890~1930: A Review with Spculations." in Webster, C. ed. *Biology, Medicine and Society, 1840~1940.* Cambridge: Cambridge University Press, 2003.

Kimmelman, Barbara., "The American Breeders' Association: Genetics and Eugenics in an Agricultural Context, 1903~1913," *Social Studies of Science,* 13, 1983.

Kobe, Frank H. and Mulick, James A. "Attitudes Toward Mental Retardation and Eugenics: The Role of Formal Education and Experience." *Journal of Developmental and Physical Disabilities* 7, 1995.

Kruger, Arnd. "A Horse Breeder's Perspective: Scientific Racism in Germany, 1870~1933," in Finzsch, Norbert and Schirmer, Dietmar. ed. *Identity and Intolerance: Nationalism, Racism, and Xenophobia in Germany and United States.* Cambridge, 1998.

Lappe, Marc. "Eugenics: Ethical Issues." in Warren T. Reich, ed. *Encyclopedia of Bioethics.* Revised Edition. New York: Simon & Schuster Macmillan, 1995, pp. 770~777.

Larson, Edward J. "Belated Progress: The Enactment of Eugenics Legislation in Georgia." *Journal of the History of Medicine and Allied Sciences* 46, 1991.

_____. "In the Finest, Most Womanly Way: Women in the Southern Eugenics Movement." *American Journal of Legal History* 39, 1995.

_____. "Confronting Scientific Authority With Religious Values: Eugenics in American History." in Timothy J. Demy & Gary P. Steward, eds. *Genetic Engineering: A Christian Response Crucial Considerations for Shaping Life.* Grand Rapids, MI: Kregel Publications, 1999.

Ledley, Fred D. "Distinguishing Genetics and Eugenics on the Basis of Fairness." *Journal of Medical Ethics* 20, 1994.

Leeds, Anthony. "Darwinian and 'Darwinian' Evolutionism in the Study of Society and Culture." in Glick, Thomas F. ed. *The Comparative Reception of Darwinism*. Austin & London, Univ. of Texas Press, 1974.

Lerner, B.H. & Rothman, D. J. "Medicine and the Holocaust: Learning More of the Lessons." *Annals of Internal Medicine* 122, 1995.

Lewontin R. and Levin, Richard. "The Problem of Lysenkoism." in *Dialectical Biologist*. Cambridge, Mass.: Harvard U.P., 1985.

Loewenberg, B. J. "Review of Hofstadter." *American Historical Review* 50, 1945.

Lubinsky, Mark S. "Scientific Aspects of Early Eugenics." *Journal of Genetic Counseling* 2, 1993.

MacKenzie, Donald. "Eugenics in Britain." *Social Studies of Science* 6, 1976.

_____. "Karl Pearson and the Professional Middle Class." *Annals of Science* 36, 1979.

Macnicol, John. "Eugenics and the Campaign for Voluntary Sterilization in Britain Between the Wars." *Social History of Medicine* 2, 1989.

Mark, Francis. "Herbert Spencer and the Myth of Laissez-Faire." *Journal of the History of Ideas* 39, 1978.

Marks, Jonathan. "Historiography of Eugenics." *American Journal of Human Genetics* 52, 1993.

Mazrui, Ali A. "From Social Darwinism to Current Theories of Modernization." *World Politics* 21, 1968.

McCormick, Richard L. "Public Life in Industrial America, 1877~1917." E. Foner. ed. *The New American History*. Philadelphia: Temple University Press, 1990.

McGregor, Alan. "Eugenic Thought in France." *Mankind Quarterly* 30, 1990.

Mehler, Barry Alan. *A History of the American Eugenics Society, 1921~1940*. Ph.D. Diss. University of Illinois, Urbana-Champaign, 1988.

_____. "Beyondism B. Cattle and the New Eugenics." *Genetica* 99, 1997.

Montgomery, "Germany." in Glick, Thomas F. ed. *The Comparative Reception of Darwinism*. Austin & London: Univ. of Texas Press, 1974.

Muller, Herman J. "Human Evolution by Voluntary Choice of Germ Plasm." *Science* 134, 1961.

_____. "Scientists and Eugenics." *Science* 171, 1965.

Müller-Hill, Benno and Ute Deichmann. "Biological Research at Universities and Kaiser Wilhelm Institutes in Nazi Germany." in *Science, Technology and National Socialism*. Renneberg, Monika and Walter, Mark. eds. Cambridge. 1994.

Müller-Hill, Benno. "Eugenics: The Science and Religion of the Nazis." in Arthur L. Caplan, ed. *When Medicine Went Mad: Bioethics and the Holocaust*. Totowa, NJ.: Human Press, 1992.

Neuhaus, Richard John. "The Return of Eugenics." *Commentary* 85, 1988.

Neumann-Held, Evar M. "Can it be a 'Sin' to Understand Disease? On 'Genes' and 'Eugenics' and an 'Unconnected Connection'." *Medicine, Health Care and Philosophy* 4, 2001.

Norton, Bernard J. "The Biometric Defence of Darwinism." *Journal of the History of Biology* 6, 1973.

_____. "Biology and Philosophy: The Methodological Foundations of Biometry." *Journal of the History of Biology* 8, 1975.

_____. *Karl Pearson ane the Galtonian Tradition: Studies in the Rise of Quantitative Social Biology*. Ph.D., Diss. University College, 1978.

Nye, Robert. "The Rise and Fall of the Eugenics Empire." *Historical Journal* 36, 1993.

Osborn, Frederick. "The Emergence of a Valid Eugenics." *American Scientist* 61, 1973.

Paul, Diane B. "Eugenics and the Left." *Journal of the History of Ideas* 45, 1984.

_____. "Is Human Genetics Disguised Eugenics?." in Weir, Robert F., Lawrence, Susan C., and Fales, Evan. eds. *Genes and Human Self-Knowledge: Historical and Philosophical Reflections on Modern Genetics*. Iowa City: University of Iowa Press, 1994.

_____. "Culpability and Compassion: Lessons from the History of Eugenics." *Politics and the Life Sciences* 15, 1996.

_____. "From Eugenics to Medical Genetics." *Journal of Policy History* 9, 1997.

Paul, Diane B. and Hamish, G.S. "The Hidden Science of Eugenics." *Nature* 374, No. 6520, 1995.

Paul, Ellen Frankel. "Herbert Spencer: The Historicist as a Failed Prophet." *Journal of the History of Ideas* 44, 1983.

Pauly, Philip J. "Essay Review: The Eugenics Industry–Growth or Restructuring?." *Journal of the History of Biology* 26, 1993.

Peckham, M. "Darwinism and Darwinisticism." *Victorian Studies* 3, 1959.

Pfeifer, Edward J., "United States." in Glick, Thomas F. ed. *The Comparative Reception of Darwinism*. Austin & London, Univ. of Texas Press, 1974.

Porter, Dorothy and Porter, Roy. "What Was Social Medicine? An Historiographical Essay." *Journal of Historical Sociology* 1, 1988.

Porter, Dorothy. "Enemies of the Race: Biologism, Environmentalism, and Public Health in Edwardian England." *Victorian Studies* 34, 1991.

Proctor, Robert N. "Genomics and Eugenics: How Fair is the Comparison?." in *Gene Mapping: Using Law and Ethics as Guides*. New York: Oxford University Press, 1992.

_____. "Nazi Doctors, Racial Medicine, and Human Experimentation." in Annas, George J. and Grodin, Michael J. eds. *The Nazi Doctors and the Nuremberg Code: Human Rights in Human Experimentation*. New York: Oxford University Press, 1992.

Provine, William R. "Geneticist and Race." *American Zoologist* 26, 1986.

Reid, Alastir. "The Division of Labour and Politics in Britain, 1880~1920." in W. J. Mommsen and H. Husung ed. *The Development of Trade Unionism in Britain and Germany, 1880~1914*. London: Allen & Unwin, 1985.

Rifkin, Jeremy. "A Eugenic Civilization." in Rifkin, Jeremy. *The Biotech Century: Harnessing the Gene and Remaking the World*. New York: Jeremy P. Tarcher/Putnam, 1998..

Rogers, James Allen. "Darwinism and Social Darwinism." *Journal of the History of Ideas* 33, 1972.

Roll–Hansen, Niles. "Eugenics Before World War II: The Case of Norway." *Pubblicazioni della Stazzioni Zoologica di Napoli* 2, 1980

_____. "Geneticists and the Eugenics Movement in Scandinavia." *British Journal for the History of Science* 1989.

Rosenberg, C. E., "Charles B. Davenport and the Irony of American Eugenics." Rosenberg, Charles E. *No Other Gods: On Science and American Social Thought*. Baltimore: Johns Hopkins University Press, 1976.

_____. "The Social Environment of Scientific Innovation: Factors in the Development of Genetics in the United States." Rosenberg, C. E. *No Other Gods*. Baltimore: Johns Hopkins University Press, 1976.

Ruse, Michael. "Charles Darwin and Artificial Selection." *Journal of the History of Ideas* 36, 1975.

Rushton, J.P. "Race Differences in Behavior: A Review and Evolutionary Analysis." *Personality and Individual Differences* 9, 1988.

Sang-yong, Song. "Haeckel's Monistic Philosophy of Nature." 『哲學研究』 11, 1976.

Santayama, George. "Those Who Cannot Remember the Past are Condemned to Repeat It." *Disability & Bioethics Resource Pack* 1, 2004.

Schneider, William H. "The Eugenics Movement in France, 1890~1940." in Adams, Mark B. Adams ed. The Wellborn Science: Eugenics in Germany, France, Brazil, and Russia. New York: Oxford University Press, 1990.

Searle, G. R., "Eugenics and Politics in the 1930s." *Annals of Science* 36, 1979.

_____. "Eugenics and Class." in Webster, Charles. ed. *Biology, Medicine and Society 1840~1940*. Cambridge: Cambridge U. P., 1981.

Selden, S. "The Use of Biology to Legitimate Inequality: The Eugenics Movement within the High School Biology Textbook, 1914~1949." in Secada, Walter. *Equity in Education*. New York: Falmer Press, 1989.

_____. "The Use of Biology to Legitimate Inequality: The Eugenics Movement within the High School Biology Textbook, 1914~1949." in Secada, Walter. *Equity in Education*. New York: Falmer Press, 1989.

Shevell, M. "Racial hygiene, Active euthanasia, and Julius Hallervorden." *Neurology* 42, 1992.

Smith, George P. "Genetics, Eugenics, and Public policy." *Southern Illinois University Law Journal* 3, 1985.

Smith, John Maynard. "Eugenics and Utopia." *Daedalus* 117, 1988.

Spencer, Hamish G. and Paul, Diane B. "The Failure of a Scientific Critique: David Heron, Karl Pearson and Mendelian Eugenics." *British Journal of the*

*History of Science* 31, 1998.

Stage, Sarah. "Ellen Richards and the Social Significance of the Home Economics Movement." in Stage, Sarah. and Vincenti, Virginia B. eds. *Rethinking Home Economics: Women and the History of a Profession.* Ithaca: Cornell University Press, 1997.

Stein, G. J. "The Biological Bases of Ethnocentrism, Racism, and Nationalism in National Socialism." in Reynolds, V. ed. *The Sociobiology of Ethnocentrism.* London: Croom Helm, 1987.

Stepan, Nancy Leys. "Eugenics in Brazil, 1917~1940." Adams, Mark B. ed. *The Wellborn Science: Eugenics in Germany, France, Brazil, and Russia.* New York: Oxford University Press, 1990.

Stocking, George W. "Larmarckianism in American Social Science: 1890~1915." *Journal of the History of Ideas* 23, 1962.

Stone, Dan. "Race in British Eugenics." *European History Quarterly* 31, 2001.

Sulloway, F. J. "Darwin's Conversion: The Beagle Voyage and It's Aftermath." *Journal of the History of Biology* 15, 1982.

Thurtle, Phillip. "The Creation of Genetic Identity." SHER 5, 1996.

_____. "Harnessing Heredity in Gilded Age America: Middle Class Mores and Indurstrial Breeding in a Cultural Context." *Journal of the History of Biology* 35, 2002.

Weikart, Richard. "The Origins of Social Darwinism in Germany 1859~1895." *Journal of the History of Ideas* 54, 1993.

Weindling, P. "Theories of the Cell State in Imperial Germany." in Webster, Charles. ed. *Biology: Medicine and Society 1840~1940.* Cambridge: Cambridge University Press, 1981.

_____. "Psychiatry and the Holocaust." *Psycological Medicine* 22, 1992.

_____. "International Eugenics." *Scandinavian Journal of History* 24, 1999.

_____. "The Survival of Eugenics in 20th-Century Germany." *American Journal of Human Genetics* 52, 1993.

Weingart, Peter. "The Rationalization of Sexual Behaviour: The Institutionalization of Eugenic Thought in Germany." *Journal of the History of Biology* 20, 1987.

_____. "German Eugenics Between Science and Politics." *OSIRIS* 5, 1989.

_____. "Eugenics in Comparative Perspective." *Scandinavian Journal of History* 24. 1999.

_____. "German Eugenics between Science and Politics," in Jackson, John P. ed. *Science, Race, and Ethnicity: Readings from Isis and Osiris*. Chicago and London: The University of Chicago Press, 2002.

Weiss, Sheila Faith. "Race Hygiene and the Rational Management of National Efficiency: Wilhelm Schallmayer and the Origins of German Eugenics, 1890~1920." *Ph.D. Dissertation*. The Johns Hopkins University, 1983.

_____. "The Race Hygiene Movement in Germany." *Osiris* 3. 1987.

_____. "The Race Hygiene Movement in Germany 1904~1945." in Adams, Mark B. ed. *The Wellborn Science: Eugenics in Germany, France, Brazil, and Russia*. New York: Oxford University Press, 1990.

Wells, David. "Evolution and A Free Society: Spencer, Kropotkin and Popper." *Politics* 23, 1988.

Wilker, Daniel. "Can we learn from eugenics?." *Journal of Medical Ethics* 25, 1999.

Wilson, Philip K. "Harry Laughlin's Eugenic Crusade to Control the 'Socially Inadequate' in Progressive Era America." *Patterns of Prejudice* 36, 2002.

Winther, Rasmus G., "August Weissmann on Germ–Plasm Variation." *Journal of the History of Biology* 34, 2001.

Gillham, Nicholas. W. "Sir Francis Galton and the Birth of Eugenics." *Annual Review of Genetics* 35, 2001.

Young, Robert M. "Malthus and The Evolutionists: The Common Context of Biological and Social Theory." *Past & Present*. 43, 1969.

_____. "The Impact of Darwin on Conventional Thought." in Symondson, A. ed. *The Victorian Crisis of Faith*. London: SPCK, 1970.

Youngran, Jo. "Eugenics, Public Health, and the Control of Tuberculosis in the Early Twentieth–Century Britain." *HAN'GUK KWAHAK-SA HAKHOE-JI* 15, 1993.

Zimmermann, Susan. "Industrial Capitalism's Hostility to Childbirth, Responsible Childbearing, and Eugenic Reproductive Policies in the First Third of the 20th Century." *Reproductive and Genetic Engineering* 3, 1990.

姜宅求.「19세기말 美國帝國主義 起源에 대한 硏究」. 東國大學校 博士學位論文.
    1995.

김기윤,「생명윤리의 역사에서 무엇을 읽을 수 있는가」.『생명윤리의 문제들』. 한국과
    학철학회/한국 생명윤리학회 심포지엄. 2001.

김병곤.「사회진화론의 발생과 전개」.『역사비평』, 계간 32호. 서울: 역사비평사.
    1996.

김봉중.「전환시대의 미국의 지성, 1880~1940: 반(反)사회진화론자들과 그들의 영향
    을 중심으로」.『全南史學』第11輯. 1997.

김호연.「'사회다윈주의'의 형성과 전개에 관한 연구」. 강원대학교 대학원 석사학위
    논문. 1999.

____.「우생학의 형성과 전개(1860~1945)에 관한 연구: 영국, 미국, 그리고 독일을
    중심으로」. 강원대학교 대학원 박사학위논문. 2006.

____.「미국 우생학 운동의 형성과 사회적 영향, 1900~1940」.『미국사연구』16.
    2002.

____.「사회다윈주의의 이데올로기적 성격」. *Biowave* 제4권 2호. 2002.

____.「우생학 연구단편」. *Biowave* 제8권 12호. 2006.

____.「과학의 정치학, 독일의 인종위생(Rassenhygiene)」.『강원인문논총』18.
    2007.

____.「미국 우생학 운동의 재검토, 1890년대~1940년대」.『미국사연구』26. 2007.

____.「19세기말 영국 우생학의 탄생과 사회적 영향—국가적 효율과 우생학적 건
    강」.『이화사학연구』36. 2008.

____.「인간은 유전자 구속된 존재인가?」.『인문과학연구』19. 2008.

김호연 외.「우생학: 이념인가 과학인가」. *Biowave* 제6권 14호. 2004.

김호연·박희주.「우생학의 다층적 접근: 환경, 유전, 그리고 이념」.『환경법연구』제
    27집 제2호. 2005.

朴 檀.「Herbert Spencer의 社會思想硏究: 社會的 進化論과 土地財産權과의 關係를
    中心으로」. 西江大 大學院 碩士學位論文. 1986.

朴又龍.「영국의 新自由主義와 知識人의 社會改革: 1881~1914」. 西江大學校 大學院
    博士學位論文. 1994.

박지현.「양차대전의 생명담론과 프랑스 우생학」.『한국서양사학회학술대회발표집』
    12. 2008.

박진빈.「끝나지 않은 이야기—미국의 우생학 연구」.『서양사론』90. 2006.

박희주.「다윈의 自然選擇理論에 關한 一考察: 飼育家의 영향을 中心으로」. 漢陽大大

學院 碩士學位論文, 1987.

_____. 「새로운 유전학과 우생학」, 『생명윤리』, 제1권 제2호, 2000.

서정훈. 「19세기말 영국의 사회진화론자들」, 『학술연구논문집』, 양영회. 1996.

宋相庸. 「Darwinism과 目的論」. 서울大學校 大學院 碩士學位論文. 1966.

愼連縡. 「스펜서(Herbert Spencer)의 사회진화론과 자유주의」, 『國際政治論叢』, 제 34집 제1호. 韓國國際政治學會. 1994.

안영민, 「영국 신조합주의 노동운동과 노동조합의 정치세력화(1889~1900)」, 『江原 史學』19 · 20합집, 2004.

염운옥, 「1899~1906년 영국의 인종퇴화론에 관한 연구—우생학과의 관련을 중심으 로」, 『史叢』第46輯, 1997.

_____. 「20세기 초 잉글랜드의 이혼법 개정과 우생학」, 『역사비평』 64, 2003.

_____. 「イギリス優生學運動と母性主義—1907年から1930年までの「優生協會」の活動 を中心に」. 東京大學 博士學位 論文, 2004.

_____. 「영국의 우생학 운동과 산아제한」, 『영국연구』, 제12호, 2004.

_____. 「영국의 우생학 운동과 섹슈얼리티: 성병의 관리에서 결혼전 건강진단 계획까 지」, 『여성과 역사』 창간호, 2004.

_____. 「우생학과 여성」, 『영국연구』 13, 2005.

윤건차. 「일본의 사회진화론과 그 영향」, 『역사비평』, 계간 32호. 서울: 역사비평사. 1996.

이남희. 「마가렛 생어(Margaret Sanger)와 미국산아제한운동, 1910~1940」, 숙명여 자대학교 대학원 석사학위논문, 2006.

李成奎. 「目的論과 다윈의 進化論」. 成均館大學校 大學院 博士學位論文. 1992.

이성숙. 「산아제한과 페미니즘—애니 베상트 사건과 맬서스주의—」, 『영국연구』 8, 2002.

_____. 「영국 빅토리아 시대 섹슈얼리티에 대한 과학적 담론: 남녀클럽(1885~1889) 을 중심으로」, 『한국여성학』 20, 2004.

이영석. 「영국 산업사회의 성립과 노동계급, 1780~1914」. 안병직 외. 『유럽의 산업화 와 노동계급』. 서울: 까치, 1997.

이태숙. 「100년 전의 국가적 표어들: 영국의 "국가효율" 對 일본의 "國粹保存"」, 『영 국연구』 창간호, 1997.

이형대. 「미국 知性史에서 윌리엄 그레험 섬너의 自然主義 사상과 保守主義」. 『美國 史研究』, 제4집. 한국미국사학회. 1996.

정세권. 「인간에 대한 "미국식 과학"의 형성: 대번포트(Charles Benedict

Davenport)의 우생학」,『한국과학사학회지』제30권 1호, 2008.

趙 雄.「美國의 하와이 倂合에 관한 硏究―미국 제국주의 정책을 중심으로」, 檀國大學校 博士學位論文, 1997.

최재희.「영국 노동당 창당기 사회주의 진영의 민주주의관」. 高麗大學校 大學院 博士學位論文, 2001.

황혜성.「미국 혁신주의운동의 선구자들에 관한 연구」.『미국사연구』6, 1997.